非洲经济评论

本项目受上海高校一流学科（B类）建设计划上海师范大学世界史项目
上海市高原学科世界史建设项目
国家社科基金重大项目"多卷本《非洲经济史》"（项目批准号：14ZDB063）资助

本期部分论文来自由外交部非洲司和上海师范大学非洲研究中心联合主办的
"南部非洲工业化及中国与南部非洲在产能合作"国际学术研讨会，
该研讨会由外交部"中非联合研究交流计划"资助。

《非洲经济评论》编辑委员会

主　任：舒运国
副主任：张忠祥
委　员：（以姓氏笔画为序）
　　卢沙野　刘宝利　刘贵今　刘鸿武
　　李安山　李智彪　安春英　沐　涛
　　张宏明　张忠祥　帕　特（博茨瓦纳）
　　姚桂梅　洪永红　舒运国

编辑部

主　任：张忠祥
副主任：刘伟才

教育部"区域和国别研究(培育)基地"
外交部"中非智库10+10合作伙伴计划"单位
上 海 师 范 大 学 非 洲 研 究 中 心

非洲经济评论

舒运国 张忠祥 刘伟才 主编

2017
African
Economic
Review

上海三联书店

上海师范大学非洲研究中心简介

上海师范大学非洲研究中心成立于1998年，2011年被教育部评为"区域和国别研究（培育）基地"，2014年成功入选外交部"中非智库10+10合作伙伴计划"。

中心由中国非洲史研究会副会长、中国亚非学会副会长、教育部智力援非专家、国内著名非洲研究专家舒运国教授一手创办。目前，中心专职研究人员5名，特别研究员3名、兼职研究员6名。

中心长期致力于非洲历史、非洲经济及中非关系等研究，先后完成国家社科基金项目、教育部项目、上海哲学社会科学项目、上海市教委项目多项。目前在研国家社科基金重大招标项目1项（中心名誉主任舒运国教授主持的"多卷本《非洲经济史》"）、国家社科基金重点项目1项（中心主任张忠祥教授主持的"20世纪非洲史学与史学家研究"）。

中心成员出版专著十余部，发表论文百余篇。2012年以来，张忠祥教授、舒运国教授先后出版了《中非合作论坛研究》、《20世纪非洲经济史》、《泛非主义史》三本著作，均在国内具有开创性。中心成员注重发挥自身专业特色，积极为中非合作和地方外事献言献策，完成外交部"中非联合研究交流计划"项目多项，为政府部门提供决策咨询报告多篇。中心为了发挥非洲经济研究的特色，自2012年起编辑出版《非洲经济评论》，自2014年起编辑出版《非洲经济发展报告》，两本书已成为国内非洲经济研究的重要阵地。

在当前中非各级各类交流蓬勃发展的大背景下，顺应当前教育和学术研究国际化的趋势，针对非洲研究注重实地调查的特点，中心注重国际交流，每年召开国际学术研讨会，邀请国外学者来中心交流、讲学。中心研究人员均多次赴非考察，中心多名研究生也在国家留学基金、教育部和外交部等多种中非交流计划的资助下赴非访问和学习。

目前，中心已与博茨瓦纳大学、内罗毕大学、赞比亚大学、津巴布韦大学以及南非、尼日利亚、肯尼亚、津巴布韦的多所大学和研究机构建立学术和人员交往，并与英、法、美等国家的非洲研究学者保持密切联系，努力走在国际学术科研的前沿，为中非关系的长期稳定发展献计献策。

前　　言

《非洲经济评论》于2012年正式创立,每年出版1本,本书是第六本。

本书共设三个栏目:"南部非洲工业化及中国与南部非洲产能合作"、非洲经济史研究和研究生论坛。

"南部非洲工业化及中国与南部非洲产能合作"国际学术研讨会由外交部"中非联合研究交流计划"资助,来自国内外非洲研究学界的学者和涉非工作者参加了此次会议,并贡献了发言或论文。《"一带一路"建设下的中非产能合作:成效、问题与前景》对中非产能合作的成效、问题与前景进行了分析,提出了"中国不宜大规模地急速推进产能合作,而应有序渐进"的建议。《中非粮食安全合作:战略对接与路径选择》对中非粮食安全问题进行了研究,提出了"中国应把保障非洲国家的粮食安全作为中非农业合作的重点"的观点。《中国浙江省与非洲国家产能合作的理论基础、演进方式与提升路径》详尽地分析了中国浙江与非洲国家产能合作的多个方面,特别是有针对性地提出了短、中、长期产能合作提升路径。《马达加斯加的纺织服装加工业》对马达加斯加的棉花种植和棉加工业进行了介绍,就马达加斯加发展本土棉加工业和中国参与的问题进行了分析。《中非农业合作的实践与思考:来自莫桑比克的经历与经验》来自一位在中国莫桑比克农业技术示范中心从事实践工作的农业专家,他从自己的亲身经历出发进行思考,对中非农业合作提出了颇具意义的见解和建议。《寻求经济多元化和创造就业机会:博茨瓦纳的经验》和《政治经济学视角下南部非洲工业化的能力挑战和政策回应》的作者分别来自博茨瓦纳和津巴布韦,他们对这两个南部非洲重要国家的工业化进行了分析和反思。《中国企业对东非共同体投资的现状及其作用》来自在中国学习的非洲留学生,他可以说为我们思考中非产能合作问题提供了一种较为独特的切入口:以在中国的非洲人的视角看中非合作。

"非洲经济史研究"栏目有三篇文章。首先是《非洲经济史研究的复兴》，这是一篇概述介绍性的文章，对于了解和认识国际非洲经济史研究前沿有一定指导意义。另两篇文章来自津巴布韦大学的学者。《大萧条和第二次世界大战对非洲经济的影响》分析了20世纪上半叶两大事件对非洲的影响，明确了非洲经济易受外部世界影响这一基本特征及其表现，并分析了相应的原因。《白人移民经济、国际小麦市场与南罗得西亚白人移民的小麦生产：1928—1965年》是一篇较为深入的国别个案研究的文章，在资料数据上也有一定的创新，体现了当前国际非洲经济史研究的一种路径。《姆维尼时期坦桑尼亚经济结构调整研究》的作者来自华东师范大学，这里是坦桑尼亚研究的一个重要阵地，这篇论文也不出意外地为我们贡献了较为细节化的内容。

"研究生论坛"的两篇文章来自上海师范大学非洲研究中心的两名已获得硕士学位的学生，一篇对当前引发世界关注的气候变化问题进行了研究，一篇对当前中国对非关系中非常重要的援助问题进行了研究，而两篇文章都选定了特别的案例国：南非和安哥拉。尽管这两篇文章还有较多不成熟的地方，但仍希望它们能起到抛砖引玉的作用。

值得一提的是，本书的论文大都为国别或个案研究，这表明我们的非洲研究正在进一步细化、深化，这是一个可喜的趋势。

目录 | Contents

"南部非洲工业化及中国与南部非洲产能合作"国际研讨会论文选编

"一带一路"建设下的中非产能合作：成效、问题与前景
.... 许 蔓 姚桂梅/3

中非粮食安全合作：战略对接与路径选择 安春英/14

中国浙江省与非洲国家产能合作的理论基础、演进方式与提升路径
.... 黄玉沛/29

马达加斯加的纺织服装加工业 .... 张振克 蒋生楠/44

中非农业合作的实践与思考：来自莫桑比克的经历与经验 田泽勤/55

寻求经济多元化和创造就业机会：博茨瓦纳的经验
.... 多萝西·姆巴班加 著 王若琳 译/71

政治经济学视角下南部非洲工业化的能力挑战和政策回应
.... 姆内茨·马达库法姆巴 著 孙灿 译/79

中国企业对东非共同体投资的现状及其作用
.... 卡斯/87

非洲经济史研究

非洲经济史研究的复兴

································加雷斯·奥斯丁　史蒂芬·布罗德贝里 著　邢缘缘 译/103
大萧条和第二次世界大战对非洲经济的影响
································乌舍韦杜·库法库里纳尼　马克·尼扬多罗 著　张会杰 译/116
白人移民经济、国际小麦市场与南罗得西亚白人移民的小麦生产：
　1928—1965年·················维斯利·姆瓦特瓦拉 著　邢缘缘 译/130
姆维尼时期坦桑尼亚经济结构调整研究························卢平平/157

研究生论坛

南非对气候变化的关切和中南合作·························胡皎玮/179
中国对非援助与"安哥拉模式"初探·························刘大卫/221
Contents ··/253

"南部非洲工业化及中国与南部非洲产能合作"国际研讨会论文选编

"一带一路"建设下的中非产能合作：
成效、问题与前景

许 蔓 姚桂梅

摘要：非洲是中国"一带一路"建设不可或缺的重要组成部分。中非合作论坛框架下，中非合作机制、举措与成效在某些方面成为带路建设的领先者。以设施联通和园区建设为主要内容的中非产能合作正在某些东南部非洲国家先行先试，重点推进，业已取得良好的阶段性成果。同时也面临着来自中非双方政治、经济、社会、文化等诸多层面的困难与挑战。展望未来，"一带一路"国际高峰论坛全面接纳非洲，给中非合作赋予了新的内涵和机遇，但挑战依然严峻。尤其是非洲经济呈现"多速增长"的新常态下，非洲"碎片化"的市场特征警示中国不宜大规模地急速推进产能合作，有序渐进为上策。

关键词：一带一路 中国 非洲 产能合作 设施联通 园区建设

作者简介：许蔓，深圳大学副教授，中国海外利益研究院执行院长；姚桂梅，中国社科院西亚非洲研究所南非研究中心主任/研究员，创新工程《中国与非洲产能合作重点国别研究》项目首席研究员

2017年5月14—15日，"一带一路"国际高峰论坛在北京隆重举行，不仅来自非洲大陆的肯尼亚总统肯雅塔和埃塞俄比亚总理海尔马里亚姆出席，而且习近平主席在开幕式的主旨发言中指出，"一带一路"建设根植于丝绸之路的历史土壤，重点面向亚欧非大陆，同时向所有朋友开放。习主席的讲话不仅消除了许多非洲国家搭不上"一带一路"建设快车的担心，而且为密切中非贸易联系、设施联通、产业合作指明了方向。未来，中非命运共同体将在共荣共生中发展壮大。

一、非洲："一带一路"西向推进的重要组成部分

2013年9月，中国国家主席习近平首次提出"一带一路"合作倡议，目的就是建立一个开放型的国际区域合作的平台。它是一个由多条路、多条带形成的经济网络。其一是通过建设"丝绸之路经济带"，沟通中国与欧洲国家特别是与制造业大国——德国的联系；其二是通过建设"21世纪海上丝绸之路"，密切中国与东南亚、西亚和非洲国家的合作。峰会前，虽然非洲大陆只有埃及一国被明确列入带路沿线国家名单，但在中非合作论坛引领下，中国与非洲国家在政策沟通、设施联通、资金融通、贸易畅通、人心相通五个层面的合作成果丰硕。如果从合作的广度和深度上论及中国的影响力，那么许多非洲国家远超一些榜上有名的带路沿线国家。换言之，中非合作机制与举措在某些方面是领先带路建设的。

从政策沟通和战略对接来看，中国政府历来重视非洲方面的战略指向和政策诉求，并在此基础上结合中国发展的优势，为中非长远合作开篇谋局。2000年成立的中非合作论坛，成为引领中非合作的高效机制。针对非盟2001年提出的自主发展与国际协调并重的《非洲发展新伙伴计划》、2007年的《非洲加速工业发展行动计划》、2013年的《非洲基础设施发展规划》以及2013年的《非洲2063愿景》，中国政府出台与非洲发展诉求相辅相成的政策及配套方案。例如，2014年5月，李克强总理访问非洲4国，提出中非合作的"461"框架：4个原则（平等、务实、真诚、守信），6大工程（产业、金融、减贫、绿色生态环保、人文交流、和平与安全），1个平台（中非合作论坛），首次为中非合作布局。2015年1月，中国政府与非洲联盟签署推动"三网一化"建设的备忘录，这是一项跨越48年，覆盖非洲全境的高铁、高速公路、航空和工业化基建设施，不仅有力推动非洲基础设施的互联互通和工业化，而且将带动中国的装备走进非洲。尤为重要的是，2015年12月，习近平主席出席中非合作论坛约堡峰会，公布《约堡行动计划》，提出2016—2018年中非合作的"五大支柱"（政治上平等互信、经济上合作共赢、文明上交流互鉴、安全上守望相助、国际事务中团结协助），"十大合作计划"（工业化、农业现代化、基础设施、金融服务、绿色发展、投资贸易便利化、减贫、公共卫生、人文交流、和平安全），并为此配套600亿美元资金，深度打造中非命运共同体。

在中非合作论坛引领下,中非经贸合作成效卓著。2014年中非贸易规模达到2218.8亿美元,2015年和2016年在全球经济不景气和贸易萎缩背景下,中非贸易虽然连续两年下滑,但中国无论是进口还是出口方面都一直保持着非洲第一大贸易伙伴的地位,而且工程设备和机电产品出口占据半壁江山。在基础设施建设方面,中国企业已经成为非洲基础设施建设的主力军,中非基建合作逐步从双边向区域、从单纯承包向建营一体化迈进。截至2014年底,中国在非洲累计工程承包合同额4667亿美元。2015年中国在非洲新签合同额762亿美元,完成营业额548亿美元,聘用当地员工约40万人。[①] 在对非投资方面,以产能合作为核心的对非投资规模不断扩大。截至2015年底,中国对非直接投资存量347亿美元,有近3000家中资企业主要投资在非洲的矿业、建筑业、制造业、金融业、科学研究和技术服务业等领域,而且随着时间的推移,中国企业将更多投向制造业、金融业和零售等消费为导向的服务业,对非投资行业分布将更加多元与平衡。值得指出的是,中国的投资仍相对集中在赞比亚、尼日利亚、南非、埃塞俄比亚、坦桑尼亚、加纳、肯尼亚、安哥拉、乌干达、埃及等国。尽管近年来南非经济表现不佳,但中资企业与南非投资合作热情不减。2016年3月,中国出口南非的全球功率最大的窄轨内燃机车下线,在南非设立的电力机车组装工厂产品也陆续交付使用;6月,由浙江民营企业万德邦集团组建的安兰医疗出资2.6亿兰特,并购两家南非知名医疗器械企业特迈克公司和爱立特公司;8月,北汽集团南非公司在东开普省伊丽莎白港的库哈工业园正式开工,设计年产10万辆整车,总投资8亿美元,既是中国在非洲最大的汽车组装项目,也是南非近40年来最大绿地投资项目,被南非总统誉为"南非的底特律"。可见,南非仍是中国对非经贸最重要的国家之一。

二、中非产能合作在先行先试中推进

毋庸置疑,经贸合作是"一带一路"建设的重要内容之一,而基础设施联通和国际产能合作又是经贸合作的两个重要引擎。国际产能合作主要是围绕生产能力新建、转移和提升的国际合作,以企业为主体、市场为导向,以制造业及相关基

---

① 《中国已与30多国签署"一带一路"合作协议》,中国新闻网,2016年6月2日。

础设施、能源资源开发为主要领域,以直接投资、工程承包、装备贸易和技术合作为主要形式。为此,中非产能合作的实施也正围绕着基础设施与园区建设推进。

虽然,"一带一路"国际高峰论坛已经正式将全非洲通盘纳入"一带一路"建设,但事实上,由于非洲国家众多,国家间经济发展水平相差悬殊,中国有关部门正在有针对性地试点推进以互通互联和工业化建设为核心的中非产能合作。例如,选择政局稳定、经济增速和一体化进程较快、对华长期友好的东非地区为中非产能合作的优先"试水区";优选南非这个非洲大陆经济强国为重点实施国家,选定古代郑和下西洋到过的肯尼亚、坦桑尼亚,以及非洲第二人口大国埃塞俄比亚,还有中部非洲的刚果(布)为中非产能合作的先行先试国家。截至2017年6月,中国已经与埃及、阿尔及利亚、苏丹、埃塞俄比亚、肯尼亚、坦桑尼亚、南非、莫桑比克、刚果(布)、尼日利亚、加纳11国签署了产能合作框架协议,中国公司在这些国家都有代表性项目发力对接,有的项目已经取得阶段性成果。

(一)设施联通:中国标准和发展理念开始浸润非洲

受益于人口红利和区位优势,埃塞俄比亚成为中非产能合作的先行先试的示范国家。在那里,中国公司修筑了埃塞第一条环城高速公路,东非第一条现代化轻轨、非洲第一条中国Ⅱ级电气化标准铁路(亚吉铁路),援建的非盟大厦成为亚的斯亚贝巴最显眼的城市建筑。尤其是亚吉铁路的通车是一个具有里程碑意义的事件,它不仅为埃塞这个内陆国打通吉布提这个出海通道,而且也带动了中国装备、技术、资金,乃至标准、规范和发展理念进入埃塞、深入非洲。[1] 更为重要的是,作为亚吉铁路的主要承建商之一,中国铁建旗下的中土集团还利用修建电气化铁路之机进行海外战略转型,多方位地参与埃塞的投资和建设。中土集团不仅获得亚吉铁路六年运营权,而且成功竞标铁路沿线4个工业园的建设。目前,阿瓦萨工业园已经竣工并开始运营,孔博查工业园、阿达玛工业园、德雷达瓦工业园正在建设中。未来,随着亚吉铁路的正式投入运营,中土公司还将介入沿线高速公路建设、房地产开发,与埃塞政府合力打造铁路沿线经济带,助力埃塞实现"非洲制造业中心"的目标。

肯尼亚是东非地区综合实力最强的国家,同时也是地区海陆空交通运输枢纽,近些年该国采取了诸多吸引外资的措施,电力接入的提高和信贷准入的便利

---

[1] 中国驻埃塞俄比亚大使腊翊凡:《"非洲屋脊"上的丝路情缘》,网易新闻2017年5月7日。

使其成为中非产能合作的最佳落脚地。2012年7月,中国交运集团辖下的中国路桥为肯尼亚设计、建设了一条全长480公里连接首都内罗毕至东非第一大港蒙巴萨的现代化标轨铁路(中国 I 级,内燃机驱动)。该铁路自2014年10月开始动工,2017年6月1日投入运营,在历时2年半的时间里,中国建设者利用中国标准、中国资金、中国技术、中国管理、中国装备、中国理念克服了资金、技术、人才、环境等方面的诸多障碍,高效环保地建成了东非第一条高标准现代化交通设施。蒙内铁路是中国铁路产业链、中国铁路技术标准全方位走出国门,成功服务于肯尼亚交通基础设施建设的典范。蒙内铁路的开通,终结了东非地区40年没有新增一条铁路的尴尬历史,将为沿线地区进一步发展经济、削减贫苦、解决就业、降低物流成本注入强劲动力。肯尼亚铁路局局长阿斯塔纳·麦依纳预计蒙内铁路施工阶段将至少推动肯尼亚国民生产总值额外增长1.5个百分点。[1]

此外,在坦桑尼亚有巴加莫约港口项目,莫桑比克有马普托跨海大桥项目,安哥拉有本格拉铁路项目,津巴布韦有旺吉电站扩机项目,赞比亚有首条收费公路项目,刚果(布)有黑角新港项目,尼日利亚有沿海铁路项目。此外,加纳、多哥等国也有重要的基建项目,它们或是"一带一路"建设的重要落脚点,或是"三网一化"的重点国家。

(二) 产能合作:园区搭建互利共赢新桥梁

为回应非洲国家学习中国经济特区发展经验的诉求,中非合作论坛北京峰会上,时任国家主席胡锦涛宣布,将在非洲国家建立3—5个经贸合作区等八项重要举措,以中非工业合作来带动非洲制造业的发展,使其有更多的出口产品。为积极响应国家政策号召,一些中国企业大胆实践,中非经贸区(或工业园)应运而生。据不完全统计,截至2015年底,中国在非洲建设的园区超过20个,投资额超过305亿元人民币,累计纳税超过36亿元人民币,解决当地2.6万人就业,[2]对促进非洲国家产业升级和中非双边经贸关系发展发挥了积极作用。

根据建设资金来源,中国在非洲建设的园区可分为国家级、省市级和企业自建等3个类别。目前,在中非合作论坛框架下,中国政府在非洲5国建立了6个经贸合作区,但只有埃及泰达苏伊士经贸区、尼日利亚莱基自贸区、赞比亚—中

---

[1] CCTV法语国际频道,《繁荣之路——纪实蒙内铁路》,2017年5月25日。
[2] 施劲华:《"一带一路"海外园区建设的非洲实践研究》,《中国经济时报》2016年6月21日。

国经贸区、埃塞俄比亚东方工业园达到商务部的考核指标,成为名副其实的国家级园区;而毛里求斯晋非经贸区、尼日利亚奥贡经贸区也在加紧建设和招商,力争早日达标。与此同时,中国地方政府也积极支持本省企业跻身于中非产能合作大潮,比如乌干达的辽沈工业园、埃塞的湖南阿达玛工业园、埃塞的德雷达瓦工业园中的昆山产业园,正在加紧园区建设。此外,一些中资企业利用在非经营的各种资源优势,投入园区建设大潮。例如,中国交建在埃塞的建材家居工业园、华坚集团在埃塞的国际轻工业园、安徽外经在莫桑比克的贝拉经贸区、北汽集团在南非的库哈工业园,河南国基在塞拉利昂建设的国基工贸园区,都已取得初步成效。限于篇幅,本文主要简要介绍4个国家级园区的发展业绩。

埃及泰达苏伊士经贸区:创建于2008年7月,位于"一带一路"建设连接亚非大陆的重要交汇点上。经过9年多建设与运营,泰达苏伊士经贸区已经成为"一带一路"非洲园区建设的领航者。截至2016年底,1.34平方公里的起步区累计投资1.05亿美元,资产价值1.53亿美元,共吸引68家企业入园,包括巨石集团、牧羊集团、西电集团等大型企业,形成了以石油装备、高低压电器、纺织服装、新型建材和机械制造在内的五大产业园区,涵盖加工制造、物流、保税、技术开发、商贸和现代服务业等主要产业,融各功能区为一体的国际化产业基地和现代化新城。不仅填补了埃及国内市场的不足,更能借助埃及辐射欧洲、非洲、中东市场的优势,进入更广大的国际市场。起步区共引进协议投资额近10亿美元,实现年销售额1.8亿美元,进出口2.4亿美元,为当地创造2199个就业岗位。2016年初,6平方公里的扩展区建设全面启动,2016年底,扩展区一期市政基本设施全部完成,累计投资4400万美元,招商工作进展顺利。预计二期扩展区建成后将吸引企业150家,吸引投资30亿美元,实现年收入150亿美元,提供就业机会约4万个。①

尼日利亚莱基自贸区:位于尼日利亚拉各斯莱基半岛上的莱基自由贸易区规划面积30平方公里,是中国在非洲最大的经贸合作区。经过中非莱基投资股份有限公司多年打造,吸引了像玉龙钢管、亚非国际(重卡)、华创钢结构、华鼎电源等一批规模企业入园投资建厂,并带动了上下游企业的入园。截至2016年12月底,已有114家中外企业入园并办理了营业执照,协议投资额约11亿美

---

① 《泰达海外模式助推国际产能合作》,载于《一带一路国际产能合作园区联盟》特刊,2017年4月创刊号,第20—21页。

元,经营范围涉及生产制造、商贸物流、石油天然气仓储、工程承包、金融、房地产、酒店、设计咨询、清关服务等各个领域;其中的 50 家企业(中资 26 家)已投产经营或兴建,协议投资额为 5.91 亿美元;入园企业累计完成实际投资超过 1.54 亿美元,实现总产值超过 1 亿美元。莱基自贸区作为中尼经贸的合作平台初具规模。

埃塞东方工业园:由江苏省永元投资股份有限公司(民营性质)中标承建。经过多年打拼,吸引了包括华坚鞋业、力帆汽车、东方印染、地缘陶瓷等 65 家企业入园投资设厂。入园企业不仅带动了中国产品的出口、对富余产能进行了转移,而且积极为埃塞政府缴纳税费,创造了大量的就业岗位。截至 2016 年底,入园企业共创造总产值 6.3 亿美元,上缴东道国税费总额 5159.33 万美元。园区从业人员超过 10000 人,其中为东道国解决就业 8000 多人。入园企业华坚鞋业成为中埃劳动密集型制造业合作的典范。

中国—赞比亚经贸区:是中国政府在非洲设立的第一家经贸区。该区由中国在赞比亚最大的中资企业——中色集团开发运营。分为两个园区:谦比希园区主要是围绕铜矿石这个有色金属资源开展开采、加工、仓储、物流等业务,而卢萨卡园区主要是围绕商贸服务、现代物流、加工制造、房地产开发等进行配套服务。截至 2015 年底,园区累计投入基础设施建设 1.87 亿美元,已有 55 家企业和租户入驻,实际完成投资 15.7 亿美元,区内企业累计实现销售收入 110.45 亿美元,为当地创造 8500 个就业岗位。[1]

三、中非产能合作中的问题与挑战

尽管中非产能合作已经取得了良好的阶段性成果,但是从总体上看,中非经贸合作区的建设仍处于从初创向经营阶段过渡,面临着不少的困难和挑战。

首先,某些非洲国家政局稳定性、政策连续性欠佳。国际合作经验表明,一个国家吸引外资的多少与该国投资环境和投资政策密切相关。而非洲大陆上的有些国家恰恰在政局稳定、政策连续性方面有不好的记录。例如,2011 年埃及爆发 1·25 革命,推翻了穆巴拉克 30 年的政权,埃及政局陷入动荡,中埃·泰达

---

[1] 《中国驻赞比亚使馆经商处:张德江委员长视察赞比亚中国经济贸易合作区卢萨卡园区》,商务部网站(http://zm.mofcom.gov.cn/article/e/201603/20160301286803.shtml),2016 年 3 月 30 日。

苏伊士经贸区的招商等业务处于瘫痪或维持状态,入园企业停工停产,各项业务无法正常推进。埃塞俄比亚的东方工业园也因部分工人卷入近期(2016年10月)被捕导致停产损失,影响外商投资活动。至于政策连续性差更是屡见不鲜。在津巴布韦,从2007年至今,本土化政策在备受争议和诟病中走过了10年历程,对外国投资者来说,该政策始终像一只悬挂在头顶半落的靴子令人担忧,对津巴布韦开放市场和中津产能合作是极大的阻碍。再看南非,2014年下半年以来,经济增速逐年下滑,不断爆发排外骚乱、学生运动等社会冲突事件,对社会稳定与治安造成了一定冲击。影响更大的是,2017年3月31日,南非总统祖马突然宣布改组内阁,撤换了包括财政部长戈尔丹在内的多名部长,在南非多地爆发抗议游行,导致国际著名评级机构标准普尔和惠誉相继下调南非主权信用评级。内阁重组和降级事件将导致南非外部融资成本上升,影响投资者信心,并增大南非经济发展的不确定性。另外,美元加息背景下,本就外汇短缺的非洲国家货币贬值严重,一些国家出台新的外汇政策。例如,2016年11月,埃及央行放弃汇率控制,允许自由浮动。埃及汇率新政的出台,使得中国企业的利润空间变小、持续运营艰难。例如,埃镑贬值对天津泰达苏伊士园区、江苏牧羊埃及仓储项目、埃及美的项目、华晨汽车项目、奇瑞汽车项目、海信集团埃及冰箱项目在原材料进口、生产运营、收益回流等方面产生较大影响,将直接体现为加大了财务报表中的汇兑损失,随着埃镑进一步贬值,将进一步侵蚀项目经营利润,影响项目正常生产经营。

其次,非洲国家债务压力趋升,中非合作面临债务风险。当前,中国与一些非洲国家进行产能合作,为非洲的基础设施、园区建设提供了大规模的发展融资,助力非洲国家实现联合国通过的可持续发展目标和《2063议程》。但在全球发展融资格局发生变化、大宗商品价格下跌的大背景下,非洲债务危机再露端倪,而且一些与中国进行产能对接的先行先试国家(莫桑比克、安哥拉、肯尼亚、刚果(布))债务迅速增长,债务不堪重负已经给中非合作带来新的风险。与此同时,中国政府和企业还受到某些外媒"中国加剧非洲债务负担"的指责。亟需加强非洲发展融资及外债可持续性趋势研判,提出防范与应对之策。

其三,大多数非洲国家经济基础非常薄弱。作为中非产能合作的重要平台——中非经贸区建设过程中就遇到区外基础设施缺失(道路老化失修、天然气和水电供应不足、通讯设施不配套)的问题,滞后于区内发展进度与需求的问题。即使是众所周知的亚吉铁路已举行盛大的通车仪式,对于人口众多而受没有出海口之困的内陆国埃塞俄比亚来说,无疑就是一条生命线;但这条电气化铁路却因为埃塞电力供应不稳定以及供电线路不配套导致延迟投入运营。另外,对中国企业而言,也是一种承建转经营,再到拉动全产业链走出去的模式创新,但检验"亚吉模式"成功与否的关键还要看日后铁路运营能否实现预期应有的效应,仍将取决中埃两国的决策者和建设者能否妥善解决合作中遇到的现实问题。

其四,中国与非洲在园区开发理念、文化方面存在诸多差异。园区建设是舶来品,结合中国国情,形成中国经济成功发展的经验。如政府主导开发和运营,运营模式大多采用资本大循环模式,通过基础设施开发建设——招商引资——运营——获得企业税收——反哺园区基建及园区运营,以企业税收反哺园区基建,形成资金大循环模式。在中国园区建设中,政府具有园区的行政管理权,可以充分利用政府力量和资源,协调各部门关系,机构精干,办事高效,对园区项目给予自主的优惠。而在非洲国家的经贸区大都由公司市场进行运作,而且由于非洲国家"小政府、大社会"的特色,不仅基础设施缺失、政府效率低下,而且工会、教会、非政府组织势力强大,在这种背景下,合作区的运营企业往往要在基建方面大量投入,并承载部分政府职能。而实际上,园区运营商在与非洲驻在国政府商谈项目时地位完全不对等,效率难免低下。而非洲政府和民众急于分享园区发展成果的理念,与园区运营商筑巢引凤、细水长流、长期回报等开发理念等存在明显差异。非洲国家日渐增多的要求,既要鱼又要渔,既要产能又要市场,既要基建又要产业,中非产能合作不会一帆风顺。

其五,园区建设普遍面临融资困难、金融支持力度不足问题。中国在非洲经贸园区的承建单位或多或少都面临着建设资金需求量大、投资周期长的情况,因而融资需求特别迫切。但是,我国商业银行对于国内企业的境外融资需求均要求其母公司以其信誉和授信额度为其子公司海外项目提供担保,子公司的海外项目自身资产不具备抵押融资的资格,无法获得相关的贷款支持,导致大部分海外园区在初创阶段区面临着持续发展的资金压力。融资困难、资金短缺问题在以民营企业——江苏永元投资有限公司全资承建的埃塞俄比亚东方工业园建营中表现的更为突出。目前东方工业园负债率已近10%,如果再只靠自身"滚动式发展",必将严重影响园区发展速度,从而错失向非洲"产能转移"的良机。另外,入园企业也大多为民营性质的中资企业,他们在投资过程中更是普遍面临着建设资金短缺、融资门槛高、融资诉求更难以实现的窘境,迫切呼唤构建一个灵活、立体、多元的金融支持促进体系,从根本上解决民营企业融资难、融资成本高的问题。

其六,许多中国企业并没有做好走进非洲"打持久战"的准备。"一带一路"建设语境下,许多中国地方省市和企业将"一带一路"倡议视为"唐僧肉",争先恐后、想方设法的要搭乘上这趟"免费出海列车",但其自身并不具备走进非洲投资的各种智慧和经验,特别是对投资对象国的市场需求和特点并不十分了解,难免形成中资企业主观愿望与非洲市场客观需求严重错位。这种无序和乱象无助于中国企业走进非洲、融入非洲。据悉,在引导中资企业投资非洲过程中业已发挥重要的中非发展基金,虽然寻找到了许多适合非洲发展需要的潜在合作项目,却因在国内找不到合适的中国合作伙伴而被迫搁置。再者,即便有些企业走进了非洲,但缺乏打造"百年老店"的长远战略,总想着摆脱当地政策约束将增值的资本、利润带回国内,因此即使有所获利也不能算是成功的投资。

四、中非产能合作需要循序渐进

"一带一路"高峰论坛已将正式接纳全非洲为国际合作伙伴,这给中非产能合作赋予了新的内涵,也带来了新的机遇。首先,处于全球化边缘地带的非洲国家一直青睐中国的发展经验,与中国密切合作的民意基础日益巩固,他们渴望全非洲纳入中国的带路建设版图,从中更多受益。现在,非洲国家的诉求得以实现,在"共商、共建、共享"的合作理念指导下,中非务实合作得以深入开展,非洲自主发展能力必然得到进一步提升。其次,从资金融通而言,中非合作论坛(2016—2018年)已有的600亿美元配套资金,再加上可利用的国开行和口行的"一带一路"建设专项贷款(3800亿美元)渠道,必将为中非投资合作注入更多的关注、资金和动力,形成倍增效应。

然而,"一带一路"语境下的中非产能合作并非一路坦途。尤其是21世纪前十年令人振奋的非洲"经济崛起"态势目前已然让位于经济"多速增长"的新常态下,南非、刚果(金)、埃及等国政局或安全形势不稳,政策连续性受到挑战,再加上非洲国家固有的基建赤字、就业赤字、劳动观念、治理落后、恐怖袭击、社会冲突等复合问题,中非互利合作的战略目标与非洲的现存的真实环境还有相当的差距,需要中非携手共同化解挑战。

特别需要指出的是,尽管非洲大陆被公认为中国富余产能向外转移的潜在承接地,但一个只拥有大量人口但购买力低下、交通通讯普遍"肠梗阻"的大陆只是一个潜在的市场而不是一个真实的市场。因此,在非洲大陆经济一体化尚未根本成型之前,54个主权国家呈现出"碎片化"的市场特征表明,中国不应过高指望通过非洲来实现中国化解过剩产能的任务。中非产能合作切忌大规模蜂拥而上,应继续坚持在重点地区的重点国家推进重点项目落地生根,然后以点带面地有序推进方为上策。

最后,中非产能合作当然不能孤立地推进。作为研究非洲问题的中国学者,当务之急应该是深入地研究如何与非洲国家进一步推动"五通",特别是中非之间的政策沟通和民心相通,这方面的研究亟待深入。

中非粮食安全合作：战略对接与路径选择

安春英

摘要： 进入 21 世纪以来，全球粮食供给状况得到较大改善，而非洲地区粮食安全状况严峻，是世界上唯一粮食不足人口持续上升的大陆。为此，非洲国家提出旨在通过发展农业消除饥饿与贫困的农业发展战略——《非洲农业综合发展计划》，它现已成为国际社会与非洲农业与粮食安全合作的政策文件。基于《非洲农业综合发展计划》，中国应把保障非洲国家的粮食安全作为中非农业合作的重点，帮助非洲国家提升农业技术水平，提高其自身农业发展与粮食安全保障能力。

关键词： 非洲农业　粮食安全　中非农业现代化合作计划

作者简介： 安春英，中国社会科学院西亚非洲研究所《西亚非洲》编辑部主任、编审

＊本文曾刊发于《亚太安全与海洋研究》2017 年第 2 期，特此说明。

粮食作为关乎国计民生的重要商品，是国家经济发展、社会稳定和国家自立的基础。虽然近年非洲经济快速发展且实现了 4%～6% 的中高速经济增速，[1] 但值得注意的是，非洲经济在保持良好增长态势的背景之下，非洲农业发展缓慢与停滞，不仅落后于人口增速，而且低于国民经济平均增速，农业尚未形成对国民经济增长的推力作用，粮食安全问题突出。如果我们将非洲的粮食安全问题不仅仅局限于经济视野，置于其更深广的历史视野来考察，会发现：从 20 世纪 60 年代非洲国家独立以来的 50 多年，非洲国家发生的政变或内乱，其中有约

---

[1] 张宏明：《中国在非洲利益层次分析》，载《西亚非洲》2016 年第 4 期，第 70 页。

1/3不同程度地与粮食匮乏和价格暴涨有关。[①] 2010年起北非国家出现的政治动荡就是出现在国际金融危机和国际粮食危机或粮价上涨的传导效应背景之下。当下,非洲大陆是中国落实"海上丝绸之路"战略倡议的不可或缺的地区之一,也是中非产能合作的重要区域,因此,若要实现非洲的长久和平与发展以及中国在非洲"海上丝绸之路"的稳步推进,需要加强中非粮食安全领域的合作。鉴此,本文拟以非洲粮食安全状况为分析切入点,解读当下非洲国家的农业发展战略,由此尝试提出中非在农业和粮食安全领域合作的新思路。

一、全球视野下非洲粮食安全状况

在过去20多年来,发展中国家始终坚持不懈地进行抗击饥饿的斗争,力图使人们获得充足食物来维持活跃而健康的生活。从图1可以看出,20世纪90年代以来,在全球经济增势良好情势下,全球粮食不足人口数量和比例均有所减少,其中粮食不足人口数量从1990—1992年间的9.9亿减少至2014—2016年间的7.8亿,也就是说,在此期间有2.1亿人口摆脱了饥饿的困扰;同期,全球粮食不足人口发生率亦由23.3%降至12.9%。

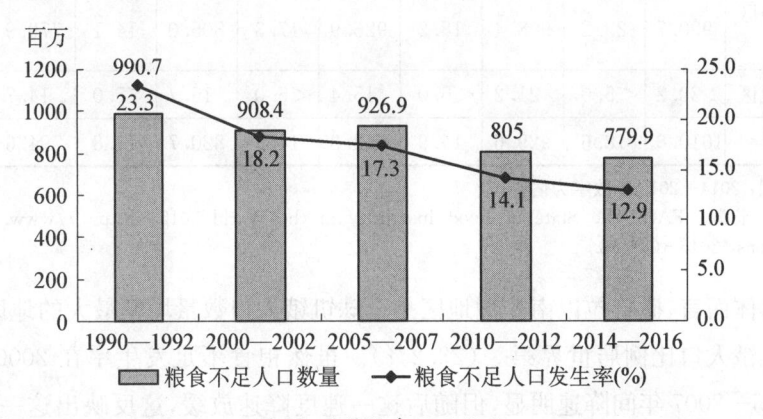

图1 世界粮食不足状况

资料来源:FAO, the State of Food Insecurity in the World 2015, http://www.fao.org/publications, 2016-08-12.

[①] [日本]石弘之:《地球环境报告——〈朝日新闻〉高级记者关于地球环境的见闻录》,张刊民、王伟译,中国环境科学出版社,1991年第1版,第39页。

但是值得注意的是,在全球饥饿状况得到一定程度缓解的背后,发展中各区域粮食不安全态势存在巨大差距。东亚、拉美和加勒比等地区在减轻饥饿方面取得快速进展,而南亚和撒哈拉以南非洲地区饥饿人口数量分别从1990—1992年的2.9亿和1.8亿变化为2014—2016年间的2.8亿和2.2亿,同期粮食不安全人口发生率亦分别由28.8%和33.3%变化为35.4%和23.2%(表1)。[①] 这表明,全球饥饿人口高度集中在人口基数大的南亚和撒哈拉以南非洲两大区域。

表1 全球粮食不安全人口分布

	1990—92年 数量(百万)	1990—92年 发生率(%)	2000—02年 数量(百万)	2000—02年 发生率(%)	2005—07年 数量(百万)	2005—07年 发生率(%)	2010—12年 数量(百万)	2010—12年 发生率(%)	2014—16年 数量(百万)	2014—16年 发生率(%)
非洲	181.7	27.6	210.2	25.4	213.0	22.7	218.5	20.7	232.5	20.0
撒哈拉以南非洲	175.7	33.2	203.6	30.0	206.0	26.5	205.7	24.1	220.0	23.2
亚洲	741.9	23.6	636.5	17.6	665.5	17.3	546.9	13.5	511.7	12.1
拉美和加勒比	66.1	14.7	60.4	11.4	47.1	8.4	38.3	6.4	34.3	5.5
大洋洲	1.0	15.7	1.3	16.5	1.3	15.4	1.3	13.5	1.4	14.2
发展中区域	990.7	23.2	908.4	18.2	926.9	17.3	805.0	14.1	779.9	12.9
发达地区	20.2	<5.0	21.2	<5.0	15.4	<5.0	15.7	<5.0	14.7	<5.0
全世界	1010.6	18.6	929.6	14.9	942.3	14.3	820.7	11.8	794.6	10.9

说明:2014—2016年数字为估值。
资料来源:FAO, the State of Food Insecurity in the World 2015,http://www.fao.org/publications,2016-08-12.

具体而言,撒哈拉以南非洲地区是全球饥饿人口数量增幅最大的地区,且在全球饥饿人口比例居世界第一(23.2%)。虽然粮食不足发生率在2000—2002至2005—2007年间降速明显,但随后这一速度降速放缓,这反映出这一时期一些非洲国家受到粮价上涨、干旱和政局不稳的影响。从图2可以看出,非洲各地区粮食安全形势各异。其中,东非地区是非洲大陆缺粮问题最为严峻的地区,粮

---

① FAO, the State of Food Insecurity in the World 2015,http://www.fao.org/publications,2016-08-12.

食不足人口数量从 2000~2002 年间的 1.22 亿增加到 2014~2016 年间的 1.24 亿人。而北非地区和南部非洲地区粮食不足人口数量最少,且粮食不足人口比例呈现下滑之势。目前,非洲国家每年用于进口粮食的费用为 400 亿美元。[①] 由此,发展粮食农业生产、缓解饥饿成为非洲大陆首当其冲的社会发展目标。非洲国家解决粮食安全问题,既需要其自身的努力,也需要加强粮食领域的国际合作。

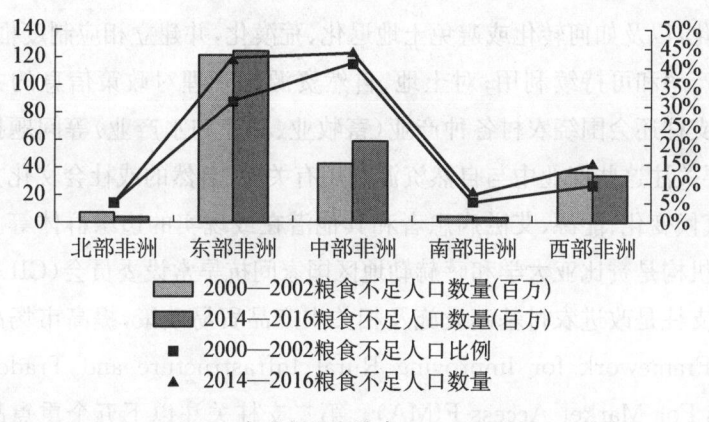

图 2　非洲各地区粮食不足人口状况

资料来源:笔者根据粮农组织发布的《2015 年世界粮食不安全状况》(the State of Food Insecurity in the World 2015)绘制。

二、非洲农业与粮食领域发展战略

近年来,非洲国家越来越重视独立自主地发展农业生产,通过把握本国农业生产的自主权,推动农业领域的快速发展,努力缓解国家粮食短缺问题。其中,在 2003 年 7 月莫桑比克马普托非盟首脑会议通过的《非洲农业综合发展计划》(Comprehensive Africa Agriculture Development Programme, CAADP),集中反映了当前全非层面农业发展的方针,也是国际社会与非洲农业合作的战略政策文件。从 2007 年 3 月卢旺达成为首个签约国伊始,至 2015 年底,非洲共有 42

[①] Iain Frame edited, *Africa South of the Sahara* 2012, London and New York: Routledge, 2011, p. 13.

个国家成为誓约签字国。①

CAADP是由非洲国家自主制订的农业发展规划,主要体现以下几方面特点:

1. 推动农业发展与保障粮食安全是该计划的核心内容。CAADP文本首页即明确提出,该计划的根本目标是通过发展农业消除饥饿与贫困。为此,该计划依托以下四大支柱加以落实:第一支柱是改善土地和水资源管理,促进其可持续利用(Sustainable Land and Water Management-SLWM)。它重点关注:土壤肥力的变化,以及如何转化或避免土地退化、荒漠化,并建立相应制度框架;提高水资源生产率和可持续利用;对土地、自然资源与管理对政策信息的共享和利用。第一支柱还会围绕农村各种产业(畜牧业、林业和水产业)等问题提供解决办法,主要关注这些产业中与自然资源利用有关的、自然的或社会文化方面的问题,包括气候变化、能源、艾滋病患者和其他潜在或现实的边缘群体等。第一支柱的牵头机构是赞比亚大学和萨赫勒地区国家间抗旱常设委员会(CILSS)。

第二支柱是改进农村基础设施及相关农产品贸易政策,提高市场准入和外贸能力(Framework for Improving Rural Infrastructure and Trade Related Capacities For Market Access-FIMA)。第二支柱关注以下五个重点战略领域的活动,并提供了具体的最佳案例:领域一是提高竞争能力,抓住国内、区域和国际市场的商业机会。这其中包括保持和增进传统出口市场,促进国内和区域贸易,提升伙伴关系促进价值增值,整合小农户与中等规模农业企业以及改进行业管理和相关政策。最佳案例包括区域农业贸易促进支持、东南非共同市场(COMESA)玉米无国界计划、东非牛奶行业。领域二是投资于商业和贸易基础设施,降低国内、区域和国际市场交易成本。其中包括与贸易相关的基础设施建设、公私投资建设基础设施伙伴关系、区域基础设施建设协调以及行业管理和政策措施。最佳案例包括肯尼亚小型灌溉系统、公路维护资金、尼日利亚港口系统管理、电力信息通讯(ICT)和基础设施公私投资。领域三是发展价值链和金融服务。包括促进农业企业增长和价值增值、相关金融服务业务的提供以及行业管理和政策措施。最佳案例包括小农户出口促进和通过建设基础设施整合小农户。领域四是加强农民组织和贸易协会的商业和技术能力。包括促进农户整合

---

① http://www.nepad-caadp.net/sites/default/files/CountryTable/Countries%20with%20Compacts%20%26%20Investment%20Plans%20%20Nov%202015.pdf,2016-11-21.

以提高农民组织能力、整合路径的设定以及行业管理和政策措施。最佳案例包括马拉维国家小农户协会、番茄行业协会(CNCFTI)。领域五是基准设定、监督实施和评估。第二支柱的实施需要制度创新安排,这需要一定的时间,为此,就需要设定基准点,对制度创新进行监督和评估。CAADP 的区域战略分析和知识支持系统(ReSAKSS)为此提供了良好的操作平台。所有的信息都输入到该系统中,并根据收集到的资料信息,设定基准点,创建各国的社会统计矩阵,并连接各国的战略分析和知识支持系统(SAKSS)成为区域战略分析和知识支持系统。最后,通过政策设定的制度创新,可以通过一般均衡模型来模拟可能出现的监控指标的变化,评估政策效果。第二支柱的牵头机构是中西非国家农业部长大会(CMAWCA)。

第三支柱是加强食品安全,提高灾难风险管理(Framework for African Food Security-FAFS)。即通过优先指导性政策、战略和行动的制定与分析,增进小农户生产力,提高对食品危机的反应速度,增进区域内部食物供应并减少饥饿。实际上,支柱三的焦点汇集了 CAADP 的愿景的核心要素,即确保不断增长的农业生产力和整合市场和扩大弱势群体的购买力相结合,以消除饥饿、营养不良和贫困。并且,第三支柱还提出关注一系列非洲联盟或 NEPAD 项目,包括:泛非洲营养倡议(PANI)、非洲区域营养战略(ARNS)、非洲十年战略(ATYS)、阿布贾食品峰会决议等。第三支柱的牵头机构是南非夸祖鲁-纳塔尔大学和萨赫勒地区国家间抗旱常设委员会。

第四支柱是推动农业研究、促进农业技术推广(Framework For African Agricultural Productivity-FAAP)。即对农业机构及服务的革命,具体包括农民赋权、催生规划农业研究、创立推广服务机构;提高农业生产投资规模;促进相互学习、培育协同和反馈机制;提倡资源利用和伙伴关系构建,确认和协调规划进程,促进规模经济和非洲大陆内部国家间的相互学习,确保平等获取和分享信息。在此过程中,各利益方或参与者均要发挥各自独特的作用。该支柱的牵头机构是非洲农业研究论坛(FARA)。

由此可以看出,《非洲农业综合发展计划》将提高农业生产率、促进粮食本土化生产、发展现代农业和保障粮食安全作为重要发展方向。中国等域外国家倘若在此领域开展国际合作,契合了非洲国家解决粮食问题的利益需求,上述四大支柱则成为非洲国际农业合作的切入点。

2. 规定了各行为体在落实 CAADP 中的角色与职能。非盟是总的统领者,其主要职责包括：倡导国际伙伴为该计划提供援助，引导非洲国家发展战略向农业领域倾斜，协调该计划与非盟其他农业项目，为非盟和《非洲发展新伙伴计划》提供技术合作便利，等等。在非盟框架之下，可通过三种路径来具体实施：路径一是非洲地区经济共同体层面，主要职责是：为国家间信息传播提供服务，协调与参与监管计划项目的实施，推动地区经济共同体与CAADP间的议程，在地区层面动员外部资金流入，等等；路径二是各国政府层面，主要职能包括：推动本国制订与执行农业优先发展战略，协调该计划与《国家减贫战略》(PRSP)等其他项目的关系，确保公共与私营部门的参与，分享与提供计划实施经验或教训，排除项目实施过程中的制约因素，等等；路径三是非政府组织层面，主要职责是：为地区层面和国家层面计划项目的实施提供技术支撑与服务，参与项目相互审查进程与评估，协调与国家层面的制度进行合作等等。当然，为确保该计划顺利实施，专门设立了CAADP秘书长，其主要职能是：为次地区经济共同体提供技术支持，野战并评估地区层面的相互审查，在地区层面提供信息，在地区层面协调伙伴关系并调动资源，为相互学习提供便利，等等。

此外，CAADP四大支柱之下设立的牵头机构，在为非洲国家CAADP框架文件、政策和投资规划制订及实施过程中起着重要的技术支持作用，并通过对关键问题、实施方法和联盟模式的分析，促进CAADP的顺利进行。由此，国际合作方在与非洲进行农业领域的合作过程中，关切非洲一体化层面的农业发展战略要义，需要与该计划的统领者非盟进行相关事宜磋商，进而形成全非层面、国别层面的具体合作项目。

3. 明晰了CAADP的资金来源。CAADP实施国的资金总体上分为国内、国家间与国外援助三个渠道。其中，国内负责农业项目的资金机构包括：政府及其附属的研究机构；民间团体与非政府组织，例如，如西非国家农民组织(ROPPA)、西非农产食品交流组织(ROESAO等)；技术与协调组织；私人部门或者私人资本。

国家间的援助则主要指的是区域研究机构：一是国际热带农业研究所(IITA)、国际半干旱地区热带作物研究所(ICRISAT)、非洲稻米所(ADRAO)，国家间金融协调组织；二是政府之间的综合合作机构，如非洲联盟、西非经济与货币联盟(WAEMU)、萨赫勒地区国家间抗旱常设委员会(CILSS)、尼日尔河流域组织(ABN)、塞内加尔河流域开发组织(OMVS)等。

国外（主要指发达国家）援助则相对复杂，有以下三大类：一是国际金融发展机构，包括世界银行、亚洲开发银行、非洲开发银行；二是联合国下属各机构，如联合国开发计划署、联合国粮农组织、联合国环境计划署、世界卫生组织、世界粮食计划署、国际农业发展基金、联合国教科文组织；三是双边发展机构，如德国技术合作公司、英国国际发展部、丹麦国际开发署、美国国际开发总署、日本国际协力机构、奥地利开发公司、加拿大国际开发署。在上述三方面资金来源中，国外援助被视为落实 CAADP 最重要的资金来源。

由此看来，CAADP 具有开放性，引起域外国家及其国际组织的关注，也随即与相关非洲国家展开了一些合作，其合作对象包括三个层面：第一个层面是国际组织。例如，联合国粮农组织（FAO）投入 20.5 万美元为坦噶尼喀湖的综合管理地区项目提供了项目构想，并提供了渔业相关的技术援助；投入 36 万美元支持沿维多利亚湖周围的滨河国家的水产业发展；斥资 25 万美元，协助启动非洲种子和生物技术计划并为其实施制定行动计划；为中非地区水资源和能源的可持续利用项目提供 44.5 万美元的资金支持。联合国开发计划署（UNDP）在 2006—2011 年间协助许多非洲国家完成了非洲同行审查机制报告；通过地区服务中心小组，在非洲管理和私人部门小组的帮助下，为 CAADP 发展实效平台的建立提供了资金、技术和理论支持。世界银行（WB）在 2008—2010 年间投入 3100 万美元的多方信托基金用来支持 CAADP 的实施；专设世界银行项目依托基金和执行依托基金，支持非洲地区开展农业研究。[①]

第二个层面是发达国家。例如，日本国际协力机构（JICA）自 2008 年起实施了旨在提高非洲国家粮食产量的"非洲水稻发展联盟"（CARD）项目，先后与塞拉利昂、肯尼亚通过扩大水稻和种植面积、提高水稻单产、改善水稻收获后的储存、加工和销售能力等举措。美国国际开发总署（USAID）为帮助 CAADP 签约国和其他一些非洲区域农业项目发展，牵头实施了"区域战略分析和知识支持系统"（ReSAKSS）项目、"未来粮食保障"（FTF）项目、"地区农业数据和信息共享"项目等等。英国国际发展部（DFID）自 2012 年起在布基纳法索、科特迪瓦、埃塞俄比亚、加纳、莫桑比克、坦桑尼亚等国推出了"食品安全和营养新联盟"（NAFSN）项目，协助非洲农业研究论坛（FARA）和 CAADP 秘书处支持开展了

---

① http://www.caadp.net/pdf/Table%201%20Countries%20with%20Investment%20Plans%20ver19.pdf, 2016 – 08 – 12.

促进农业研发与技术传播的"应用性研究项目"(RIU)。

第三个层面是发展中国家。例如,在CAADP框架之下,巴西农牧业研究公司在西非开展了21个援助项目,在加纳,这些援助项目重点关注农业技术研发和推广。巴西农牧业研究公司为加纳开展木薯种植技术研究提供帮助,将巴西关于城郊农业发展的经验介绍到加纳。巴西农牧业研究公司还提供了8万美元,建立了巴西专家和非洲方面的热线电话,以便在非洲国家需要时能够取得相应的帮助,这个项目在非洲研究论坛的支持下顺利开展。印度对非农业合作则强调利用最新的科研成果提高生产率和保护土地及环境的重要性,借以确保粮食安全,并降低当前成本上升的粮食价格,减少食物消费压力。[1] 在2013年金砖国家德班峰会上,印度和中国、俄罗斯、巴西、南非共同宣布在NEPAD的框架内,支持非洲国家通过刺激外国直接投资、知识交流、能力建设和出口多样化来实现工业化过程中,在互惠互利的基础上,增加对非洲基础设施建设、创造就业机会、产业发展、食品和营养安全、消除贫困和促进非洲可持续发展等方面的支持力度。[2] 2015年12月,在中非合作论坛约翰内斯堡峰会上,习近平主席提出了包括中非农业现代化合作计划在内的"十大合作计划"[3],其中就涵盖中方将对接非方的CAADP等内容。因此,在当下与未来一段时间,CAADP是中非农业和粮食安全领域合作的重要视点与着力点。

从目前国际社会对CAADP支持的整体情况看,涉及的领域非常广泛,包含了与农业生产相关的土地、水资源、种子、化肥、基础设施、政策、科研等众多方面,几乎能够涵盖CAADP框架的全部四个支柱。但各个国际机构和相关国家都有其重点援助领域,通过本国援助机构,开展有针对性的援助项目,包含了与农业相关的能力建设、基础设施、农业科研和推广等,但是其重点援助领域大多与粮食和食品安全有关。国际社会对CAADP的援助方式呈现多元化特点,主要包括国家间的双边援助、国家与地区组织间的合作、国家与国际机构以及相关受援国的多边合作等等。对于一些传统的援助大国来说,其对CAADP的援助既有与单个国家的合作,又有与非洲区域组织的协作。

---

[1] 印度外交部网站:http://www.mea.gov.in/bilateral-documents.htm? dtl/34/Second+AfricaIndia+Forum+Summit+2011+AfricaIndia+Framework+for+Enhanced+Cooperation, 2016-11-21。
[2] 印度外交部网站:http://www.mea.gov.in/bilateral-documents.htm? dtl/21482/5th+BRICS+Summit++eThekwini+Declaration+and+Action+Plan, 2016-11-21。
[3] 周玉渊:《中非合作论坛15年:成就、挑战与展望》,载《西亚非洲》2016年第1期,第15页。

三、中非粮食安全合作发展路径

自20世纪60年代以来,农业一直是中非经济合作的传统且重要的合作领域。相对于其他产业来说,由于农业领域具有投资规模大、综合关联度高、见效慢等特点,加之非洲农业基础长期较弱,因此,中国对非农业合作尤其是粮食作物领域的合作以援助方式为主。

纵观半个多世纪以来的中国对非农业合作,主要包括以下合作模式:第一是援助农业基础设施,如突尼斯麦热尔德-崩角水渠、佛得角泡衣崂水坝项目,是中国援助水利工程的标志性项目。第二是援建农场,如坦桑尼亚姆巴拉利农场和鲁伏农场、索马里费诺力农场、乌干达奇奔巴农场、毛里塔尼亚姆颇利水稻农场等。中方负责服务于农场建设的农机设备的供应、建设水利灌溉配套设施、提供农场生产技术指导、参与农场的计划管理等事宜。援建农场呈现稳定发展态势后,就移交给受援国政府。第三是援建农业技术实验站、推广站和农业技术示范中心。截至2016年中国已在坦桑尼亚、赞比亚、莫桑比克、乌干达、津巴布韦、苏丹、利比里亚、刚果(布)、贝宁、多哥、卢旺达、喀麦隆、埃塞俄比亚和南非建立了25个农业技术示范中心[①],均已进入技术合作期。这是集农业技术试验示范、技术培训与推广、管理经验传授以及产业化经营等为一体的援助项目。第四是派遣农业技术专家。这种方式亦是中国对非农业援助的传统方式之一,并持续存在,主要通过两种路径实施:在中非合作论坛框架下中国政府派遣了104名高级农业专家在33个非洲国家开展工作;中国农业部通过联合国粮农组织"粮食安全特别计划"框架下的"南南合作"途径向尼日利亚、马拉维、乌干达、纳米比亚、埃塞、加蓬、马里等非洲国家派出了1000多名农业专家和技术员。第五是提供人力资源培训。一方面,是采用"走出去"的方式,如自2001年起中国政府通过派遣老师赴埃塞俄比亚开展农业专业课教学,落实中国与该国的农业职业技术教育培训项目。另一方面,中国农业大学和中国国际扶贫中心等机构举办了包括非洲农业管理官员和技术人员参加的涉农培训班,如"非洲农村教育官员能力建设研修班"等,努力提升非洲国家农业发展的能力建设。第六,提供紧急人道主义粮食援助。2011年,东非地区遭受近60年来最为严重的干旱和饥

---

① 农业部对外经济合作中心秦路高级经济师在2016年9月10日中国亚非学会年会上的发言。

荒。中国政府分两次向非洲之角地区提供总额为 4.432 亿元人民币的粮食援助和粮援现汇。这是中华人民共和国成立以来中国政府对外提供的最大一笔粮食援助。[①] 近年来,中国还向几内亚比绍蝗灾和霍乱、达尔富尔地区提供了物资或现汇紧急援助,帮助这些国家增强抵御灾害以及灾后重建的能力。

从总体上,中国对非农业援助实施了二百四十多个涉农项目,取得了一定成效。为契合非洲的 CAADP 及中非农业现代化合作计划需要,在缓解非洲国家粮食安全方面,中方可从以下几方面开展合作:

1. 明晰中国对非农业与粮食领域合作的定位。在中非农业合作中,究竟将供给侧(中国的利益)还是需求侧(非洲的利益)置于最优先考虑的因素。也就是说,中国对非农业与粮食领域的合作的定位是什么?值得注意的是,国际上关于中非粮食领域的合作存在着一些不实的传言,比如美国学者黛博拉·布罗蒂加姆在她的新书《非洲将养活中国吗?》(Will Africa feed China?)中提到的:中国对非粮食合作是为了输出 100 万农业失业人口到非洲种地,中国已经对非洲的粮食产生了如饕餮般的欲望,在非洲生产的粮食是为了进口到中国,等等。且不说大规模输出农业人口到非洲是无稽之谈。而且,在非洲生产的粮食成本远远高于国内,非洲粮食进口到中国根本不可行。中国领导人对自身的粮食安全问题也一再强调,中国人的碗要盛中国自身产的米。因此,中非农业合作的基本目标是解决非洲当地的饥饿问题,而不是用于从非洲进口粮食。由此决定了中国对非农业合作尤其是粮食作物领域的合作宜采用政府主导型援助与市场驱动型相结合的方式。也就是说,采用强政府、强市场的二强策略。因为没有强政府的支持,中非粮食生产领域的合作会面临萎缩的危险,这主要是基于粮食产业对国家发展的特殊战略意义、弱质性特点等情势。

2. 深入调研《非洲农业综合发展计划》(CAADP)的区域或国别农业发展规划内容,使中非粮食安全领域合作与该计划项目相对接。中非农业合作的一个重要出发点,即要符合非洲国家农业发展的利益诉求。当下,CAADP 已成为非洲国家对外农业合作的重要新平台。因此,对于 CAADP 的外部合作伙伴国来说,都将在 CAADP 框架下实施,遵守该计划约定的原则。因此,中国应当深入了解在对外农业合作的这一新变化,加强相关政策层面的分析,使中非农业合作项目能够契合于该计划,有利于彼此之前形成合力,推动非洲国家农业向前发展。

---

① http://news.163.com/11/0925/00/7EOQD2A200014JB5.html,2017 - 01 - 04。

注重 CAADP 的国别差异,增强中非双方合作的针对性与务实性。非洲现已有 30 多个国家签订了 CAADP"国家协定",由于各国国情差异,农业发展面临的情势各不相同,由此制订的"国家投资计划"与拟实施的农业项目也各不相同。例如,埃塞俄比亚、马拉维、卢旺达、乌干达、斯威士兰和布隆迪六国的 CAADP 协议内容虽围绕"四大支柱"制定,但其具体侧重内容则有所不同(表2)。因此,中方在制定与非洲国家农业合作项目之前,要深谙合作对象国不同的农业计划侧重点与期待的合作项目,使中非农业合作举措与非洲国家农业发展战略保持一致性。

表2 东南非共同体部分国家 CAADP 协议关注的重点

国家	主要内容
埃塞尔比亚	加强人力资源能力;根据不同的农业生态区发展相应道路;有效的农业营销系统;促进可持续的自然资源管理
马拉维	粮食安全和风险管理;农业商业化,农产品加工和市场发展;农业土地和水资源可持续性管理;技术的产生和传播;机构和人力的能力建设;预防艾滋病和艾滋病缓解;性别平等和赋权
卢旺达	食品和营养安全;现代特色农业;商业农业;农业的资产市场导向和社会保障;农业经济赋权;多元化综合农业
乌干达	加强可持续的生产力;改善农业市场准入和农业附加值;创建一个有利的环境;机构加强;支持利益相关者主导的有广泛基础的农业发展;促进农业国内、区域和国际贸易;确保农业资源的可持续利用和管理
斯威士兰	水和灌溉发展计划;减少土地退化的综合土地管理;农业市场的可持续发展;延伸、发展和实施政策框架;农民和农业推广人员的能力建设;提高农业信息和数据管理系统;加强食品应急机制
布隆迪	提高受援助农业部门规划和动员的效率;制定框架以援助有短期和长期的投资需求的农业部门;实现千年发展目标,更进一步确保所有公民的食品和营养安全;采用市场和出口主导战略;提升整个农业产业链的附加值,竞争力和高品质;提高农业技术的办法以鼓励如:发展生物技术的研究和应用

资料来源:根据 CAADP 网站(http://www.caadp.net/library-country-status-updates.php)资料整理。

3. 理性认知中非在解决粮食安全问题方面的合作潜力。中国农业发展的最大成就是以占不到世界 10% 的耕地养活了占世界 20% 以上的人口,国家层面的粮食安全得到保障,人均粮食产量 2015 年为 452 公斤[①],粮食自给率稳定在

---

① 中国国家统计局网站:http://www.stats.gov.cn/tjsj/zxfb/201512/t20151208_1286449.html,2016-08-12。

95%以上。① 而非洲地区食物不足发生率虽然已从1990～1992年间的27.6%降至2014～2016年间的20.0%，但它仍是世界上食物不足发生率最高的地区。从非洲国家解决粮食问题的紧迫性与中国成功解决温饱的经验来看，基于提升非洲国家粮食生产能力的合作将置于双方农业合作的首要且关键领域。

事实上，非洲国家农业资源待开发潜力巨大。据世界银行估计，目前非洲有一半以上的肥沃土地尚未被开发，如在莫桑比克、刚果（金）、马达加斯加、赞比亚、苏丹、南苏丹、坦桑尼亚和安哥拉等国2/3的可耕地尚未得到开发利用。② 若有效利用这些土地资源，非洲缺粮问题将得到很大程度的改善，甚至可以达到自给自足。

中国粮食作物生产力水平较高。中国农业精耕细作的传统，能够充分挖掘土地增产潜力，从而提高单位面积产量。正如图2所示，中国水稻、玉米、小麦3种粮食作物单产均高于世界平均水平，相当于非洲这3种粮食作物单产的2～3倍。

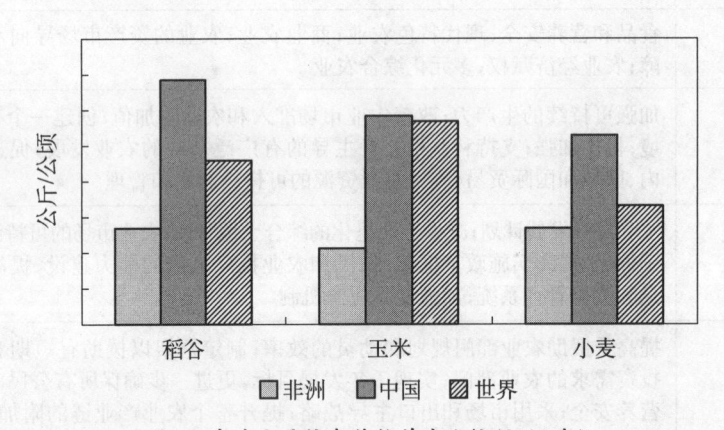

图3 中非主要粮食作物单产比较（2014年）

资料来源：笔者根据粮农组织网上数据库资料（http://faostat3.fao.org/download/Q/QC/E）绘制。

因此，在CAADP支柱三内容框架之下，非洲相关国家根据具体国情，因地制宜地分享农作物栽培、遗传育种、培肥地力、水土保持、防治荒漠化等方面农业

---

① 其中，稻谷、小麦保持自给，玉米保持基本自给。畜禽产品、水产品等重要品种基本自给。
② The World Bank, *Growing Africa: Unlocking the Potential of Agribusiness*, AFTFP/AFTA, I January 2013, pp. 16 - 17.

技术,提升粮食作物生产率。例如,中非发展基金就在莫桑比克投资了水稻种植项目,将300公顷沼泽地进行翻整开垦后,实验水稻种植,并修建水渠引用当地河流进行灌溉,使当地水稻产量从原来的每公顷2~3吨提高到7~8吨。①

4. 中非粮食安全合作的重心是帮助非洲国家提升农业技术水平,提高其自身农业发展与粮食安全保障能力。科技是第一生产力,农业技术是使非洲从传统农业向现代农业转变的核心要素,非洲农业的增长离不开农业研发与技术推广。中国是农业大国,在农业发展领域拥有适合非洲国家的农业生产管理经验和实用技术,双方农业合作拥有悠久的传统和坚实的基础。如前所述,中国可继续以建立农业示范中心、派遣农技专家、开展农业管理与技术培训为抓手,结合非方的CAADP,进一步同非洲分享农业发展经验、转让农业适用技术,在传统农业合作的基础上,全面构建中非农业合作产业链条,提升非洲现代农业发展水平,使中非农业合作惠及更多非洲民众,为非洲实现粮食安全做出贡献。例如,农业示范中心在提供各类实用农业技术服务方面,内容因国而异,关切CAADP国别投资计划中关于农业技术合作方面的需求。如在卢旺达,农业技术示范中心项目主要开展水稻、旱稻、菌草、蚕桑、水土保持等5个领域的技术示范与推广,这与表2中该国CAADP协议关注的重点(发展粮食作物、特色农业、农业自然管理等)相一致。

与此同时,中国在与非洲国家进行农业合作过程中,一方面要学习其他国家对非农业援助好的做法,取长补短,不断提升中非农业合作的有效性。另一方面,在集中有限财力、发挥高效率的中非农业双边合作为主渠道或主要方式的同时,我们注意到:有关国际组织、发达国家都对中国发展农业的成功经验、成熟实用的农业技术所吸引,通过合作希望借助中国的农业发展经验和优势技术,共同帮助非洲等发展中国家提高农业生产水平。对此,我们可进一步探索与联合国开发计划署、联合国粮农组织、联合国环境计划署、世界卫生组织、世界粮食计划署、国际农业发展基金、欧盟、经济合作组织与各个非洲次区域经济共同体,以及国际热带农业研究所(IITA)、国际半干旱地区热带作物研究所(ICRISAT)、非洲稻米所(ADRAO)等专门性的研究机构开展三方合作,共同为非洲农业发展、实现CAADP目标而努力。

5. 注重提升非洲粮食产业的附加值,努力延伸中非粮食安全合作的产业

---

① 商务部国际贸易经济合作研究院:《中国与非洲经贸关系报告2013》,第6页。

链。中国对非农业合作项目大多集中在农产品初级生产领域,在农产品加工、仓储、物流、营销等全产业链建设方面的经营不足。实际上,现代农业的内涵不再局限于传统的粮食种植、养殖业等农业部门,而是包括了食品加工业等第二产业、粮食作物的存储(在非洲大陆,谷物的收获后损失达15%至20%)、运输以及农业服务等第三产业内容。因此,中非农业合作不仅要把目光聚集于农业生产本身,而且增值潜力更在于对农业原料的加工,建立农产品加工业。双方可建立农业研发合作合作机制,开展种子选育、禽畜改良、病虫害防治、动物疫情防控等科研交流合作,支持非洲国家农业科技创新,提高非洲农业生产力和农产品附加值,支持非洲发展现代农业,提升双方粮食安全合作的张力。

中国浙江省与非洲国家产能合作的理论基础、演进方式与提升路径

黄玉沛

摘要： 浙江省作为中国率先发展、走在前列的经济大省，也是我国对非洲经贸合作的重要省份，双方在产业对接与产能合作领域大有可为。中国浙江省与非洲国家的产能合作是在中非产能合作框架下进行，是国际产能合作理论指导下的应用实践之一，与国际经济与贸易中的价值链理论、产业链理论、经济地理学理论密切相关。浙江省与非洲国家产能合作是浙江省内产业对非洲的输出，是浙江省产业输出需求与非洲东道国当地输入需求的对接，它不仅仅是一项合作安排，而是由双方经济发展阶段及与之相关的经济、产业、技术、资本等条件所决定的，具有必然性和规律性。浙江省与非洲国家产能合作的提升路径可以分步骤、分阶段实施。从短期路径而言，浙江省产能优势企业应当积极走进非洲；从中期路径而言，创新驱动引领浙江省产业整体升级拓展非洲市场；从长期路径而言，浙江省需要顺势而为制定面向非洲的长期发展战略。

关键词： 中国 浙江省 非洲 产能合作 动力因素 提升路径

作者简介： 黄玉沛，博士，浙江师范大学经济与管理学院、中非国际商学院讲师。

国际产能合作是指两个存在意愿和需要的国家或地区之间进行产能供求跨国或者跨地区配置的联合行动。产能合作可有两个渠道进行：既可以通过产品输出方式进行产能位移，也可以通过产业转移的方式进行产能位移。[①] 中国浙

---

① 本文系 2016 年度浙江省哲学社会科学重点研究基地(浙江师范大学非洲研究中心)规划项目一般课题的阶段性研究成果，项目编号16JDGH136。广义的国际产能合作是指整个产业国际化经营程度的优化和高度国际化，其实现路径包括国际贸易、对外直接投资和契约性国际生产。狭义的　　（转下页）

江省与非洲国家产能合作(以下简称"浙非产能合作")是浙江省内产业对非洲的输出,是浙江省产业输出需求与非洲东道国当地输入需求的对接。探析浙非产能合作的理论基础,必须将其置于中非产能合作乃至国际产能合作的大背景下进行理论分析和综合考量。

一、浙非产能合作的理论基础

中国浙江省与非洲各国之间开展产能合作,是在中国与非洲国家产能合作框架基础上的进一步拓展和深化。推进浙非产能合作,不是向非洲市场输出落后产能,而是有非洲需求的、有竞争优势的产能,将增加非洲国家相关产业实力。推进浙非产能合作,是推动浙江省新一轮高水平对外开放、增强国际竞争优势的重要内容。当前经济全球化深入发展,推动浙非产能合作,可以让更多非洲国家参与到浙江省推动的跨国产业链体系,有利于这些非洲国家发挥各自优势,将各自生产要素投入全球化过程,带动经济增长,促进工业化进程,实现互利共赢、共同发展。一言以蔽之,浙江省大力推动的浙非产能合作,将打造浙江省同非洲各国之间互利共赢的新局面。

(一) 浙非产能合作与价值链理论

浙非产能合作是在中非产能合作框架下进行,是国际产能合作理论指导下的应用实践之一,与国际经济与贸易中的价值链理论密切相关。

1. 浙非产能合作是价值链优化的体现和必然选择

浙非产能合作将实现浙江省部分行业产能在非洲价值链中的优化配置,产能的优化配置实现了产业价值链与企业价值链在全球范围内的重新整合;同时,浙非产能合作以浙江省为基础,辐射全国,努力实现全球价值链中各个环节之间的优势互补。产能输出体现了价值链理论下对浙江省产业价值链环节优化升级的要求,全球价值链的治理模式与全球价值链升级有着密切关系,浙江省作为中国沿海经济发达省份,切入不同的全球价值链治理模式,有助于不同环节的升级。

(接上页)国际产能合作是指在某一产业的国际化过程中,产业链上、中、下游各生产环节的生产要素在两个或两个以上国家或地区间的流动与配置,产品生产和销售已在两个或两个以上的国家或地区间实现。狭义的国际产能合作存在于特定产业链上游的研发、设计、规划和采购,生产环节的技术、工艺和生产能力以及下游领域的贸易、服务和标准化管理等环节。可参见魏敏:《中国与中东国际产能合作的理论与政策分析》,载《阿拉伯世界研究》,2016年11月,第6期,第6—7页。

在浙非产能合作框架下,浙江省企业应对自身进行清晰的定位,找到比较优势所在的行业,通过比较优势切入价值链层级、俘获型治理模式中,[①]在承接来自主导企业的外包环节的生产活动中,通过学习效应吸收和掌握成熟管理技术以及市场开拓能力技巧,进行市场开拓和市场势力尤其是企业家精神和创新(包括管理技术和生产技术的创新以及商业模式的创新)的培养,具备一定的市场势力之后,转入模块和市场型治理模式当中,并构建以中国浙江省企业为主导的涉非价值链的高端环节,促进浙江省属企业向非洲价值链高端升级。

2. 浙非产能合作实现价值链流程升级和产品升级

浙非产能合作在价值链流程升级中的属性,要求浙江省与非洲国家积极进行合作交流,相互学习彼此之间先进的生产技术与管理经验,从而实现企业生产管理流程与产品质量的提升,从价值链的角度实现流程升级与产品升级。一般而言,发展中经济体的跨国公司通过加入低端的价值链而融入世界经济体系,在新型国际分工体系中实现工业化的升级。但是发展中经济体参与全球价值链,无论加入何种类型的价值链,核心竞争力的缺乏、知识资源和销售渠道等能力的欠缺将导致其沦为发达国家产品的低端供应商。

改革初期,浙江省实施的"市场换技术"的战略导致了低端企业产生"学习障碍",生产者驱动型价值链对电子通信、计算机等资本技术密集型没有明显的技术溢出效应,浙江省跨国公司参与全球价值链后,易产生"低端锁定"现象,出现路径依赖问题。[②]但是,中国浙江省可以根据自身条件和价值链的治理模式来

[①] 学者 Humphrey 和 Schmitz(2004)根据参与者之间的关系特征不同,将价值链治理模式划分为市场型、均衡型、俘获型与层级型治理模式这四种。俘获型治理模式是指在全球价值链分工中,在价值链中处于主导地位的发达国家的大发包商或跨国企业利用自身优势,一方面通过外包利用发展中国家承包方的低廉要素成本以实现其战略目的,另一方面又设法运用自己的技术、品牌和市场等优势,设计各种技术、质量、交付、流程标准、承包商相互竞争等策略来控制发展中国家承包商在其价值链体系中的地位,阻碍其技术赶超和价值链攀升进程,把承包方企业锁定在价值链的低端。可参见 Humphrey, J and Schmitz, H. *Chain Governance and Upgrading: Taking Stock*, in Schmitz, H., *Local Enterprises in the Global Economy: Issues of Governance and Upgrading*, Cheltenhan: Elgar, 2004。

[②] 关于道格拉斯·C. 诺斯的制度变迁理论,可以参见英文原著,Douglass C. North, *Institution, institutional change and Economic Performance*, Cambridge University Press, 1990, p.3. 此外,该书国内已有多个中文版译本,可参见[美]道格拉斯·C. 诺斯:《制度、制度变迁与经济绩效》,刘守英译,上海:上海三联书店,1994年版;[美]道格拉斯·C. 诺斯:《制度、制度变迁与经济绩效》,杭行译,格致出版社·上海人民出版社,2008年版;[美]道格拉斯·C. 诺斯:《制度、制度变迁与经济绩效》,杭行译,格致出版社·上海三联书店·上海人民出版社,2014年版。另外,还有清华大学刘瑞华教授于2014年翻译的尚未公开出版的版本,在网络上可以查看与下载。

找到最合适的切入点或价值环节,根据价值链条的增值路径与非洲国家开展合作,谋求产业升级并在融入全球价值链后抓住非洲这一战略支点,实现突破性创新发展。

3. 浙非产能合作实现价值链功能升级与链条升级

通过浙非产能合作,浙江省将省内富余优质产能进行优化配置,着力发展研发设计价值链高端环节,实现了制造业价值链的功能升级。同时,浙江省产业也将逐步整体向高端技术密集型产业进行转型,省内产业结构进一步优化,体现了价值链视角下的链条升级。全球价值链的产生为浙江省嵌入价值链的企业提供了良好的学习条件与学习机会,可以借鉴其他国家的成功经验进行升级。目前经济形势的变化和新型的国际分工带来了新的机遇,中国浙江省企业已经积累了一定的国际生产和运营经验,加上经过国内市场的激烈竞争的洗礼,浙江省企业不仅可以构建自己主导的全球价值链,甚至可以利用自主品牌和国际销售渠道优势,将浙江省目前所从事的价值链中的低技术含量部分,通过境外货物或者服务外包的形式,向其他非洲等发展中国家转移,以构成浙江省企业主导的生产经营网络和价值链。

浙江省企业需要根据自身不同的竞争优势选择适合企业发展的升级方式,在面对成本竞争、质量标准提高和新产品发明等变化时,应采取不同的升级策略和升级模式。对于成本竞争,可以采用节约劳动设备(过程升级)、从成熟产品生产转向新的技术更先进产品生产(产品升级)、专注于廉价初始设备制造供应商采购并从事销售和服务活动(功能升级)等方面的升级手段,也可采用改善生产组织(过程升级)和提高产品质量(产品升级)的升级措施。

(二)浙非产能合作与产业链理论

浙非产能合作是在中非产能合作框架下进行,是国际产能合作理论指导下的应用实践之一,与国际经济与贸易中的产业链理论密切相关。

1. 国际产业链理论

在国际产业链理论中,产能合作并非是新概念,产业转移和产能合作与企业的国际化经营尤其是大规模对外直接投资密切相关,在国际分工理论基础上产生的国际产业转移是产业发展的基本规律之一。一般而言,产品发展经历了新产品阶段、成熟产品阶段和标准产品阶段,伴随产品生命周期的变化,产品会在具有比较优势的不同国家或地区进行生产,而产品生命周期的变化催生了国际产业转移。

产业链可从发达国家向次发达国家,再向新兴工业化国家和地区,最后向发展中国家转移。20世纪30年代,日本学者赤松要(Akamatsu)基于对日本棉纺工业的研究,归纳出"产品进口、国内生产、产品出口"三个阶段的"雁型产业"转移模式。[①] 小岛清(Kojima)在"雁型模式"理论与产品生命周期理论的基础上,提出"边际产业扩张理论",认为对外直接投资应按照投资国已经或即将处于比较劣势而在东道国具有比较优势的产业即边际产业依次进行。[②]

2. 浙江省与国际产业链理论的关联

在推进"一带一路"倡议的背景下,发挥浙江省产业的比较优势与相关非洲国家开展产能合作,是浙江省在经济全球化背景下遵循国际产业发展规律的必然选择,也是开展实施浙非产能合作的理论来源。

(三) 浙非产能合作与经济地理学理论

浙非产能合作是在中非产能合作框架下进行,是国际产能合作理论指导下的应用实践之一,与经济地理学理论密切相关。

1. 经济地理学理论

经济地理学理论认为,具有前后向联系的企业集聚可以节约交易成本。企业聚集所带来的交易成本节约随着集聚程度的加剧、集聚区劳动力与工资等要素价格的不断上升而呈现倒 U 字型变化。当产业集聚程度处于倒 U 字型的左边时,即使政府推出优惠政策,也难以实现促进产业大量转移的效果;当产业集聚程度处于倒 U 字型的右边时,政府通过适度的政策引导,便能够促进产业的有序转移。[③]

基于全球生产网络效应,产业转移与形成"战略集聚"的目的,在于利用特定区位的独特条件,通过价值链活动、地理空间构型的重塑与转换,提升全球生产网络的整体竞争优势。从世界经济的发展历程来看,自英国工业革命以来,世界经历了四次大的产业转移,总体上呈现出由经济发达地区向发展中国家(地区)

[①] Kaname Akamatsu, "A Historical pattern of Economic Growth in Developing Countries," *The Developing Economies*, Vol. 1, No. 1, 1996, pp. 197-207.

[②] [日]小岛清:《对外贸易论》,周宝廉译,天津:南开大学出版社,1987年,第445—449页。

[③] Philippe Martina and Gianmarco I. P. Ottavianog, "Growing Locations: Industry Location in A Model of Endogenous Growth," *European Economic Review*, vol. 34, no. 2, 1999, pp. 281-302.

转移,由最初的劳动密集型产业向资本密集、一般技术密集、技术密集型产业变化的趋势。

2. 浙江省与经济地理学理论的关联

改革开放以来,浙江经济保持了良好的增长态势。当前浙江在加工制造业的多数领域自都具有一种输出优势,体现了区域产业在全国强烈的竞争力。浙江毗邻上海这个中国最大的工商城市,拥有良好的港口通商条件,这一区位优势在改革开放后得以发挥,浙江宁波港、舟山港已成为中国著名的十大港口之一,其独特的地理优势使得自身在承接包括非洲国家在内的世界产业转移和发展对外贸易方面形成了比较优势。

总之,浙非产能合作是中国浙江省自身经济发展的需要,有利于浙江省经济的增长、经济结构的调整和装备产业的升级。当前,浙江省对外开放已经进入新阶段,加快铁路、电力等国际产能合作,有利于提升浙江省开放型经济发展水平,有利于实施"一带一路"倡议、中非"三网一化"合作、"中非十大合作计划"等重大战略。推进浙非产能合作,也是浙江省与非洲国家开展互利合作的重要抓手。近年来,非洲国家基础设施建设掀起新热潮,工业化、城镇化进程加快,非洲国家积极同中国浙江省开展产能合作,有利于深化浙江省与非洲有关国家的互利合作,促进当地经济和社会发展。

二、浙非产能合作的演进方式

浙江省的经济发展历程也是中国近年来经济发展历程的缩影。近年来,中国企业的海外投资并购势头强劲,2016年,我国境内投资者共对全球164个国家和地区的7961家境外企业进行了非金融类直接投资,累计实现投资11299.2亿元人民币(折合1701.1亿美元,同比增长44.1%)。[①] 浙江省经济在经过了过去持续30多年高速发展的长周期后,如今进入了以调整经济结构和消化富余产能为主要目标的中高速增长"新常态"阶段。相比过去高速增长对原材料的强劲需求,虽然浙江省对原材料以及油气等大宗商品的需求有所下降,但凭借长期以来在工业化方面积累的丰富经验、成熟适用的技术和性价比很高的装备,浙江省

---

① 中华人民共和国中央人民政府:《2016年我国对外投资同比增长44.1%》,http://www.gov.cn/shuju/2017-01/17/content_5160475.htm(上网时间:2017-01-17)。

经济在对内调整结构的同时,对外经济合作也在从以往的"商品输出时代"向更为高级版的"资本输出时代"转型升级。

近年来,世界经济踟蹰不前,但非洲经济却呈现旺盛活力,保持平稳较快增长势头。由于历史原因和受制于不合理的国际政治经济秩序,非洲国家普遍工业化程度较低,工业产品需求基本依赖进口。为改变依赖初级产品和自然资源出口的经济发展模式,非洲国家正在积极推进工业化进程,以提升经济发展品质,创造就业、改善民生、增加税收,最终实现经济独立和国家更好的发展。非洲国家也热情期望在中国新一轮产业结构调整的大潮中加强与中国各个省份的产业合作,在承接中国的优质与富余产能的过程中推动非洲的工业化发展和技术进步。

(一)浙非产能合作的动因

浙非产能合作不仅仅是双方的一项合作安排,而是由双方经济发展阶段及与之相关的经济、产业、技术、资本等条件所内在决定的,具有必然性和规律性。浙非产能合作的动因包括以下几大方面:

1. 改革开放以来浙江省产业结构的变化

第三产业逐渐成为浙江省重要产业部门,第二产业发展策略急需转型,浙非产能合作是重要的转型方向之一。从浙江省产业结构演进的轨迹来看,最近20年来,第一产业占总产出的比重在减少,第二第三产业占总产出的比重在上升。浙江省产业结构向外延伸主要表现两个方面。一方面是浙江企业对外投资日渐增多,另一方面表现为浙江省制造业有向外部转移的特征,浙江省产业结构的变化为开展浙非产能合作提供了某种契机。

2. 经济发展新常态下浙江省产业的特点

浙江省产业在创新驱动下由中低端向中高端转移,中低端产能寻求国际合作机会。当前经济增速稳定、经济结构升级、发展急需动力更新、市场调控优化,"十三五"规划纲要中对国内各个省份产业发展路径的明确也推动着相关产业实现产能的国际合作。因此,开展浙江省对非洲的产能合作,帮助和支持非洲国家基础设施建设并培育生产能力,承接因浙江省产业升级和要素成本上升亟需对外转移的产业,可以借此拓展浙江省对外贸易空间,改变贸易商品结构。

3. 全球价值链理论在中国浙江省的应用

中国浙江省制造业在全球价值链中地位偏低,急需升级以提升产业附加值;

主要产品价值链核心环节掌握在欧美等发达国家手中,中国浙江省企业获得利润低;中国浙江省制造业产业升级基本思路是积极嵌入全球价值链,利用发达国家经验技术提高自身生产水平,重点投入发展创新,向价值链高端环节延伸,中国浙江省企业在价值链中低端环节过剩产能应当有效输出,在全球市场寻求资源、成本、市场的拓展空间,尤其是重视以非洲国家为主导的目标市场,实现产能转移与产业调整。①

总之,浙非产能合作有利于在全球范围内进行资源配置,通过提高资源配置效率来提高生产效率、促进产业结构调整和优化。浙非产能合作有助于输出国企业在全球范围内开展直接投资,促进企业提高投资收益率。浙非产能合作输入国可通过引入技术和资本来促进基础设施建设、增加就业机会和增进国民福利。通过产业转移和浙非产能合作,输入国可以缩短本国产业升级的时间,增强产业在国际市场上的竞争力。

(二) 浙非产能合作的重点任务

中国浙江省正在从贸易大省向投资大省转型,有利于浙非经贸合作关系的结构调整,浙非经济合作也有望从以往的原材料与工业制成品间的贸易互补关系升级为制造业和新能源、新环保产品开发、海洋经济开发等产业结构互补互助型的经济合作关系。同时,将与以往主要由大型国企投资于非洲的能源矿业领域并承接大型基础设施建设项目形成有益补充的是,未来浙非产能合作的大军中将出现更多浙江省私营企业的身影,特别是浙江省私营企业在轻工业领域的丰富生产经验和较高技术水平,将使其成为浙江省轻工业进入非洲的主要力量。

1. 立足浙江省内优势,推动钢铁、有色行业对非洲产能合作升级

在全国钢铁、有色产能严重过剩的背景下,浙江的钢铁、有色行业产能的绝

---

① 大多数非洲国家则处在工业化起步阶段,对钢铁、水泥等产品需求旺盛,基本全部依赖进口,因此渴望引进这些产能,加快工业化步伐。非洲有丰富的人力和自然资源,浙江省则拥有资金、设备、技术、管理经验,非洲东道国产能需求强烈,需与外部世界进行合作也是推动浙非产能合作的重要动因。可参见 United Nations Economic Commission for Africa, *Greening Africa's Industrialization*, Economic Report on Africa 2015, United Nations, Addis Ababa, Ethiopia, March 2016, p. 20; United Nations Economic Commission for Africa, *Industrializing through trade*, Economic Report on Africa 2015, United Nations, Addis Ababa, Ethiopia, March 2015, p. 83; United Nations Economic Commission for Africa, *Dynamic Industrial Policy in Africa: Innovative Institutions, Effective Processes and Flexible Mechanisms*, Economic Report on Africa 2014, United Nations, Addis Ababa, Ethiopia, March 2014, p. 1.

对性过剩较为突出。全省普通粗钢单体规模小,特种钢落后技术产能占比较大,相当部分不锈钢管材和板材还属于落后产能,行业总体竞争能力和产能转移、合作能力不足。中国是一个石化产品需求和消耗大国,浙江石化业已有较强的国内国外生产加工和竞争力,产业集中度较高,加上严格的环保标准倒逼企业加大对绿色产品的研发投入。非洲钢铁产量极其有限,在世界钢铁生产中份额很低。非洲铁(生铁和直接还原铁)、粗钢产量分别占世界铁、粗钢和钢材产量的0.9%、1.0%。钢材主要生产热轧材,非洲热轧材产量占世界热轧材产量的1.0%。[1] 非洲的钢铁产业主要集中在南非和埃及,钢铁生产不能满足非洲经济发展的需求,钢材需要大量进口。随着非洲经济的增长,非洲钢材表观消费量将呈持续增长态势,中国浙江省钢铁行业与非洲国家可以有较强的产能合作。

2. 结合非洲当地市场需求,开展浙江省建材行业对非洲产能合作

浙江建筑业多年在全国保持领先水平,产业集中度较高,具有较强的国际竞争力。行业面临的产能过剩问题与全国类似,建筑业依赖国家固定资产投资拉动的高速增长已经过去,加上市场回归理性,无序竞争局面正在扭转,人力成本持续增高,供过于求的矛盾将更加突出。因而浙江建筑业也有较强的产能合作动力和能力。浙江水泥、玻璃、电解铝等建材行业产能的绝对性过剩已经显现。尽管水泥、平板玻璃、电解铝行业在全国也属于绝对性过剩,但浙江产量并不大,经过多年的产业结构调整,已没有属于淘汰的落后产能,但相当时期内产能大于需求,仍然为绝对性过剩。近年来,为促进经济持续发展、提高人民生活水平,非洲各国政府大力投资基础设施建设,兴建土木、扩建工程,并把改善居民的居住条件和配套设施列为国家发展规划重点,为浙江省建材行业走进非洲带来了巨大的市场需求。浙江省的建材产品无论从产品品种、档次,还是价格而言,在非洲市场都极具市场竞争力。

3. 加快铁路"走出去"步伐,拓展浙江省对非洲轨道交通装备市场

目前,浙江高端装备制造业已具有发展氛围浓厚、产业基础扎实、集聚程度较高等优势。2016年,浙江已拟定全省综合交通运输发展"十三五"规划,五年内将重点实施轨道交通"54321"工程:加快推进省际省域干线铁路、都市圈城际铁路和城市轨道交通建设,全省计划投入5000亿元(其中包括城市地铁2500亿

---

[1] Market Research Report, *A Strategic Five Year Market Outlook for the African Steel and Raw Materials Industry*, Metal Bulletin Research, March 1, 2014.

元),轨道交通营运总里程达4000公里以上,建成营运杭黄、商合杭铁路等30多个重点项目,进一步支撑强化杭州、宁波两个国家级综合交通枢纽城市和沪昆、沿海两个国家级高铁主通道,构建多层次一体化轨道交通网络体系,努力打造杭州至各设区市1小时高铁交通圈。[1] 中国企业大力拓展非洲轨道交通市场,2016年10月5日,帮助东非国家建成了第一条电气化铁路——亚吉铁路,全部采用中国标准和中国装备建设;2015年还建成了埃塞俄比亚了第一条现代化城市轨道交通——亚的斯亚贝巴轻轨。非洲轨道交通装备市场缺口极大,部分国家急需集运营管理服务于一体的轨道交通装备,浙江省企业可以在此领域大有作为。

4. 大力开发非洲电力发展项目,提升浙江省电力企业国际竞争力

浙江省电力行业产能优势明显,对非洲合作潜力巨大。截至2016年末,浙江电力总装机达到8215万千瓦(是2003年末的7.6倍),特高压线路和省际联络线供电能力达到1800万千瓦以上,天然气可供量达到86亿立方米以上,全省清洁能源装机达2016.95万千瓦,比2010年底增长37.3%。[2] 浙江省电力能源保障能力显著增强,迎来较为宽裕的能源供应形势。当前,非洲很多国家共同面临的最大问题就是都存在电力缺口,需要建更多的电站,发展电力工业。近年来,非洲人口在不断增长,生活水平在不断提高,人们开始使用更多的家电设备,需要不断扩大装机规模,来满足这些增长的电力需求。非洲国家日益扩大的供需缺口使得建设新电站的迫切性十分突出,尽管尼日利亚、埃及等非洲国家也尝试了一些需求侧管理,以及降低输配电线损等措施,不过效果不甚理想,未来电力项目的开发是浙非产能合作的又一着力点。

5. 加强非洲资源开发,推动浙江省石油化工重点领域在非洲投资

近年来,浙江石化工业投资绝对值在全国位次逐步后移,仅居全国第13位;而在投资增长幅度上,居全国第25位。目前,浙江石化行业整体运行正呈现以下特点:工业产值呈企稳回升趋势,但是产品价格仍在低位徘徊;企业经营状况虽略有改善,但要素成本的压力仍然较大,主要体现在环保、能耗考核指标日趋

---

[1] 中国社会科学网:《浙江省投2500亿元加快铁路建设》,2016年08月03日,http://www.cssn.cn/zx/shwx/shhnew/201608/t20160803_3148853.shtml(上网时间:2017-07-06)。

[2] 国家电网:《浙江创建国家清洁能源示范省助推能源发展再升级》,2017-02-13,http://www.zj.sgcc.com.cn/html/main/col8/2017-02/13/20170213174547718147869_1.html(上网时间:2017-07-06)。

严格,人工成本又不断上升;盈利效益逐步回升,但目前仍低于工业平均水平;新产品产值增幅较为明显,但行业投资乏力的现象未得到扭转。非洲大陆资源丰富,部分石油资源丰富的非洲国家可以承接浙江省化工领域的产能转移。2016年6月,非洲南部最大的石油天然气项目——非洲复兴管道已经开始运作,全线2600公里,总投资约60亿美元,以纯商业模式运作,由莫桑比克、南非和中国浙江企业共同实施。①

6. 发挥集体竞争优势,提高非洲与浙江省轻工纺织行业合作水平

浙江纺织业绝对性过剩和结构性过剩交织。浙江纺织业产能总体上处于全国先进水平,部分领域在国际上也有较强竞争力,目前产能已略大于需求。由于劳动力成本、能源成本、运输成本、环境治理成本高等因素影响,浙江低档纺织品加工的成本优势已完全丧失。不过浙江纺织业在经历相当长一段时间的高速发展后,已经先于工业经济进入调整期,虽然总量规模扩张的速度有所放缓,但产品质量不断提升、内部结构不断优化的步伐持续加快,产能合作的动力和能力较强。非洲或许是纺织服装行业的最后一块"价值洼地"。非洲很多国家已将纺织业列为重点发展行业,在发展纺织业方面表现出各自的优势:纺织业在埃及是一个传统领域,埃及拥有较为完整的纺织生产链,纺织品市场规模在非洲名列前茅;在莱索托,纺织业已经成为最大的就业支柱,几乎占50%的正式就业岗位,劳动力成熟;莫桑比克纺织业在吸引外资上的优势主要是国内政局稳定、生产优质棉花、土地和劳动力成本低廉。非洲东南部地区在非洲拥有最具活力的纺织行业,且是重要的产棉区,近年来更吸引了大量的浙江省企业在此投资兴业。

7. 通过非洲设厂等方式,加快浙江省自主品牌汽车走向非洲市场

浙江汽车业结构性过剩和成长性过剩交织。浙江省共有整车汽车生产企业16家、改装车及专用车生产企业28家、低速汽车生产企业2家,从业人员近20万人,产品涵盖轿车、豪华客车、客车和底盘、重型车及底盘、SUV、皮卡和微面及特种改装车中的大多数品种,已形成了以大众、福特、吉利、青年、众泰、吉奥、裕隆等汽车公司为主导,其他整车、专用车生产企业为骨干的产业发展格局。②全国汽车产能结构性过剩问题已经显现,加上浙江汽车业以中小企业为主,规模

---

① 经济参考报:《中莫联手打造南部非洲第一能源通道》,2016-05-09,http://jjckb.xinhuanet.com/2016-05/09/c_135343376.htm(上网时间:2017-07-07)。
② 盛燕萍:《关于浙江汽车产业发展的若干思考》,载《浙江学刊》,2011年第5期,第221—225页。

偏小,生产集中度不高,产品开发能力弱,不掌握核心技术,造成竞争能力不强而产能过剩。目前,中国北汽已在埃及等北非市场有较好的市场开拓。而在南非,长城汽车的市场保有量也达到了5万台,南非汽车市场在整个非洲大陆最为完善。随着中国汽车制造商在埃塞俄比亚加大投资力度,组装更多汽车,该国致力于在未来20年内将自身打造成为非洲最大的汽车制造国。故而,在中非产能合作的大背景下,浙江省汽车生产企业可以更多地参与非洲主要国家的企业行业产能合作。

8. 推动企业创新驱动升级,提高浙江信息通信企业在非洲竞争力

浙江省是中国首个国家信息经济示范区,在"互联网+"、大数据产业发展、新型智慧城市、跨境电子商务、分享经济、基础设施智能化转型、信息化和工业化深度融合、促进新型企业家成长等方面走在全国前列。浙江各市、县城和行政村实现光纤网络全覆盖;在全国率先开展4G网络建设和业务应用,实现城市、县城、乡镇全覆盖和主要行政村基本覆盖。非洲国家电信业整体发展水平相对落后,部分非洲国家之间的电信业发展不平衡,城乡之间存在数字鸿沟,固定电话与移动电话的发展差距很大。然而,非洲国家正在以每年36%的增长速度发展电信和信息技术,这一速度是世界平均增长速度的2倍多。① 浙江信息通信行业发达,电子商务有很强的竞争力,可以参与非洲国家信息网络建设、运营和服务,逐步搭建有助于非洲发展的现代化信息通讯网络,支持非洲建设信息社会、发展数字经济,并与当地产业发展结合起来,改善浙非产能合作信息通讯条件。

9. 加强对非高科技合作,推动浙江省航空航天装备对非洲的输出

浙江在航天及高端制造领域有深入的布局和发展。自2016年以来,浙江省开始大手笔布局航天产业。2016年10月,美国波音公司首个海外工厂最终落户舟山,主要负责舟山航空产业园区的投资、开发和建设,为航空产业园区基础设施建设提供资金保障。2017年1月13日,北京蓝箭空间科技有限公司与丹麦Gomspace公司在杭州签订火箭发射服务协议,这是国内民营商业航天企业承接的第一笔国际市场商业火箭发射服务的订单。② 非洲航空航天装备制造业

---

① Anna Lerner, Roku Fukui, Doyle Gallegos, "Electricity and the internet: two markets, one big opportunity", 05/25/2017, see http://blogs.worldbank.org/ic4d/electricity-and-internet-two-markets-one-big-opportunity(2017-07-02).
② 新华网:《我国民营航天企业承接第一笔国际商业火箭发射订单》,2017-01-14,http://news.xinhuanet.com/fortune/2017-01/14/c_1120310923.htm(上网时间:2017-06-17)。

主要集中在南非,非洲航空航天防务展每两年在南非举行一次,是非洲地区最大的航空航天防务展,集中展示军用装备、警用装备、民用航空装备、人道主义救援和灾害管理设备等。2016 年以来,中国政府与非洲 13 个国家和区域组织签订了航空合作备忘录;一批机场、航站楼等航空基础设施项目正在有序推进;中国国航、南航等航空公司与非洲国家新开通了埃塞俄比亚、南非、肯尼亚等多条直飞航线。中非航空合作已经成为新时期中非经贸合作的重要内容之一,尽管浙江省航空航天装备企业发展还处于初始探索阶段,但是未来与非洲国家合作潜力巨大、前景广阔。

10. 提升产品和服务水平,开拓非洲船舶和海洋工程装备高端市场

浙江船舶业和海洋工程装备在全国位居第三,处于领先地位,但是船舶产品以出口销售为主,受国际市场影响大,3 万吨级以上造船产能相当部分缺乏竞争力,3 万吨级以下造船产能没有竞争力,属于落后产能,不过行业存在与非洲等发展中国家的产能合作空间。近年来,浙江不断加大涉海项目投入,着力打造大宗商品交易平台、海陆联动集疏运网络、金融和信息支撑系统等"三位一体"港航物流服务体系,重点扶持发展海工装备与高端船舶制造、海水淡化与综合利用、海洋医药与生物制品等八大现代海洋产业,初步构筑起以宁波、舟山为中心,温台杭嘉为两翼的海洋经济发展格局。① 非洲有 34 个国家和地区濒临海洋,6 个海岛国家和地区,还有多个拥有内陆水域的国家,全非洲有主要港口 30 多个。然而,非洲的船舶制造业才刚刚起步,工业化程度较低。非洲石油产业的发展也离不开造修船业的支持,巨大的市场需求迫使非洲的船舶工业、海洋装备制造业会快速发展起来。结合"一带一路"发展战略和我国造修船企业需要"走出去"的现实情况,浙江省船舶和海洋工程装备企业会在非洲迎来难得的历史发展机遇。

三、浙非产能合作的提升路径

按照先行先试的原则,中国将产能契合度高、合作愿望强烈、合作条件和基础好的非洲国家作为重点国别(例如埃塞俄比亚、肯尼亚、坦桑尼亚、南非、莫桑

---

① 张军、郑文纲、马跃明:《"八八战略"引领高水平全面建成小康社会——推进中国特色社会主义的浙江实践综述》,人民网,2017 年 07 月 05 日,http://cpc.people.com.cn/n1/2017/0705/c162854-29385089.html(上网时间:2017-07-07)。

比克、安哥拉、尼日利亚、埃及、阿尔及利亚等非洲国家),并积极开拓其他非洲市场,以点带面,逐步扩展与推广。根据国际咨询机构麦肯锡公司2017年6月发布的最新研究报告,在非洲的中国企业正在积极向当地转移新产品、技术和知识,这推动了非洲市场的现代化进程。过去三年间,约48%的中国企业向非洲大陆引入了新产品或服务,36%的企业引入了新技术。[1]

目前,中国浙江省的基础设施建设和加工能力十分强大,已经由当初的产能引进变为产能输出。但在输出的过程中,应充分照顾到非洲产能接纳国人民的心理舒适度,避免给人留下"污染、落后、高能耗过剩产能输出国"的印象。凡是产业比较薄弱的非洲国家,往往是资本短缺的国家。中国浙江省的"富余产能"转移,必然伴随资本输出的过程,只有得到金融业强有力支持,"富余产能"转移才能落到实处。

整体而言,浙非产能合作的提升路径可以从短期、中期与长期三个方面分析:

(一) 短期趋势:浙江省产能优势企业积极走进非洲

从经济发展宏观视角而言,浙江省发展速度保持中高速,经济发展由粗放式向集约式进一步发展,浙江省经济发展同时注意与环境和社会的和谐。

从产业布局中观视角而言,浙江省新兴产业发展迅速,传统工业制造业的过剩产能开始外移,浙江省产业的科技含量科研水平进一步提高。

从企业发展微观视角而言,浙江省企业"走出去"成为趋势,省内国企、民企把握契机进行产能输出,在非洲大陆范围内进行资源优化配置。

(二) 中期趋势:创新驱动引领浙江省产业整体升级

从经济发展宏观视角而言,浙江省发展速度稳定在中等发展速度水平,经济发展质量逐步提高,绿色经济成为发展主流,以创新为核心的科学技术驱动引领浙江省产业整体升级。

从产业布局中观视角而言,新兴产业、先进装备制造业逐步成为浙江省产业发展的主力军,浙江省对外贸易结构从产品输出向产能输出的方向继续发展。

---

[1] Irene Yuan Sun, Kartik Jayaram, Omid Kassiri, *Dance of the lions and dragons How are Africa and China engaging, and how will the partnership evolve*? McKinsey & Company, June 2017.

从企业发展微观视角而言,浙江省企业集中资源进行研发创新,大型国有企业、民营企业积极探索非洲市场,在全球价值链中的地位进一步提高。

(三) 长期趋势:浙江省顺势而为制定非洲发展战略

从经济发展宏观视角而言,浙江省经济发展与非洲大陆经济发展紧密结合,寻求更加广阔的切合点,顺应中非经贸关系大发展的趋势,制定面向非洲的发展战略。

从产业布局中观视角而言,浙江省传统工业制造业在科创驱动下完成升级,结合浙非产能合作的十大任务,在更高层次(如高技术产能输出)上开展浙非产能合作。

从企业发展微观视角而言,浙江省产生更多具有国际影响力的跨国企业,企业全面综合分析进入非洲的机遇和风险,制定适合非洲的发展型企业战略,在非洲乃至全球范围内有完整的产业布局和明晰的发展战略。

马达加斯加的纺织服装加工业

张振克 蒋生楠

摘要：马达加斯加是非洲的岛国，面积达 59.2 万平方公里，马达加斯加西部沿海地区气候温和，光照时间长，降水适中，适宜棉花种植，棉花种植在马达加斯加具有重要的地位，纺织业是马达加斯加重要的出口创汇产业。近 20 年来马达加斯加的纺织和服装加工业发展迅速，但多数被法国人、毛里求斯、亚洲国家的企业所垄断，本土服装加工业薄弱。在国际服装加工业产业链中，马达加斯加提供纺织原料、廉价劳动力和输出跨国公司品牌产品。金融危机之后，马达加斯加纺织服装业衰退明显，产品出口复苏乏力，应不断改善出口加工区投资环境，重视技术人才的培训，结合国家特色和实际，因地制宜地走服装加工业本土化的道路，并不断打造马达加斯加自己的服装品牌，提升马达加斯加服装加工业增加值，促进国家经济增长。同时，减少生产成本、利用国际市场政策优势和环境，也将促进马达加斯加纺织服装业发展，中马纺织服装业合作的互补性强，在特色领域有计划的推进中马纺织服装业的合作，可以实现互利共赢、共同发展的目标。

关键词：非洲国家 服装加工业 产业链 马达加斯加

作者简介：张振克，南京大学非洲研究所所长；蒋生楠，南京大学地理与海洋科学学院博士生

一、引言

20 世纪 80 年代之后，马达加斯倾向于自由经济，但经济的发展存在极大的

不安全并容易受到世界经济的影响,2005年马达加斯加经济现状不容乐观,70%的人口生活在贫困线以下,从1960年代以来人均GDP下降了50%。[1] 发展经济、解决贫困成为马达加斯加政府致力追求的目标。纺织服装业是发展中国家工业化进程中的重要发展领域,在就业增加、促进经济增长等方面发挥重要作用。

棉花是纺织与服装加工业的基础,非洲的马里、尼日利亚、布基纳法索、坦桑尼亚、肯尼亚、埃及等国家是非洲的棉花种植大国(姜忠尽等,2012)。通常很少注意到马达加斯加这个棉花生产国。马达加斯加是世界第四大岛,位于热带和亚热带气候区,但受中部高原山地地形的影响,马达加斯加东部的迎风坡降水丰沛,西部的背风坡降水远不如东部沿海(图1)。马达加斯加西部沿海地区光照强烈,降水适中,是传统的棉花种植区。马达加斯加盛产棉花,年均产棉3万吨,其优质产区主要位于西部沿海几个大区。每年6月至11月为棉花的收获季节,棉农将摘下的棉花卖给收购商,后者再将其运至首都塔那那利佛进行加工,部分服装产品出口至北非、欧洲、美国等地,剩余的棉花用于出口,年出口棉花及棉制品约1300吨。2014年江苏张家港的纺织企业进口两批马达加斯加棉花,共1680包、340吨,货值63.2万美元。中国是世界重要的纺织服装业大国,面对全球经济贸易增长乏力、海外市场需求下滑、国内人力成本持续上升,纺织服装业利润下滑,在应对外部竞争的同时,应关注走出去发展,合理利用国际市场差异性市场关税的特点。中马在纺织和服装产业领域的合作具有重要意义,应有计划推进和逐步落实纺织服装业领域的合作项目。

二、马达加斯加纺织服装加工业的发展基础

(一)基本国情和农业生产布局

马达加斯加是非洲重要的岛国,2015年人口2423.5万,面积59.2万平方千米,位于印度洋西部,隔莫桑比克海峡与非洲大陆相望,全岛地形高亢,中

---

[1] Ralaivelo Maminirinarivo R. The Textile and Clothing Industry of Madagascar. in: Herbert Jauch/Rudolf Traub-Merz (Eds.). The Future of the Textile and Clothing Industryin Sub-Saharan Africa. Bonn: Friedrich-Ebert-Stiftung, 2006.

部是高原山地,沿海地区主要是低缓的丘陵和平原。马达加斯加地处热带和亚热带,受东南信风的影响,东部沿海多地形雨,也有印度洋热带风暴带来的丰沛降水;而马达加斯加的西海岸地区受中部高原山地的阻挡,水汽输入少、降水偏少。作为非洲第一、世界第四大的岛屿,马达加斯加自然资源较为丰富,是非洲沿海或者岛屿国家中海岸线最长的国家,海岸线长达4400千米。马达加斯加是世界最不发达国家之一,国民经济以农业为主,农业人口占全国总人口80%以上,工业基础非常薄弱。受自然地理环境条件的制约,作为马达加斯加主要的经济部门——农业生产布局也有明显的空间差异性,主要粮食作物为水稻,主要分布在马达加斯加的东海岸平原;棉花主要分布在马达加斯加的西南部和西北部;中南部和中西部高原、丘陵和平原地区是主要的养牛基地。

马达加斯加主要的农作物有水稻、甘蔗、棉花、胡椒、可可、木薯、豆类、花生以及畜产品,特色的农产品是丁香和香草,马达加斯加是世界最重要的丁香、香草出口国之一,在满足南亚、中东以及非洲国际市场对丁香、香草的需要中发挥重要作用,主要分布在马达加斯加的东北部沿海和东南部沿海平原。

(二)国际贸易状况

2014年,马国进出口总额为54.67亿美元比上年增长4.96%。其中,出口21.92亿美元,增长15.1%;进口32.75亿美元,下降0.89%。贸易逆差10.84亿美元,下降22.63%。出口商品主要是:矿石(镍、铁、铬)、棉织品和服装、农产品(咖啡、香草、甲壳类(鱼类)、糖)等。2015年产品出口国和比例情况是:法国(15.2%)、美国(12.7%)、中国(7.1%)、南非(5.6%)、日本(5.5%)、荷兰(5.3%)、印度(5.1%)、德国(5.1%)和比利时(5.0%)。进口产品主要是:资本货物(如进口的机电设备)、石油、消费品和食物。2015年进口国及比例是中国(24.8%),法国(10.4%),巴林(5.6%),印度(5.6%),科威特(4.5%),毛里求斯(4.5%),南非(4.0%)。为推动经济发展,1988年之后马达加斯加重视出口加工区的发展,众多工业企业集中分布在出口加工区,根据马达加斯加国家统计局的资料,2004年出口加工区企业的构成如表1所示。可以看出纺织业是马达加斯加重要的工业部门,占比高达近64%,因此,纺织服装加工业在马达加斯加具有举足轻重的地位。

表1 马达加斯加出口加工区(EPZ)企业行业结构分布

行业	企业数量占比%	行业	企业数量占比%
农业	5.9	各种制造业	5.9
手工业	3.8	计算机服务业	8.1
木业	2.7	机电业	1.6
化工业	4.9	纺织服装业	63.8
皮革业	1.1	矿业	1.6
钟表珠宝业	0.5		

来源：马达加斯加国家统计局。

三、马达加斯加纺织服装加工业的发展与现状

（一）马达加斯加纺织业发展的国际背景

非洲国家独立之后，为了满足本国国民的生活需要，选择性地实施了"进口替代"型的工业发展道路。[1] 马达加斯加的纺织业在20世纪60—70年代的发展就是基于"进口替代"工业发展的考虑，马达加斯加的棉花种植是特色的传统农业，种植面积达到2000公顷以上，满足本国和国际市场的需要。马达加斯加的纺织工业在初期发展迅速、且具有竞争力。例如大型的国企SUMATEX和半公有企业SOTEMA，雇佣的工人多达2000人，主要为纺织工业提供棉纱等原料。[2]

20世纪70年代欧美国家为了自身的利益，实施了多种纤维协定(MFA)，主要特点是对进口的纺织品实施配额限制，而美国和欧盟(EU)市场准入的优惠贸易协定，特别是美国"非洲增长与机遇法案"(AGOA)，对马达加斯加这样的国家而言，建立出口导向型企业，包括出口加工区(EPZ)是发展工业、带动就业的突破口。马达加斯加纺织服装业出口至美国和欧盟没有配额限制，除了这些因素，马达加斯加的低劳动力成本和2100公顷棉花产地也是吸引外资的重要因素。

---

[1] 姜忠尽，尹春龄：《非洲工业化战略的选择与发展趋向》，《西亚非洲》，1991，(6)：49—56。
[2] Ralaivelo Maminirinarivo R. The Textile and Clothing Industry of Madagascar. in: Herbert Jauch / Rudolf Traub-Merz (Eds.). The Future of the Textile and Clothing Industry in Sub-Saharan Africa. Bonn: Friedrich-Ebert-Stiftung, 2006.

出口导向型服装业是马达加斯加出口和正式就业的主要增长来源。国外直接投资(FDI)在出口导向型服装业的发展中发挥了主导作用。2004年服装业在制造业增加值中的份额约占25%，意味着服装业的发展具有广泛的经济和社会意义。鉴于马达加斯加纺织服装业中较贫穷家庭的妇女就业特别高，纺织服装业的发展在提升妇女社会经济地位和减贫、就业方面也发挥着关键作用。

马达加斯加的纺织品主要出口目的地是欧盟市场(表2)。马达加斯加有各种不同的服装投资者：亚洲跨国生产者，欧洲(主要是海外法国人)居民和区域(毛里求斯)和本土马达加斯加投资者20世纪90年代以来在马达加斯加服装行业中发挥了重要作用。

表2 马达加斯加五大服装出口目的地

国家/区域	价值(US$m)						市场份额(%)					
	1995	2000	2005	2008	2009	2010	1995	2000	2005	2008	2009	2010
世界	118	368	539	683	577							
欧盟	107	246	229	345	308	275	90.6	66.7	42.5	50.4	53.4	72.2
美国	7	115	294	295	223	58	6.2	31.3	54.5	43.1	38.6	15.3
南非	—	—	—	7	13	18	—	—	—	1.0	2.3	4.8
加拿大	—	1	7	11	11	6	—	0.3	1.4	1.6	1.9	1.7
日本	—	1	2	—	3	—	—	0.2	0.3	—	0.4	—
总计	118	364	533	661	558		99.8	98.8	98.9	96.7	96.6	95.1

来源：UN COMTRADE

(二) 马达加斯加纺织服装加工业的发展与现状

仿照毛里求斯的发展模式，马达加斯加在1988—1989年建立了出口加工区(EPZ)，制定优惠税收措施鼓励企业出口产品。最早的纺织服装业投资者是海外法国人，马达加斯加使用法语，和法国关系密切，产品进入欧洲有得天独厚的条件。20世纪90年代中期毛里求斯人进入马达加斯加，成为新的投资者。2001年3月，马达加斯加获得美国非洲增长与机遇法案的优惠国资格，出口美国的纺织品免税，因此，在21世纪初期，来自亚洲跨国生产者(香港地区，中国，印度)的国外投资增长显著。

马达加斯加的服装出口额从1995年的118万美元增加到2000年的368万

美元,1995 年和 2000 年出口的纺织服装产品 91% 和 67% 进入了欧盟市场。1990 年 8 家纺织服装公司雇佣了 3000 人,到 2000 年,跃升到超过 150 家公司,并且雇佣了接近 70000 人。[①] 2001 年,马达加斯加获得美国非洲增长与机遇法案认定的最优惠国资格,增长趋势得到巩固。

2002 年后,马达加斯加纺织服装业面临一些新的挑战,对马达加斯加纺织服装业的出口产生了消极的影响:2002 年的政治危机和国内动乱,导致许多服装公司暂时关闭,投资者撤资,采购处关闭。GDP 收缩 12%,服装出口收缩近 50%。服装公司从 2000 年的 158 家下降至 2002 年的 84 家,雇员从 2001 年的 92400 人下降至 2002 年底的 75120 人。2004 年底,多种纤维协定停止,纺织品配额取消,来自亚洲市场的压力增加,导致马达加斯加纺织服装产品出口下降;2008 年底,全球经济危机加速了这一下滑趋势。2009 年底新的政治危机,导致美国取消优惠贸易资格,马达加斯加服装公司从 2005 年的 120 家减少到 2009 年的 79 家,雇员从 100000 人减少至 79000 人。到 2012 年 3 月,减少至 60—70 家公司和大约 55000 雇员。[②]

马达加斯加的服装出口到世界各地,但过去 20 多年来变化基本分为两个阶段,2007 年之前以增长为主,此后,受金融危机和纺织服装产品出口配额限制取消的影响,国际服装竞争更为惨烈。表 3 是马达加斯加服装出口的价值和年增长率的变化,金融危机之后服装产品出口呈现明显的下滑趋势。

表 3 马达加斯加服装出口的价值和年增长率

	1995	1998	2001	2004	2005	2006	2007	2008	2009	2010
价值(百万美元)	118	247	446	561	539	579	696	683	577	378
年增长率(%)	19.0	20.1	21.1	54.5	−3.9	7.4	20.3	−1.8	−15.5	−34.6
机织和针织份额(%) 机织份额	57.9	54.0	41.3	44.2	45.7	45.6	44.2	43.7	45.5	45.7
针织份额	42.1	46.0	58.7	55.8	54.3	54.4	55.8	56.3	54.5	54.3

来源:UN COMTRADE

---

① Bregger, J. E., Hofmeiier, H. and Johnson, L. (2004). 'African employment trends'. Geneva: ILO.
② Staritz C and Morris M. Local embeddedness and economic and social upgrading in Madagascar's export apparel industry, Working Paper, Austrian Foundation for Development Research, No. 38,2013.

2006年南部非洲市场取消了服装关税,马达加斯加纺织品出口略有增加。但国际纺织服装业的竞争中,马达加斯加的比较优势在丧失,纺织和服装加工业萎缩趋势明显。

(三)马达加斯加服装企业类型与特点

服装公司是纺织服装加工业产业链的重要节点,也是纺织服装业可持续发展的关键。根据所有权不同,马达加斯加纺织服装公司分为四类:45%是欧洲/海外法国人所有,23%是毛里求斯人所有,10%是亚洲人所有,还有15%是本土马达加斯加所有。剩余不多的公司由其他国籍(美国和加拿大)所有。四种类型服装公司的特点如下:

(1)法国人所有公司

这些公司的大多数是由生活在马达加斯加数十年或者出生在马达加斯加的法国居民建立的。这些公司在马达加斯加生产的主要动机有三个:(1)1988/89年度出台的出口加工区(EPZ)法律,劳动力成本低;(2)进入欧洲市场的贸易优惠;(3)马达加斯加的语言和文化接近法国,以及欧洲市场和卖家的网络。这些公司几乎只出口至欧盟市场,不受AGOA损失的影响。由于南部非洲发展共同体(SADC)取消了进入南非市场的关税,最近开始出口至南非市场。但南非的市场有限,因此,法国人开设服装公司的焦点仍然在欧洲市场。

(2)毛里求斯所有公司

毛里求斯的服装业在20世纪90年代,经历了廉价劳动力的结束和试图生产高附价值产品失败的危机。大多数从这次危机中保留下来的公司是较大的公司。这些公司进入马达加斯加在马达加斯加生产的主要原因是:1. 马达加斯加出口加工区(EPZ)的优惠条件,低廉的劳动力成本和可用的工人数量多;2. 地理位置靠近毛里求斯,通过灵活的使用和容易的管理,技术和后勤资源的空间流动,使得生产管理变得容易。然而,2002年马达加斯加政治危机和国内动荡导致几乎所有的毛里求斯企业离开马达加斯加,只有Floreal公司在马达加斯加留下;一些公司在2003年危机解除后返回了马达加斯加。毛里求斯企业主要向欧盟出口,少数出口到美国。自2006年以来,由于南部非洲发展共同体取消了服装关税,毛里求斯的相关服装公司加大了对南非的服装出口。

(3)亚洲国家在马达加斯加的公司

21世纪初期,由于多纤维协定配额和非洲增长与机遇法案,亚洲公司开始在马达加斯加投资纺织服装业。2005年底,南部非洲发展共同体取消了服装进口的关税,这对于马达加斯加吸引纺织服装业投资是非常重要的。另外一个动机是出口加工区EPZ的优惠条件和低劳动力成本刺激了外国直接投资。亚洲所有公司服装产品主要出口至美国市场。一些亚洲公司在2002年政治危机和2004年MFA取消后选择离开马达加斯加。

(4) 马达加斯加本土服装企业

马达加斯加当地的服装企业相对较小,雇员人数在70到最多400人之间。在发展与买家的一些直接联系之前,马达加斯加企业大多是作为外资公司的分包商开始发展的。目前,估计还有9家马达加斯加本土企业存留下来,但是都存在着相似的问题。虽然它们与欧洲的买家有一些直接联系,但是它们没法维持与这些买家的长期关系,因此不能确保长期的、可预测的订单。这些公司也缺乏销售部门,因此对于顾客的要求不能做出快速的反应。

马达加斯加的服装业目前发展比较好的是欧洲/海外法国人所有公司和毛里求斯所有公司,它们一直专注于欧洲市场,现在增加出口至南非市场(表4)。亚洲所有公司的占比从2005年的25%下降至2012年3月的10%左右。与此同时,欧洲/海外法国人所有公司从24%上升到大约46%,毛里求斯所有公司从14%上升至23%左右。马达加斯加本土企业占比相对稳定,2012年3月大约为15%。其他国家企业占比从2005年的23%下降至2012年的7%。[①]

表4 马达加斯加服装行业所有权模式

国籍	总工厂(2005) 数量	总工厂(2005) 占比(%)	总工厂(2009) 数量	总工厂(2009) 占比(%)	总工厂(2012) 数量	总工厂(2012) 占比(%)
欧洲人/海外法国人	28	24	22	28	28	46
毛里求斯人	17	14	14	18	14	23
亚洲人	30	25	24	30	6	10
马达加斯加人	16	14	15	19	9	15
其他(包括未知国籍的)	27	23	4	5	4	7
总计	118		79		61	

来源:Staritz C and Morris M,2013.

---

① Staritz C and Morris M. Local embeddedness and economic and social upgrading in Madagascar's export apparel industry, Working Paper, Austrian Foundation for Development Research, No. 38, 2013.

四、马达加斯加纺织服装加工业发展的问题与对策

(一) 存在问题与主要原因分析

世界经济处于一个快速变化的时代,马达加斯加半个多世纪的纺织服装加工业发展也面临前所未有的挑战和新问题。一个工业化水平低、基础设施落后的岛国,在地理位置孤立海上,劳动力技能培训得不到满足的情况下,纺织服装业企业的竞争力在国际上处于不利地位,尽管马达加斯加的纺织服装加工业在20世纪60—70年代有较快速的发展,20世纪90年代和21世纪初期曾经有纺织服装业的辉煌阶段,但在全球服装加工业的激烈竞争的十多年中,马达加斯加的服装加工业呈现衰退,本土企业规模小、竞争力不足,纺织服装业的衰退对马达加斯加的社会稳定、就业和工业化持续发展造成巨大的冲击。2008年全球金融危机之后,马达加斯加的服装出口下降十分明显(表3),出口产品复苏乏力。主要的影响因素如下.

第一,国际贸易新规则的影响。多种纤维协定2004年取消之后,马达加斯加经济不能面对严峻的国际纺织服装市场竞争的挑战,在失去出口市场份额(尤其是美国),工人失业和美国非洲增长与机遇法案优惠国取消之后,一些公司尤其是亚洲所属公司撤资离开马达加斯加,形成巨大的冲击。

第二,马达加斯加纺织服装业高成本因素。马达加斯加因其地理位置独特,基础设施落后,纺织服装的成本高昂,特别是电力、水、电信、运输成本较高,在国际市场竞争中处于不利地位。

第三,纺织服装业投资环境。尽管马达加斯加国家决策者为改善马达加斯加的投资与商业环境作出了努力,但某些因素限制妨碍了纺织服装企业的竞争力。如:马达加斯加的行政审批程序复杂,海关程序较长;因为社会经济发展落后和大量失业问题,投资优惠政策不能适应快速的国际市场变化,在马达加斯加投资的安全性尽管有明显的改善,但仍然不足。

第四,劳动力因素。在国际纺织服装业竞争压力下,订单式加工服务,让纺织服装业生产具有阶段性,劳动力就业不稳定,阻止了工人获得持续培训的机会,不利于提升纺织服装业的竞争力。

第五,马达加斯加国内政治不稳定。2002年和2009年马达加斯加的政治

危机对马达加斯加的纺织服装业造成了巨大的损失,不仅外商撤资,一些服装公司也被关闭或搬迁,极大影响了马达加斯加纺织服装加工业的发展。

(二) 促进马达加斯加纺织服装业发展的对策建议

第一,改善纺织服装业集中的出口加工区(EPZ)投资环境

马达加斯加的纺织服装业集中在出口加工区,改善EPZ投资环境是吸引新投资者的根本。面对马达加斯加纺织服装业的衰退,应修正出口加工区的法规,促进投资和创造就业机会。其中,重要的是出口加工区经营者希望修改海关手续,减轻繁琐程序的负担,遏制海关行为中的腐败行为,采取措施使海关现代化进程更加透明化。

第二,解决纺织服装工业生产要素成本问题

在国家层面确定高成本因素的适当解决方案对于出口加工区的纺织服装业可持续发展至关重要。大力发展提供稳定、廉价的电力资源,改善棉花及棉织品仓储设施和条件,提升交通等基础设施和物流网建设,提早解决从出口加工区到机场、主要港口的铁路线和高速公路建设问题。因为马达加斯加的纺织服装产品很大一部分是满足国际市场需要,便捷的运输条件和物流仓储设施对降低成本十分重要。

第三,要积极利用新的商业环境和政策

采取积极的商业政策来扩大马达加斯加纺织服装业的市场份额,需要探索作为南部非洲发展共同体成员国所能获得的最大的服装业国际出口机会,以及制定并推进加强区域一体化纺织服装产品生产和销售相关的市场政策。同时,马达加斯加还要利用世界贸易组织支持世界上最不发达国家的政策,采取必要的协调措施,确保在国际服装市场的份额,发达国家和相关组织要协助马达加斯加适应全球市场的新环境和新条件。

第四,加强员工培训提升技术和产品的竞争力

国际纺织服装业的竞争日趋激烈,对市场的占有取决于维持竞争力的价格和保持产品质量的能力。马达加斯加有半个世纪的纺织服装业的发展历史,培养了大量的纺织服装业的工人和技术人员,但培训工作没有很好开展,缺乏先进的技术技能,因此,需要加强对纺织服装业工人的持续高效的培训,以扩大整个产业的人力资源优势,提升马达加斯加纺织服装产业的竞争力。结合国家特色和实际,因地制宜地走服装加工业本土化的道路,并不断打造马达加斯加自己的

服装品牌,提升马达加斯加服装加工业增加值,促进国家经济增长。

第五,强化中马纺织服装业的合作

中国是世界上最大的纺织服装生产国和出口国,纺织服装是我国主要的创汇产业之一。在2003年,纺织服装行业产值占全国工业总产值约8%,占我国全部出口商品总量的18%,占世界纺织服装出口贸易约20%,是我国贸易顺差的一大来源。[1] 我国纺织服装业技术先进有完整的产业链,向非洲国家产能转移具有很好的发展前景,应有计划的推进中国和马达加斯加在纺织服装加工业领域的合作,提升产品的地方特色和品牌知名度,利用马达加斯加服装产品在欧美市场的最不发达国家产品关税优惠政策,稳固马达加斯加的服装市场,增加就业,促进经济持续增长。中马纺织服装业合作互补优势明显,要有计划地规划和落实相关的特色合作项目,提升产品的国际竞争力,实现互利共赢、合作发展的目标。

---

[1]《中国统计年鉴》(2004),北京:中国统计出版社,2005年。

中非农业合作的实践与思考：来自莫桑比克的经历与经验

田泽勤

摘要： 莫桑比克农业条件优越，是中非开展农业合作的重点国家。本文通过对莫桑比克的基本情况、中莫农业合作的过程、成绩与问题等进行分析，提出了中非农业合作的一些看法和建议。

关键词： 中非农业合作 莫桑比克

作者简介： 田泽勤，莫桑比克中国农业技术示范中心主任，湖北洪湖大沙湖农场高级农艺师

* 本文根据田泽勤的会议发言整理。

我叫田泽勤，湖北省松滋市人，1987年毕业于华中农业大学，高级农艺师，现在湖北省洪湖市大沙湖农场工作，2015年5月，我被湖北省农垦局选派到莫桑比克中国农业技术示范中心工作，一晃两年过去了，在这里把我的有关情况向各位做一个汇报。汇报内容主要包括：我所在的国家和单位的基本情况；我所做的主要工作；我的所见所闻；存在的主要问题及中非农业合作；我的建议。

一、莫桑比克的基本情况

莫桑比克共和国（The Republic of Mozambique, A República de Moçambique），面积80万平方公里，人口2800万人，官方语言为葡萄牙语，首都马普托（Maputo），位于非洲东南部。南邻南非、斯威士兰、西界津巴布韦、赞比亚、马拉维，北接坦桑尼亚，东濒印度洋，隔莫桑比克海峡与马达加斯加相望，海岸线长2630公里。高原、山地约占全国面积3/5，其余为平原。属热带草原气

候,年平均气温20℃(南部)、26℃(北部)。10月至次年3月为暖湿季,4月至9月为凉干季。1975年6月25日正式宣告独立,76%的人口从事农业生产,国家可耕地面积为3500万公顷,已开发600万公顷,是联合国宣布的世界最不发达国家和重债穷国。和大多数炎热、干燥的非洲国家不同,莫桑比克气候温和,少涝旱灾害,充沛的阳光和稳定的气温最适合腰果树的生长。腰果给莫桑比克人带来可观的财富,莫桑比克也因此成为"腰果之乡"。莫桑比克为农业国,80%的人口从事农业。农业产值占整个国内生产总值的40%～50%。腰果、棉花、糖、剑麻是传统出口农产品。主要粮食作物有玉米、稻谷、大豆、木薯等。

二、莫桑比克中国农业技术示范中心的基本情况

莫桑比克中国农业技术示范中心位于莫桑比克首都马普托市西南30公里博阿内市莫桑比克农业科学院南部研究所内,总面积52公顷。其中,办公生活区3.17公顷;试验示范区产业发展区48.83公顷,包括未开发的盐碱地28.66公顷,实际开发20.17公顷。

中心发端于2006年9月的中非合作论坛北京峰会,中国政府庄严承诺支援非洲发展农业生产,在非洲14个国家分别援建农业技术示范中心,负责为非洲国家试验、示范和推广农业种植技术、培训农业技术人才,解决粮食安全问题。为落实国家援非举措,商务部随后确定了莫桑比克农业技术示范中心的援建计划。2007年2月9日,中国国家主席胡锦涛访问莫桑比克为"中国—莫桑比克农业示范中心"揭牌,这是我国在非洲建立的第一个农业技术示范中心。

在中国商务部的统一领导下,在湖北省委、省政府的高度重视和中国驻莫桑比克大使馆经参处以及莫桑比克科技部、农业部、农科院的大力支持下,湖北省农垦事业管理局责成湖北省联丰海外农业开发有限责任公司自2008年初承担中—莫农技示范中心工程建设任务,2009年7月9日正式开工,2010年11月建成并通过国家商务部验收,2011年7月正式移交莫桑比克,2012年4月正式进入技术合作期,隶属科技部管理,至2015年4月三年技术合作期圆满结束,2016年2月与莫桑比克农科院签署后七年合作协议,隶属莫桑比克农科院管理,进入自主运营期,从2012年至今运作已经五年有余。目前中国政府已经在非洲建立了25个农业技术示范中心。

三、我们所做的主要工作、问题、设想及农业投资分析

（一）主要工作

我们承担的是"以省包国"的任务，按照湖北省农垦事业管理局的整体工作安排，莫桑比克中国农业技术示范中心的总体工作思路是：在由技术合作期转入运营期以后，兼顾政治效益、经济效益、社会效益三者的统一，兼顾当前与长远，努力把中国农业技术示范中心办成中国现代农业技术展示的平台，中国优秀文化传播的平台，促进中莫友谊与交流的平台，促进中国农企进入莫桑比克的平台。

主要包括：一是开展大田作物、蔬菜及养猪的试验示范；二是开展农业技术培训；三是发挥平台与载体作用，支持中国农业企业走入莫桑比克，走入非洲；四是向莫桑比克及非洲展示中国现代农业技术成果，展现中国负责任大国形象。

目前示范中心已经开展的试验示范项目包括：一是水稻、玉米、棉花、大豆、芝麻等大田作物的试验示范，2016年水稻种植面积达到200亩，玉米面积100亩，都表现产量高，品质好，深受市场欢迎；累计试验示范各类农作物品种80多个，筛选出表现较好的品种包括水稻粤农丝苗、黄华占，玉米"香格里拉"，棉花鄂杂棉26号等。二是包括甘蓝类白菜、大白菜、花椰菜、萝卜、莴苣、菠菜、茼蒿、白菜苔、雪里红、大葱、豆角、豇豆、西红柿、辣椒、茄子、韭菜、黄瓜、冬瓜、南瓜、丝瓜、苦瓜、空心菜等20多种蔬菜的试验示范，2016年蔬菜种植面积达100亩；累计试验示范各类蔬菜品种80多个，筛选出表现较好的有：球白菜强力50、寒春9号、鄂豇26号豇豆、金泰热霸辣椒、岭南10号茄子、晶华春白萝卜、改良青杂三号大白菜等，种植效果都很好。三是养猪示范，目前养猪规模达300多头，效果也很不错。

到目前为止，共举办技术培训班26期，培训对象包括莫桑比克农业官员、农业技术人员、农业生产经营个体，培训人次达1000多人次，收到了良好的效果。

充分发挥平台与载体作用，支持中国农业企业进入莫桑比克，已经成功引进多家农业企业在莫桑比克开展农业经营，包括襄樊万宝公司，在加扎友谊农场种植水稻，带动周边粮食种植几十万亩，引进禾丰公司在贝拉发展水稻生产等等。与此同时，还通过示范中心开展了多个中莫农业技术交流与合作，包括国内的大

专院校、科研院所与莫桑比克农业科技部门的合作，均取得了较好的效果。

示范中心所展示的中国现代农业技术成果，取得了较好的政治社会影响，得到莫桑比克上下的一致好评，也显著带动了莫桑比克农业的发展，示范中心周边蔬菜种植发展势头方兴未艾，充分展现了中国负责任大国的形象，莫桑比克两任总统格布扎和纽西专门视察了中莫农业技术示范中心，在莫桑比克民众中流行一句口头语："希拉蹦"，即中国好样的。

示范中心运作五年多来，赢得了各方的高度评价，在2013年国家商务部组织的项目监测评价中，位列整个非洲第一名，真正做到了有看相、有影响，加深了中莫团结与友谊，起到了中国农业企业走入非洲的桥梁与纽带作用。

具体说来：

一是扎扎实实抓了示范种养。示范中心示范水稻面积200亩，采用的是水稻优质品种粤农丝苗，全生育期不使用农药，表现产量高、品质好，深受市场欢迎；种植球白菜85亩，种植芝麻、黄豆20亩，种植各类蔬菜62亩，包括萝卜、白菜、辣椒、茄子、黄瓜、冬瓜、南瓜等等，基本上国内所有的蔬菜都适合在这里种植，种植表现效果也很好，养殖生猪300多头，也起到了很好的示范效应。尤其是和澳大利亚商人合作种植的辣椒，赢得了各方一致赞许。

二是热情接待了各方来访人员，加强了对外交流，提升了示范中心的形象与影响力。2015年、2016年两年来，我们先后接待了多批次的来访人员，都取得了较好的效果，赢得了各方一致好评。包括国务院参事室常务副主任王卫民率领的代表团、商务部副部长张向晨率领的代表团、中纪委驻商务部纪检组长王和民率领的代表团、安徽省人大常务副主任宋卫平率领的安徽省经济代表团、湖北省人大常委会副主任李春明率领的湖北省经济代表团、海南省委副书记李军率领的海南代表团、中国社科院王正记率领的专家代表团、盖茨基金会代表团、联合国开发计划署、莫桑比克总统、农业部部长及政府领导等等。

中国驻莫桑比克大使馆苏健大使多次视察中莫农业技术示范中心，并对示范中心的整体运营工作给予了充分肯定。

三是认真抓了科研试验。我们还开展了主要农作物与蔬菜的种植试验研究，为进一步推广提供了依据。

四是认真做好宣传。两年来，中国各大媒体纷纷到示范中心采访并进行了宣传报道，包括新华社、中央电视台、中国国际广播电台等等，其中比较主要的有：

1. 中莫农业技术示范中心追求政治、社会、经济效益三丰收（凤凰网及多家媒体转载）；
2. 教非洲人兄弟种粮种菜（《楚天都市报》及多家媒体转载）；
3. 莫桑比克重建中的中国力量（《今日头条》及多家媒体转载）；
4. 中国帮助莫桑比克探索粮食安全道路（新华网及多家媒体转载）；
5. 走进非洲，有一种交情叫亲密无间（《环球资讯广播》）；
5. 莫桑比克：最多中国农企落户非洲国家之一；
7. 湖北农垦，拓展农业合作新领域；
8. "一带一路"助推湖北农垦扎根海外承建多个海外项目（《今日头条》）。

尤其是我们提出的"追求政治、社会、经济效益三丰收"的理念赢得各方认可，起到了中国援助非洲众多农业示范中心的方向引领作用。

五是切实抓了安全管理。示范中心严格执行各项安全管理制度，生活区全部安装了防盗门，到目前为止，没有出现一例安全事故，保障了生产生活的正常进行。

六是认真搞好环境整治及其他各项工作，各项工作都开展得有条不紊。

（二）存在的主要问题

一是缺乏灌溉用水。示范中心的生产用水是从3公里以外的河道取水，和莫桑比克农科院共用一个水系，在示范中心建设初期尚且能够满足供水，随着莫方和中心开垦面积的逐步扩大，用水矛盾越来越突出，目前示范中心白天根本弄不到水，只有晚上才能取到水，而且劳神费力，缺水已经严重影响到示范中心农业生产的正常开展。

二是生产物资短缺、机械老化严重。莫桑比克各种生产物资价格昂贵，而且短缺，技术合作期从国内采购过来的一些生产物资大多消耗殆尽，从莫桑比克采购这些物资十分困难，成本高，耗时费力，而且各种农业机械严重老化，维修成本高，目前生产所需的种籽、农药、微喷灌设施及其他生产物资大多从国内购进，极不方便，劳神费力。

三是运作成本高。举两个例子说明一下，一个是2015年的清关，我们援助莫桑比克的沼气工程项目，设备于2014年年底就已经到达莫桑比克港口，跑了八个月才弄出来，花费了大量人力财力；二是外出办事，车子被卡的现象时有发生，不给小费不放行，既花钱又误事。还有其他一些类似情况。当然这里面也存在一个语言沟通不畅的问题。

四是安全隐患仍然较大。莫桑比克偷抢事件时有发生,尤其是2016年以来,莫桑比克经济持续下滑,偷抢现象越来越严重,加之部分工作人员安全防范意识不强,都成为今后的安全隐患。

(三)下一步工作打算

目前莫桑比克中国农业技术示范中心已经初步形成四大主业,包括生猪养殖、水稻种植与加工、球白菜和玉米种植、蔬菜种植等。下一步的工作重点是做好可持续发展这篇大文章,要选准产业,把产业开发与示范带动引领结合起来,在产业开发上紧紧围绕促进当地农业生产发展和提升整体农业生产水平为出发点,把中国现代农业技术融入其中,要立足示范中心,放眼莫桑比克。我们计划以与盖茨基金会合作为契机,在种子生产与销售和运作"公司+农户"的运作模式上取得突破,生产繁殖销售优良农作物品种,提高农业生产水平,发展与周边农户的合作,指导周边农户生产,然后回收农户生产的农产品,与此同时,进一步引导中国农企进入莫桑比克开展农业开发,这将十分有利于示范中心的可持续发展,同时也将大大加快当地的农业发展进程。当前工作比较具体的有:

一是继续搞好生产试验示范。要统筹安排,周密规划,把中国农业技术与莫桑比克实际结合起来,继续抓好水稻、玉米种植示范和生猪养殖示范,扩大以球白菜为主的蔬菜种植示范,循环种植,进一步提高示范种植效果。

二是搞好农业技术培训。培训过程中将密切联系莫桑比克实际情况,以切实帮助莫桑比克提高农业生产水平,提高粮食供给能力为重点。

三是帮助周边农户提高农业种养水平,增加收入。以比尔·盖茨基金会合作项目为载体,摸清周边农户的情况,帮助安排种植养殖,并回收其产品,按照"公司+农户"模式合作,在中心加工实现销售,帮助农民示范种植玉米、蔬菜和养鸡,帮助购买种子和添置小型农机具等,提升扩大示范中心的影响力。

四是搞好种子生产。种子是最基本的农业生产资料,通过我们多年的试验,已经有一部分品种明显优于莫桑比克当地品种,我们计划和莫桑比克农科院合作,尽快通过审定,并开展大面积推广。比如水稻品种"粤农丝苗"在莫桑比克种植多年,而且种植面积大,都表现产量高、品质好,如果通过审定开展更大面积的推广,将显著地提高莫桑比克的粮食生产水平。

五是搞好内引外联,扩大影响面。继续引导中国农业企业到莫桑比克投资开发,并为他们提供技术咨询等服务,切实搞好和莫桑比克相关部门的联系和沟通,积极争取中国大使馆的相关支持,加强宣传,扩大影响面,努力树立中国农业援外的良好形象。

六是强化管理,增收节支。进一步完善各项规章制度,严格工作纪律,规范管理,用制度规范行为,强化安全管理,努力实现中心有看相、有效益、有影响的"三有"工作目标。

(四) 投资莫桑比克农业情况分析

莫桑比克发展农业的自然条件较好,气候也不错,年平均温度在 25 度左右,农作物生长季节长,土地肥沃,适合各种农作物生长,和大多数炎热、干燥的非洲国家不同,比较适宜发展农业,而且目前莫桑比克尚有 3000 多万公顷的耕地没有开发利用,农业发展潜力巨大,莫桑比克曾经是世界上最大的腰果生产国,目前主要粮食是玉米、木薯和稻米等。

当前已经有一些中国公司在这里投资开发,比较主要的有:加扎省赛赛市的万宝粮油,大面积的水稻种植举世瞩目,尽管目前遇到了一些困难,但是仍然显著带动了当地的水稻生产;索法拉省贝拉市的中非棉业,有效带动了当地的棉花生产;索法拉省贝拉市的联禾农业,水稻生产也开展得很不错,每年都有较好的经济效益,还有中非农业等等。

主要优势:一是地价便宜,莫桑比克有近 50000 万亩的土地适宜农业开发,这是国内所不具有的;二是劳动力价格低廉,一个劳动力工作一天的报酬约 120MT,折人民币 10 元多一点;三是气候适宜、土地肥沃,适宜各种农作物生长,而且生长周期长,容易获得较好的产量。

存在主要问题:一是基础设施条件差,前期投入较大,尤其是水利基础设施;二是市场容量小,全国 2000 多万人口,绝大多数生活在贫困线以下,购买力较低;三是物资匮乏,主要农业生产资料短缺,主要依赖进口,等等。

投资建议:农业是基础产业,具有投资大、周期长、见效慢的特点,首先要有一班精干高效的队伍,科学选拔人才,海外农业开发人才务必务实,务实与否直接决定着投资的成败,这方面万宝教训深刻,就我个人在这边工作的体会来看,我认为我们在非洲投资运作最缺乏的是人才;二是选准产业,实施产业化经营,全产业链开发;三是适度规模,切忌贪大求洋,稳扎稳打,步步为营,这方面贝拉市的联禾农业做得很不错,值得借鉴;四是研究非洲文化,学习语言,有效沟通,这个很关键,中非文化差异较大,要充分研究,过来的人员最好在过来之前开展短期集训学习语言,正所谓磨刀不误砍柴工,这样具有一定的基础后学习起来也快,有效沟通可以使我们少走弯路,提高效率。只有这样,我们才能扬长避短,趋利避害,收到较好的投资效果。

四、我的所见所闻

到一个完全不同的国家、不同的肤色民族、不同的文化环境体验一种全新的生活,是一件很有意义的事情。没有亲身经历,你不可能有深刻的感受。正可谓风险与愉悦并存。

我在来莫桑比克之前,通过网上的一些资料做了一些了解,还是有很多担忧,但是真正到达莫桑比克以后,和当地民众生活在一起,感觉还是和之前的了解存在一定的差异,所以我一直认为,如果有机会我们还是应该勇敢走出国门,去体会国外的生活和其中的所有文化冲击和艰辛,我觉得这是一件有意义很有满足感的事情,只是那不再反映在物质回报或者无形的光环上,而是更多体现在丰富人生,开拓眼界,给自己一个更完整的人格和更有内涵的精神世界。

非洲的贫穷是实实在在的,非洲针对外国人的犯罪也是存在的,还有非洲的医疗卫生条件也是堪忧的,但是远没有许多人想象的那么严重。

对各国语言文化的认识,不是只靠读书看视频就能解决的,要亲身到那里,你才能有第一手的感受。

非洲虽然穷,很多人没有收入来源,但是他们脸上也很少显露出愁苦表情,他们总是面带笑容彬彬有礼地和擦肩而过的人打招呼,尤其是在节日的夜晚,唱歌、跳舞、饮酒几乎通宵达旦,他们并不擅长饮酒,一瓶300毫升的啤酒足以使他们欢乐一个晚上,穷且快乐着。

非洲人有一个好的习惯,懂礼貌、讲卫生。见面或者打电话首先总是很客气的寒暄,然后才谈论事情,他们说话的声音很小,他们大多数每天洗澡二次,早晚各一次,每天更换衣服,工作的时候穿工作服,休息的时候则穿着比较讲究。在示范中心工作的工作人员,早晨来的时候穿着很整洁,上班之前更换衣服,穿工作服工作,工作结束了洗完澡更换干净漂亮的衣服,每天如此。

非洲人喜欢抱团,他们很团结,他们经常到示范中心购买玉米棒子、球白菜等农产品,每次来都是三五成群,有时甚至几十人,同来同走,很多时候因为购买一点点农产品拉扯上半天一点都不稀奇,他们的蔬菜很单调,就是球白菜、生菜、西红柿、土豆、洋葱、青椒、胡萝卜等几种,远没有中国的蔬菜那么丰富。

在莫桑比克还有一个值得称道的现象,就是重视人才,从事技术工作的比从事行政工作的工资要高。

我刚来莫桑比克时,还看到一个奇特现象,卖东西是不用秤的,估堆和数个数,后来听说卖房子不讲平方,也是只讲一套多少钱的,和他们交流也了解到他们的一些特点,比如他们的数学相对较差,一个简单的计算,他们得弄上半天才搞清楚,而他们的语言能力则相对较强,也许这就是文化差异吧。

非洲妇女都有一块布,这块布是一块万能的布,一块花布缠在腰间就是裙子,披在肩上就是披肩或者外衣,兜住孩子系在胸前就是背带,系在头上就是头巾,裙子、头巾、背孩子的兜布,都是这块布,一块花布往身上一围,具有保暖、隔风、挡雨、遮阳光等多项功能。有一句顺口溜,"穿衣一块布,吃饭靠上树,说话不算数,经济靠援助,办事 TOMORROW",很形象地概括了非洲人的特点。即便他们穿的衣服,破了是从来不缝补的,破破烂烂的穿在身上,也还干净。

非洲的法律体系很完善,非洲国家过去是西方国家的殖民地,其法律体系都是由过去西方国家制定的,他们也很善于用法律保护自己。

我们示范中心承担着帮助莫桑比克培训农业技术人才的政治任务,有一次在和他们商量开展技术培训的事情时,他们说和我们一起办,我们觉得也没有什么问题,具体到关于养鸡培训,我们提出一个方案,在示范中心授课,在附近村子里看养鸡现场,因为示范中心没有开展养鸡示范,不曾想他们冒出一句话,"我们莫桑比克人虽然很穷,但是我们并不傻",让人感到目瞪口呆,这也许就是文化差异吧。

非洲人远不如中国人勤劳,莫桑比克属于东南部非洲,气候较绝大多数非洲国家要好,适宜发展农业生产,但是3000多万公顷的土地仅仅开发了六分之一。在示范中心工作的工人,上班迟,下班早,磨洋工,超过工作时间一会儿就要加班工资,有时候给加班工资都不愿意工作的现象。就说我印象最深刻的一件事情,莫桑比克邵奎地区缺水,一个水稻国家区域试验需要在示范中心做,整个九亩地,耕地、耙地等事情都是我们做的,他们仅仅是播种,然后取水,他们要求我们帮助取水,我们不愿意,他们就不高兴,我发了一顿脾气,他们还告状述说我的不是,最让人哭笑不得的是除草,秧田满是杂草,他们今天来几个人扯一点点,明天来几个人扯一点点,也是要求我们帮助扯,我们自始至终没有帮助他们扯草,他们扯了十来天,才扯了四分之一,整个才九亩秧田,仅扯草一次就花了100个工,这样种地的产量就可想而知了。

在非洲,遇上节假日,很多时候是找不到人来干活的,哪怕你给加班工资也不好找人,超市一律关门,如果擅自开门营业,将受到政府的处罚。

非洲人的信用文化与我们有很大差异。我来莫桑比克正赶上示范中心的转型期,经历了一场马拉松式的谈判。中莫农业技术示范中心三年技术合作期到2015年4月结束了,转入自主运营期,而刚好在这个转型期由科技部管理转为农科院管理,从2015年6月至2016年元月经历了长达八个月的马拉松式谈判,谈判的焦点集中在示范中心主任之争,莫方坚持要求由莫方人员担任示范中心主任,而且运作资金由中方提供,他们不能接受莫方一个机构由中方担任负责人的事实。中方则认为,如果中方不能主导示范中心的运作,将严重影响中国负责任大国的形象。最后农业部部长亲自出马,才算敲定,即便定下来了,在签署协议的前一天,他们仍然玩弄偷梁换柱的把戏,把写有"示范中心主任由中方人员担任"这一条款的文本换成了他们早就准备好的"示范中心主任由莫方人员担任"文本,辛亏中方负责签署协议的湖北联丰公司董事长仔细,及时发现并戳破了他们伎俩,这才予以纠正,在董事长的要求下,必须在协议文本的每一页纸上签字,最终于2016年2月1日与农科院院长签署了七年合作协议。

在莫桑比克我听到最多的一个词是"明天",因为一件小事拖很长时间一点都不稀奇,很多时候你急他不急,让人感到焦灼而又无可奈何,在非洲到处可见半截子工程民宅,一个民宅少则几年,多则十几年甚至几十年,足见他们办事是何等拖拉。说起来莫桑比克很穷,可是工作人员的待遇并不低,按照协议规定,示范中心发放莫方农科院三个工作人员的工资,其中一个刚刚参加工作的技术员的工资由我们发放,工资额度37500莫币,折合人民币3500元,我作了一下比较,我本人是国内一个单位的科级干部,高级农艺师,工作了30年,工资也才3500元呢。简直不可思议。这从另一个现象也得到了印证,即私家车特别多,堵车也就习以为常了,我们示范中心离首都马普托仅28公里,路况也还不错,就是这样一段路,车子跑上一二个小时甚至更长时间一点都不奇怪,足见其堵车之严重。因为私家车多,整个非洲堵车都很严重,这也与非洲的贫穷形成巨大的反差。

在非洲女人的生活压力比男人大的多,在示范中心工作的近40个工人,大部分是女性,这些女性中绝大部分是一个人带几个小孩生活,他们的性事十分随便,完事了男的也不管了,一些小孩根本不知道爸爸是谁,男的没有一点责任感,女性收入低廉还带几个小孩,生活的艰难可想而知。

一方面穷一方面浪费十分严重,很多时候看到马路上的路灯在大白天一直开着,做事情从来不计成本,仅他们在示范中心种植的九亩水稻扯草一遍就花了近100个工,代价实在太大。示范中心周边村子的一个农民看到示范中心的水稻种植得很好,他想利用他家附近的一个废水塘种植水稻,看到这个农民的热情很高,我们决定免费给他提供秧苗,他雇人来扯秧苗,用车子拖回去,又请人插秧,开支花了不少,秧苗刚成活不久,遭遇一场大雨,秧苗全部淹死,所有的投入打了水漂。在他种植之前,我们就告诉他,他这样种植水稻是得不偿失的。

在莫桑比克偷抢等治安问题较为突出。有一次我坐车到马普托办事情,恰好遇上堵车,我坐在车里看手机,由于疏忽,没有关车窗,一不留神手机被抢了,这个劫贼有些笨手笨脚的,跑得不快,我赶紧下车一喊,两个非洲人立马就把这个劫贼给逮住了,把手机夺过来还给了我,还配合我们把劫贼扭送到当地派出所,事毕我分别给了那两个非洲人各1000当地货币。

还有一次,我们在十字路口等红绿灯,一下子过来三个人往车里拽东西,我当时还没有反应过来,因为我压根儿没有想到会是抢劫,十字路口人多、车子也多,总是想抢劫犯没有这么大的胆子,其中一个人用刀子抵着司机张晓军董事长,好在张晓军董事长机智灵活,在路口指示灯由红灯变绿灯的当口,将劫匪拿刀的手死死拽住,往车窗外面一甩,车子油门一加,这才躲过一劫。

机会与风险并存,大多数人认为,非洲是一片未开垦的处女地,机会相对于国内确实要多一些,但也不尽然,很多事情你只有亲身经历才会感受到很多事情的不容易,远没有想象的那么简单,举几个例子。

一个是养猪项目的失败,我们曾经反复论证过,莫桑比克牛羊相对较多,养猪的少,而在这边的中国人多,中国人有吃猪肉的习惯,养猪应该赚钱,但是示范中心经营了两年多的养猪,赔进去100多万元,这里面虽然存在管理上的因素,更重要的是存在很多不可预知的风险,2017年一场"非洲瘟疫"一下子导致300多头存栏猪全部死亡,同时养猪相对于牛羊养殖,成本相对较高,而非洲的市场容量又十分有限,规模大了销不动,规模小了不划算,看起来很赚钱的事情,结果做起来亏了。

另一个是小磨麻油加工项目,到超市一看,不到一斤的小磨麻油售价达到

800莫币,折合人民币70多元,乍一看,生产小磨麻油有利可图,于是我们种植芝麻,从国内购买了一台机器,开始小磨麻油加工,等到我们生产的小磨麻油出来了,还做了广告,可是硬是卖不动,我们降价,仅卖400莫币一斤,仍然是卖不动。不好销,当然也就无效益可言了,这就是非洲,市场容量小,购买群体更小。很多出乎你的意料,你不体验,你根本想象不到。

万宝非洲水稻种植加工项目是中国在非洲最大的农业投资项目,曾经世界瞩目,人们普遍看好该项目,然而短短四年就因资金链断裂而以失败告终。也难怪莫桑比克这么好的农业资源得不到开发,无人问津了。

五、中国人关于非洲认识的误区

(一)非洲国家差别大,包括气候、经济发展水平等

很多国人并不了解,非洲大陆总面积超过3000万平方公里,有50多个国家,12亿人口,东南西北非的气候迥异,即便是相邻的两个国家,发展差异可能也很大。即便是今天,仍有十来个非洲国家的人均GDP在中国之上。早在上世纪80年代,在我们还不知道高速公路为何物的时候,南非已经建成了纵横全国的高速公路网络。

在很多国人的眼里,好像非洲就是一个整体,一个国家。其实不然,不要说不同的国家差异大,即便是同一个国家,有时候差别也很大,时常有国内的朋友问我,非洲是不是很热?我有时候会反问回去:同样是2月,大兴安岭,雪花飞舞,而海南岛则已经鲜花盛开。你说中国是热还是冷?比如尼日利亚由于靠近赤道,一年到头都很热,一条薄床单打天下,不知道被子是什么样子;而同样离赤道不远的埃塞俄比亚首都亚的斯亚贝巴,因为有2000多米的海拔,气候则凉爽宜人,一年四季都得盖被子,到冬天的时候,晚上最好得打开暖气,否则还真是觉得冷。

(二)非洲没有人们想象的那么糟糕

关于非洲的新闻事件大部分是关于灾难、饥饿、灾荒和冲突一类的,偶尔夹杂的一些非洲的正面新闻也基本难以被人记起。毕竟,人性的特点决定了我们

更多的会记得负面的新闻。不少国人想当然地认为,非洲人凶悍野蛮。结果到了非洲,却发现:这里的人民穿衣服不管新旧,都很干净得体;非洲人在人多的时候,都能自觉地排着整齐的队伍,在烈日下或者风雨中安静地等待;他们不会随地吐痰,也不会琢磨着去吃随处可见的野生动物;当你和他们对视的时候,一旦你露出笑容,他们会还你一个更大的微笑。这里,即便有时候开车会不太规矩,但绝对是礼让行人的。更很少出现因为在人群中多看了你一眼,就拳脚相加扭打在一起的场景。

非洲人见到外国客人,总是显得彬彬有礼,先是热情打招呼问候,然后握手致意,有的甚至还要拥抱亲吻表示友好感情。非洲人给大家第一印象,总是觉得很热情,见到外国人都是笑嘻嘻的,很主动地和你打招呼。

相信在不久的将来,非洲在中国人的印象中也不会再是一个苦热之地,而是一个多姿多彩的大陆。

六、存在的问题与中非农业合作

(一) 存在的问题

1. 投资大,周期长,见效慢。这是由农业本身的特点决定了的,平整土地,完善排灌设施,引进农业机械,这些投资都是很大的。
2. 文化差异大,语言交流存在障碍。文化差异显而易见,懂外语的不懂农业。
3. 缺乏人才,缺乏勤奋务实的人才,中国人喜欢内耗。
4. 产业与规模把握不准,摸清当地情况,选准产业,适度规模运作。
5. 有些企业和个人急于求成,但干任何事情都得循序渐进。
6. 非洲部分国家政局不稳,社会冲突频发。
7. 缺乏有针对性的农业规划,存在盲目投资的倾向。

(二) 中非农业合作

中非农业合作是中非合作论坛的重要组成部分。中非合作论坛是中华人民共和国和非洲国家之间在南南合作范畴内的集体对话机制,成立于 2000 年。中非合作论坛的宗旨是平等互利、平等磋商、增进了解、扩大共识、加强友谊、促进合作。论坛的成员包括中华人民共和国、与中华人民共和国建交的非洲国家以及非洲联盟委员会。

中非农业合作包括继续开展多层次、多渠道、多形式的中非农业合作与交流。重点加强在土地开发、农业种植、养殖技术、粮食安全、农用机械、农副产品加工等领域的合作。加大农业技术合作力度，积极开展农业实用技术培训，在非洲建立农业技术试验示范项目。

1. 非洲优越的农业自然条件为中非农业合作提供了机遇

农业是非洲最重要的产业之一，非洲地域辽阔，农业资源丰富，但由于技术落后，生产能力低下，开发程度低，粮食长期不能自给。而农业在我国是基础产业和优势产业，中非农业合作具有巨大的潜力。可以说发展中非农业合作是促进非洲农业发展的可靠途径，也是实现我国农业"走出去"战略的重要一步。2007年以来国际粮价持续上涨重创非洲经济，也突显中非农业合作的重要性。加强中非农业合作，发展非洲农业，成为非洲经济发展亟待解决的问题。

1959年，我国政府向刚刚独立的几内亚政府提供粮食援助，拉开了中非农业合作的历史帷幕。50多年来，中非农业合作大体上经历了纯农业援助、经济调整时期的中非农业合作和市场经济体制下的中非农业合作等三个阶段。目前而言，非洲是我国农业走出去战略的重要目的地。

2. 50多年的中非农业合作实践，提供了一定基础，也积累了宝贵的经验

50多年来，中非农业合作成绩显著，且积累了很多成功经验。特别是近年来，中非开展多层次、多渠道、大范围的农业合作与交流，取得了很好的效果，非洲国家的经济建设也取得了令人鼓舞的成就，非洲也逐步成为国际上新的投资热点。在此形势下，中非农业合作的前景十分广阔。

个人认为，中国投资非洲农业，"不是解决中国的粮食问题，也不是解决土地短缺问题"，因为非洲距离中国很远，运输成本太高，不足以满足中国庞大人口的粮食需求。

中国对非洲农业的帮助和投资是为了稳定全球粮食价格、增强粮食安全，这将反过来帮助稳定中国的粮食价格。

目前，对大多数非洲国家来说，急需解决的是粮食安全问题。非洲有11.7亿公顷的土地，开发不到百分之三十，其中可灌溉的耕地面积就更少了，因此造成生产能力很低，粮食主要依赖国际市场进口和国际援助。历次中非合作论坛都很重视中非农业合作。

过去五十多年里,中国政府不断加大对非洲各国的农业援助,在当地兴修水利工程,建立农业示范中心,培训当地农民掌握高产的农业技能,培育适合高产的种子等,为非洲农业发展作出了重要贡献。未来,在中非产能合作推动下,中国政府将支持中国企业对非农业产能合作,使非洲的农业走上现代化道路,不仅继续帮助非洲人民提高粮食的生产能力,还要提高粮食的仓储、加工和运输能力,切实可行地帮助非洲各国解决目前面临的粮食安全问题。

3. 中非农业合作互补性强

作为国民经济基础的农业对于中国和非洲国家来说,都是至关重要、不容忽视的。虽然非洲农业资源丰富、发展潜力巨大,但非洲国家仍然徘徊在粮食短缺的边缘。据统计,2008年非洲国家用于进口粮食的款项仍然高达150亿美元,撒哈拉以南非洲食物不足的人口从20世纪90年代初的1.69亿增至2.12亿人。而中国,虽然用占世界上7%的土地养活了世界上22%的人口,但中国农业资源的承载力已至极限。从双方合作互补性上来说,中国农业发展需要非洲的资源和市场,而非洲农业的振兴需要中国的经验和技术,所以中非农业合作是相互的,是有很强现实意义的。再加上双方近年来对农业和粮食安全的重视以及一系列重农强农惠农措施的实施,中非农业合作逐渐被提升到一个更加凸显的位置。

4. 大多非洲国家与中国友好,利于开展农业合作

随着"一带一路"建设的开展,我国农业对外投资将迎来千载难逢的绝佳机遇。

由于经验欠缺、对非洲开发潜在风险认识不足,而导致许多农业项目破产,企业投资失败案例也屡见不鲜。然而不可否认的是,由于中非农业在资源、经验技术上的互补性,中非农业合作潜力巨大、前景广阔——中国农业的持续发展需要非洲的资源和市场,而非洲农业的振兴则需要中国的经验和技术。

七、本人的建议

1. 认真研究非洲文化,意义重大,我们很多中国企业用中国的思维方式来对待非洲,其结果就可想而知了,知彼知己,有针对性的开展工作,才能收到好的

效果；
2. 学习语言，有效沟通；
3. 选准产业，做好规划；
4. 选拔培养勤奋务实、责任感强的人才；
5. 适度规模、循序渐进、稳步发展；
5. 加强自我保护，有效规避风险。

寻求经济多元化和创造就业机会：博茨瓦纳的经验

多萝西·姆巴班加 著 王若琳 译

摘要： 本文对博茨瓦纳为使经济摆脱矿业的控制实现多元化，以及创造就业机会来提高公民生活质量而进行的努力加以评估。博茨瓦纳是一个在南部非洲或者非洲都可以说是拥有大量以钻石为形式的自然资源的国家。该国利用在国际市场上销售钻石所获得的收入来发展其经济和社会基础设施。在1966年独立时，博茨瓦纳被认为是那片地区中最贫穷的国家之一。然而，从英国殖民统治下独立后，因为对矿业收入的审慎性管理以及优良稳定的宏观经济、政治环境，博茨瓦纳从最贫困国家升到中等收入国家。工业化一直是政府将经济结构从资本密集型矿业转移到劳动密集型制造业，实现经济多元化的举措之一。政府多元化的努力始于20世纪80年代立法机构、政策以及促进工业建立的指导方针的发展，这些努力在当时的经济体系中创造了就业机会。不过，这些努力并没有产生预期的达到可持续发展水平的结果，投资者一旦激励耗尽就会离开。而妨碍制造业可持续性发展的一些问题有开展业务过程漫长，经营成本高，与之反应截然相反的有前瞻性的政府机构则是通过吸引国家，地区和外国直接投资来帮助促进工业化。因此，本文提出创造有前瞻性的、积极进取的政府机构，采取外向型全球化和包容性工业化政策和激励措施。其次，为了经济多元化发展服务业，创造就业机会，这会减少由于发展不平衡而造成的社会不公平现象，发展的不平衡使得博茨瓦纳虽然拥有丰富的矿产资源，却仍然有着贫穷与收入的不公。

关键词： 博茨瓦纳 经济多元化 工业化 创造就业

作者简介： 多萝西·姆巴班加（Dorothy Mpabanga），博士，博茨瓦纳大学政治与管理研究中心自 1966 年从英国殖民政府获得独立后,博茨瓦纳由于稳定和良好的宏观经济和稳定的政治环境,已经从最穷国家之一发展成为一个中等收入国家。博茨瓦纳的经济在发现钻石之后飞速发展,政府利用矿业收入来发展经济和社会经济部门。矿产收入的再投资导致了国家 1980 年代和 90 年代的高经济增长率,同时政府建立了必要的社会经济基础设施和支持性立法框架,促进了经济发展和增长。民主选举产生的政府根据民主、发展、自力更生和团结的原则制定发展政策和国家发展规划。此外,国家发展纲领是以经济高速增长、社会公正、经济独立和持续发展等目标为前提。

这些原则和发展目标让经济发展和增长达到非常高的水平,如 1970 年至 1974 年期间的实际国内生产总值平均为 16%,这种增长持续到 20 世纪 80 年代和 90 年代(Salkin 等,1997)。值得一提的是,政府与钻石采矿行业的 DeBeers 私营公司建立了良好的合作伙伴关系,而且这一关系是基于相互信任和共享钻石收益的协议。如上所述,政府将钻石收益投入到社会和经济部门,如卫生、教育,以及水、运输、电信和电力供给等基础设施和公共设施服务之中。私营公司的创立是为了帮助政府为国家提供公用事业服务,因为私营部门在独立后几乎不存在。政府还建立了部委形式的制度和结构来制定政策和方案,向公民以及立法机构提供服务,以指导和规范政策制定和实施。

这些原则和扶植政策能够帮助国家积累大量外汇储备,例如 2016 年的 72 亿美元,以及维持平稳较低平均在 6% 的通货膨胀水平,此外还有大部分情况下的国际收支平衡(博茨瓦纳财政统计,2016)。尽管取得了这些成就,但因为矿业是高度资本密集型行业,因此国家面临着高失业率导致的高度贫困。于是政府从 20 世纪 80 年代起开始了让经济摆脱矿业控制,实现多元化的努力。

20 世纪 80 年代,随着贸易及工业部通过的工业发展政策的发展,政府多元化经济的努力开始了。该部门继续负责促进工业化,并鼓励在博茨瓦纳进行区域和全球业务,以便使经济从矿业脱离,实现多元化并创造就业机会。该部的有关部门负责促进和帮助国内外贸易,鼓励外商直接投资。这些部门还制定、修改、谈判和监督区域和国际贸易以及博茨瓦纳与其他国家之间的工业协定。例如管理和监督博茨瓦纳与欧盟之间的双边和多边协议,以控制和指导钻石和牛肉业;此外还有与美国、世界贸易组织、非加太框架以及南部非洲关税同盟和南部非洲发展共同体达成的协定等;与其他国家、地区或地区机构如中东、东亚和太平洋地区、非洲联盟等也有一系列协议。

上述协议旨在促进国家之间的贸易,为了多元化和创造就业而增加外国直接投资,最终目标是增加进入全球市场的机会,推进世界各地公司和人员的流动以及提高居民的总体生活水平。博茨瓦纳已经从这些贸易协定中获益,例如韩国在此设立了一个汽车制造厂,现代汽车制造厂的建立创造了就业机会。然而,一旦南非对从博茨瓦纳进口到南非的现代汽车实行高关税,汽车工厂就会关闭,促使韩国公司停业,并在 20 世纪 90 年代后期被迫关闭。钻石和牛肉行业得益于与欧盟的协议,协议有助于博茨瓦纳将其出口到欧洲。博茨瓦纳还与东亚国家签署了贸易协定,例如与中国在 20 世纪 70 年代为了促进两国经济技术合作制定的双边协议。此外,旨在促进两国经济增长的协议和这些包括促进中国公司在博茨瓦纳的建筑、零售和服务行业的外商投资的协议有了进一步发展。与美国根据《非洲增长与机遇法》框架达成的协议促进了博美两国以及博与美洲其他国家之间的贸易增长。此外,《非洲增长与机遇法》还有力地促进了 2000 年至 2008 年间纺织制造业的建立和发展。

由于过去 40 年来国家不能按照计划和设想使经济多元化以及创造就业机会,目前的国家发展计划优先考虑了经济增长和收入来源的多样化。人类和社会发展和自然资源的可持续利用一样,仍然是国家部署的重点领域。博茨瓦纳也认为有必要加强有效管理,因为过去几年,国家的治理指数正在下降,担心政府以及全球经济的关注,因此政府在未来十年将有效管理作为优先事项对待。对政策,项目和方案的监督和评估是政府的另一个重点领域,因为政府制定和实施了许多政策和项目,却几乎没有对这些政策和计划的影响和结果进行评估。这包括评估、鉴定和监督旨在促进和发展国内外直接投资的工业发展政策、法规和立法。这包括监督和评估国际协定,来不断评估在全球经济中开展业务的相关性。这主要由贸易和工业部和博茨瓦纳国际贸易中心负责。

我们应该承认政府已经努力复审产业发展政策和商业形成政策和立法,例如 1984 年制定的工业发展政策,在 1994 年和 1998 年分别进行修订。不过这些复核是在很长时间之后才实行的,在它们修改和改变的时候,全球市场和商业形势已经发生了很大变化。工业发展政策和法规由于政府对国际企业进入国家的过时和不积极的态度,在经济多元化和创造就业方面没有产生预期的结果和影响。这包括评估、实施、监督和定期复审促进相关国际业务的区域和国际协议。国家倾向于依靠国际企业和政府要求校正和实施双边和多边协议的结果的指令。这意味着博茨瓦纳从创造就业机会、技能和经验转移的角度来说,失去了国际贸易和行业带来的利益,并且错失了由于跨国公司支付的税收而使收入来源多样化的机会。

多年来逐渐而零碎的多元化和创造就业机会的方法使失业问题更加恶化,例如目前的失业率大约为17%,青年失业率达到22%。贫困在国内也是一个问题,因为毕业生、半技能的社会各阶层缺乏工作和商业机会。教育制度并没有帮助缓解贫困和失业问题,因为国家教育政策一直强调从小学到高等教育的免费和公平的进入(博茨瓦纳政府,2003年)。这导致了一些领域的过度生产,如社会科学、人文和商业相关课程,而没有培养学生或毕业生如何为自己创造就业机会以及有效管理组织的技能(Mpabanga,2016年)。当然,就人类发展指数而言,博茨瓦纳在中小学教育水平方面取得了很大的进步。

一、政策与环境创造

在促进多元化和创造就业机会的环境建设方面,博茨瓦纳政府在不同的年份通过了一系列法规、规划和政策,主要包括1968年的《工业发展法》(Industrial development Act)、1984年的旨在推动地方、区域和国际商业和多元化经济,摆脱钻石控制的"工业发展政策"(Industrial Development Policy)、1982年的"财政援助政策"(Financial Assistance Policy)、1976年通过并在1986年进一步修订的"本土优先计划"(Local Preference Scheme)、1988年进一步审议并在1995和1998年两次进行修订的"工业发展政策",此外还有1997年发布的用于取代"本土优先计划"的"本土采购政策"(Local Procurement Policy)以及一系列双边和多边协议等。这些安排都以经济多元化、创造就业机会并最终以持续的经济增长和发展为宗旨。

为了制定和执行政策,完成上述计划和目标,博茨瓦纳也设立了一些机构和组织,如:国家经济多元化委员会(National Economic Diversification Committee)、经济与就业内阁委员会(Cabinet Committee on Economy & Employment)、私营部门发展计划委员会(Private Sector Development Program)、监督和评估多样化进程和成效的博茨瓦纳商务委员会(Business Botswana)、经济多元化驱动委员会(Economic Diversification Drive)、经济特区政策委员会(Special Economic Zones Policy)、博茨瓦纳纺织服装业发展委员会

(Botswana Textile & Clothing Development Industry)、乳制品行业发展政策委员会(Policy for the Development of Diary Sector)、博茨瓦纳合作转型战略委员会(Botswana Cooperation Transformation Strategy)、博茨瓦纳国家出口和多元化驱动战略委员会(Botswana National Export & Diversification Drive Strategy)、博茨瓦纳出口发展局(Botswana Export Development Agency)、主导与本土私人资本和国际投资者合作的博茨瓦纳发展公司(Botswana Development Corporation)、资助民众创业的民众创业发展局(Citizen Entrepreneurial Development Agency)、培训企业管理和技能人才的本土企业发展机构(Local Enterprise Authority)等。

上述政策、措施的执行以及相关机构和组织的努力取得了一些成效,这可从制造业对博茨瓦纳国内生产总值、就业以及出口的推动作用来体现:

博茨瓦纳:制造业对国内生产总值、就业及出口的贡献

年份	制造业对国内生产对国内生产总值的贡献(%)	矿业对国内生产总值的贡献(%)	农业对国内生产总值的贡献(%)	制造业对就业的贡献(%)	制造业对出口的贡献(%)
1985	3.2	50.7	5.4	8.5	14.8
1998	4.6	32.1	3.1	9.6	24.0
2000	4.1	36.5	2.7	11.2	10.7
2002	3.9	35.9	2.4	10.6	9.5
2003	3.7	34.7	2.5	10.6	9.0
2004	4.0	36.0	2.5	10.7	10.0
2007	6.3	29.1	2.2	/	/
2009	6.3	15.3	2.8	/	/
2011	5.8	23.4	2.5	/	/

二、寻求经济多元化和创造就业机会所面临的挑战

如上所示,尽管政府努力多元化经济,但矿业部门继续控制经济。制造业对提供就业机会和多元化做出的贡献并非可观,即便有如此多的政策、计划安排、

激励措施和立法。更为严重的是,一些制造业企业的发展面临诸多瓶颈,可持续能力堪忧。比如,一旦包括财政援助计划在内的激励措施终止,博茨瓦纳的服装和纺织品企业就可能要崩溃并最终关闭。当《非洲增长与机遇法》2008年在博茨瓦纳的适用失效时,一些纺织企业就停业了。其中一些企业关闭并搬到邻国,如南非和纳米比亚。

可以说,博茨瓦纳的制造业企业和制造业发展面临着一系列挑战,主要包括:国内市场小;有配套基础设施的土地不足;博茨瓦纳是内陆国家,来往港口运输成本高昂;业者商业技能缺乏;技术能力和技术设备缺乏;政府在促进多元化、创造就业机会方面能提供的帮助仍然远不能满足需求;政府相关部门行政效率和执行力的低下;制造企业生产出来的产品质量相对较差,一些企业的服务也不能让人满意;现有的教育体制和政策不适合私营部门的发展;人力资源供给和储备能力低下。

企业发展也有自己的顾虑,比如对政府信心不足、水电供应不足、政府行政能力低下特别是在证照处理方面、政府抢占私营企业机会、工商业界与政府的沟通交往存在不畅、政府根据全球竞争要求/标准改变业务政策的动作缓慢、一些企业的职工缺乏职业道德或者工作不积极,对生产和服务提供都产生影响。

当然,政府也有自己的考虑和难处。而且,正像企业会对政府不满一样,政府对企业也有自己的抱怨。博茨瓦纳政府持续面临大额进口赤字,政府认为私营部门应该进行更多的努力来提升产品和服务,应更有效地确定市场对产品和服务的需求,应努力建立可持续的产业和商业模式;政府认为私营部门应主动利用经济多元化的机会,它认为自己是提供了相应的机会的,只是一些个人和企业没做去利用罢了;政府在实施优惠采购的同时,要求私营企业在就业方面协助政府,比如为青年和妇女保留一定比例的岗位和合同等,而企业则可能并不配合。

进入新时期后,博茨瓦纳又开始面临工商企业经营失败率持续攀升的问题,私营企业认为政府的税费过多,而政府则认为私营企业始终都没有真心实意地跟政府打交道,只是在尽可能地利用政府的政策、计划和举措为自己谋利。而多年以来,社会不公平、收入分配不平等、相当一部分居民生活水平低下、失业率高(特别是大学毕业生失业率)、行业技能不匹配、企业产品和服务质量差等问题也一直没有得到有效的解决。

三、博茨瓦纳寻求经济多元化的教训

博茨瓦纳是南部非洲关税同盟的成员，这个同盟旨在促进博茨瓦纳、莱索托、纳米比亚、南非和斯威士兰之间的贸易，同盟成员国还共享共同海关地区的收入。然而同盟面临着很多挑战，包括最大的成员国南非一直威胁要采取措施来保护南非公司。比如现代汽车装配厂在博茨瓦纳关闭，就是因为南非引进了高额关税措施来保护自己境内的汽车厂。

博茨瓦纳还是南部非洲发展共同体的成员，该共同体是 20 世纪 80 年代建立的区域性组织，旨在促进成员国和成员国之间的发展。南部非洲发展共同体有一个促进成员国内部贸易和投资的贸易议定书。该议定书计划在 2008 年之前成立南部非洲发展共同体自由贸易区，在 2010 年之前成立共同关税同盟，在 2015 年之前建立共同市场，在 2018 年之前形成统一货币。这些提议主要由于成员国的政策冲突以及复杂多样的社会政治和宏观经济发展的优先性而没有实现。

博茨瓦纳可以向其他已经在制造业、矿业和农业领域取得一定程度多元化成就的国家学习。博茨瓦纳可以向其他南部非洲国家学习，比如坦桑尼亚和赞比亚都在努力实现经济的多元化。例如，坦桑尼亚有出口导向的贸易和全球化政策，通过加强矿业、合资、私有化和自由化的出口，帮助该国积极的全球化。而在赞比亚，政府能够通过国有企业、国有化和经济自由化来应对激烈的国际竞争来使其经济多元化。赞比亚还指望服务业来使经济多元化以及创造就业机会。

但无论如何，包括博茨瓦纳在内的南部非洲国家仍然面临诸多挑战。在应对这些挑战方面，博茨瓦纳一方面可学习相关的经验，另一方面则应力图避免某些其他国家已经发生的问题。

博茨瓦纳也可以向一些东非国家学习，比如学习它们的外向型政策、市场导向的发展战略、高效有效的人力资源培养和供给、吸引外商直接投资的有利投资环境、创新商业模式比如手机银行等。

在与中国合作方面，博茨瓦纳可以进行努力的空间还很大。博茨瓦纳和中国早在 1976 年就建立了贸易协定，旨在促进经济和技术合作。中国与博茨瓦纳之间的贸易在过去几年有所增加，特别是在进口服装、建筑和零售业务方面。近年来，两国关系有所加强。博茨瓦纳的金融机构已经在银行业加入了中国元素，比如 ATM 为客户提供中文服务。博茨瓦纳大学还成立了孔子学院，协助当地社区学习中文以提高他们的国际语言能力，从而增加他们从事翻译工作的机会。中国政府还为在中国学习不同专业的博茨瓦纳学生提供大学本科生、毕业生和研究生奖学金从而为博茨瓦纳的人力资本发展做出贡献。这些都有助于博茨瓦纳的经济多元化并且为博茨瓦纳创造就业机会。

总体而言，加强经济多元化和创造更多就业机会是一项长期而系统性的工作，需要政府从多方面进行努力。包括扶持本土企业生存与发展；鼓励通过外国直接投资建立合资企业；通过加快处理工作、居民许可、营业执照、获得商业用地、连接公用设施等方面来改善营商环境；提供工作条件、工资和薪资，激励生产力提供高效率服务；开拓全球竞争；努力探索和发展新兴产业如服务业、零售业、IT 和旅游业等；进一步推进有利于自身发展的区域一体化；发展和促进中小企业；利用对牛肉、农产品等本土产业的优惠政策，帮助和促进当地产业，减少贫困，创造就业机会；加强有效管理原则，维护最不腐败国家的地位；向成功的南部非洲和非洲国家学习，以实现多元化和创造就业机会。

四、结语

博茨瓦纳在宏观经济发展政策方面取得了很大的成就，这些政策促进了外国直接投资的投资环境。国家政治稳定，治理原则良好。人力资本开发始终是政府的重中之重，也是高效率地提供服务。然而，为了使经济多元化摆脱矿业的努力遇到了很多阻碍，包括无效的政策和监管过度的环境，这些因素扼杀了多元化和创造就业机会。尽管尝试过通过授权计划和激励来推动和发展制造业，但制造业停滞不前。

政府应该向其他南部非洲、东亚和发达国家学习如何有效地多元化并创造就业机会，包括零售、信息技术和旅游等服务业的全球化产业发展政策和项目。携手其他国家如中国和东亚地区如新加坡和日本将有助于发展人力资本在行业所需的科目和技能，帮助毕业生创造出他们自己的工作并有效地管理和领导他们的组织。连续且定期地对多元化和就业创造政策进行监测和评估，将有助于国家经济多元化，并提供很多有需求性的工作包括向国外输出劳动力。

政治经济学视角下南部非洲工业化的能力挑战和政策回应

姆内茨·马达库法姆巴 著 孙 灿 译

摘要：本文探讨了政治经济学视角下的南部非洲工业化。一个资源驱动型的经济发展模式或许可以提供一些经济增长，但这显然不是一种利于全社会的可持续的发展模式。本文分析了全非洲和南部非洲发展共同体所面临的能力挑战，尤其是还有一些对于经济发展问题的关键政策回应。这是一个框架，在这个框架内，本文分析了工业化的基本原理，它现在已经成为一项重要的发展政策，目的是使可持续的经济向具有全球竞争力的更持久的经济转型。与中国的合作可以作为根据非洲大陆独特情况的进行经济发展的一个切入点。这篇文章希望非洲国家能够更加自信地寻找解决方案，以从过去和当下的约束中释放自己，并通过工业化建设一个更加繁荣的未来。当然，这需要做出更果断和激进的决定。

关键词：南部非洲 工业化 能力建设

作者简介：姆内茨·马达库法姆巴（Munetsi Madakufamba），南部非洲研究与文献中心执行主任

非洲大陆的经济指标总体上比20年前有所回升。关键指标例如国内生产总值等主要指标已上升约两个百分点，平均每年增长4—5个百分点。通货膨胀率大体上下降到大陆平均水平，略高于10点。然而，这些积极的经济改善并没有改变普通民众的社会福利。独立后的非洲国家迄今为止一直追求的增长模式存在根本性的错误。我们需要承认的是，从一开始非洲就是由55个经济发展水平和模式都不同质的国家组成的，巨大的差异体现在他们的经济、人口规模以及政府治理方式。尽管如此，他们之间仍然存在一些共同点，从中可以分析一些显著特征，并归纳得出非洲大陆近期发展所面临的挑战和应做出的政策反应。

本文从政治经济学角度分析了南部非洲发展共同体的工业化议程，特定的历史条件塑造了次区域特定的发展景观和能力要求，这迫使该地区的政治领导人采取新的经济政策，现在他们正通过工业化推行这一政策。像非洲大陆的其他地方一样，SADC 的 15 个成员国也具有一些显著的共同特征，这描绘出与大陆其他地区大体一致的画面。SADC 起源于为了争取政治独立而团结起来的一些国家。作为一个功能性合作组织，九个即将独立的南部非洲国家组成的南部非洲发展协调会议成立于 1980 年，各个部门相互协调以减少对南非种族隔离的依赖。随着冷战后全球地缘政治的变化，在南非出现了新的政治体制，南部非洲发展共同体成员增加到今天的 15 个国家，区域一体化议程也走向更深层次的经济合作，比如在成员国之间寻求更大规模的区域贸易。大多数国家在 20 世纪 90 年代实行了经济结构调整。直到最近，南部非洲发展共同体成员国的发展模式在很大程度上还是取决于该地区的历史，而且政策决策没有充分解决该地区固有的对经济能力的挑战，也没能引导该地区走上可持续发展的道路。

在过去的二十年，南部非洲发展共同体成员国的国内生产总值平均增长百分之四。大多数经济体是以农业为基础或以资源为动力的，依靠以农产品、矿物或石油为主要形式的初级商品来推动经济发展。十分之七的人口生活在农村地区，他们在很大程度上依赖于现存的农业为生计。尽管在最近的历史中记录了少量的经济增长，但大多数人仍然生活在贫困中，平均有多达 60% 的人口无法获得基本需要，如食品、卫生、电力和体面的住房。从结构上讲，经济仍然是一个双重飞地，正规部门与大型非正规部门并存。贸易模式在很大程度上仍然是该地区历史地缘政治格局的镜像——和大多数大陆上的其他区域一样。到目前为止，南部非洲发展共同体国家与他们的昔日殖民大国之间的贸易比他们自己之间的更多。这种经济增长模式的可持续性如何？南部非洲发展共同体的贸易关系对于全面的区域一体化项目有什么样的影响？工业化议程所提出的新的经济分配模式的前景如何？又可以从中国这个当今的世界工厂身上学到什么？

一、南部非洲发展共同体的理论考察

南部非洲发展共同体继承了一个有问题的经济结构，发展良好的经济模式只占人口总数的很小一部分,大多数人口仍然生活在落后的农村经济中。尽管拥有丰富的自然资源,近年来也保持了正面的经济增长率,但事实上大多数的南部非洲发展共同体国家仍然处在世界上最贫穷的国家之列,这反映了其较低的工业化水平和在全球化制造链的外围位置。此外,南部非洲发展共同体成员国过度依赖初级产品,这使得他们容易在重要经济体的经济冲击或地缘政治的不确定性中更容易受到伤害。但发展中经济体有几个例外(尤其是南非和一定程度上的毛里求斯)。

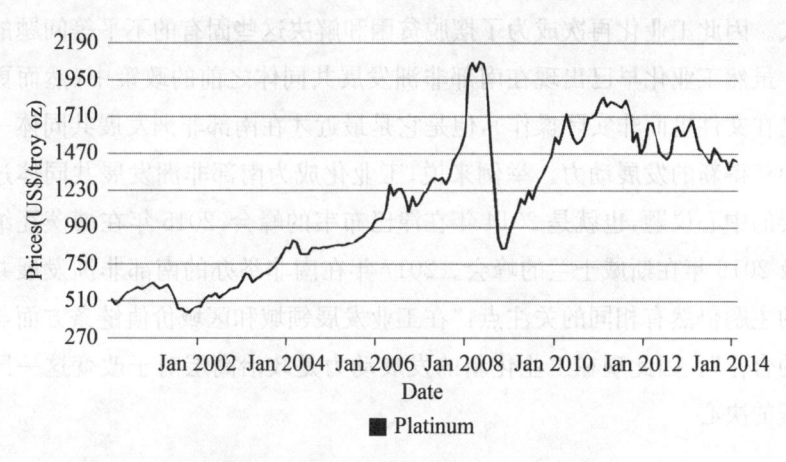

图表1:铂金价格在全球市场上的波动

来源:南部非洲发展共同体秘书处,2016

过去的二十年,南部非洲发展共同体区域国内生产总值增长方面表现一般,为平均百分之三到五。人类发展指数也一直不太理想,南部非洲发展共同体平均有百分之六十的民众还生活在贫困中。

非洲的地缘政治结构主要是由欧洲大陆的殖民列强所决定的。实际上,非洲很多殖民国家是作为欧洲的原料供应地而独立的,他们成为了欧洲经济链条中的一环,这种局面不管在心态上还是结构上都一直没有太大的改变。

现在的非洲经济模式使许多支离破碎的后殖民时代政体融入了一个更大的区域经济共同体,它关注为贸易创造一个更大的市场,但是忽略了供应方面,比如工业投资和经济基础设施建设。实际上,非洲的工业化战略只是被顺道提及或者仅仅是纸上谈兵,并没有从根本上将非洲国家转变为具有全球竞争力的工业枢纽,而中国却用此方式在过去的三十年里转变自己并取得了成功。

放弃主权以促进建立强有力的、以法律为基础的共同机构来监督该区域一体化进程仍然是一个遥不可及的神话。例如,南非目前正在与欧盟实施一项贸易和发展协定,该协定旨在深化与欧盟的商业联系,但这显然是一种双边行为,并没有该区域的其他国家参与中来。即便现在经济伙伴关系协定这一可以重新安排现有格局的谈判已经引起了南部非洲发展共同体或东非、南非利益集团的重视。在很多情况下,为了追求本国利益,这里往往缺少推进区域一体化议程的政治意愿。为了推进区域一体化,会员国应该做的其实是超越国界和政治辞令,采取行动取得信任,去实现既定目标和做那些真正需要的优先事项。

南部非洲的政治经济现状让我们不得不重新思考这种明显是不可持续的发展模式。因此工业化再次成为了摆脱贫困和解决这些固有的不平等问题的一条路径。虽然工业化早已出现在南部非洲发展共同体之前的政策中(然而更多时候只是在文件里而非实际操作),但是它是最近才在南部非洲发展共同体一体化进程中获得新的发展动力。举例来说,工业化成为南部非洲发展共同体过去三届峰会的中心议题,也就是 2014 年在津巴布韦的峰会,2015 年在博茨瓦纳的峰会以及 2016 年在斯威士兰的峰会。2017 年在南非举办的南部非洲发展共同体峰会的主题仍然有相同的关注点:"在工业发展领域和区域价值链条方面与私营部门的合作"。因此现在工业化新的发展动力是政治高层对于改变这一区域发展进程的决心。

二、能力挑战

习近平主席在 2015 年中非合作论坛约翰内斯堡峰会概括十大合作计划时指出,为了实现工业化和农业现代化以及自我可持续发展,非洲需要解决三大制约发展的瓶颈问题,即基础设施不足、专业人才缺失和资金匮乏。这个观点恰如其分地总结了非洲所面临的能力挑战和为可持续的工业化打下坚实基础的条件。这里可以讨论一些关键的能力挑战。

首先,在教育技术方面,非洲大部分的高等院校无法提供符合全球化工业经济潮流所相应的教育标准。这其中包含一定的历史因素,非洲国家的教育体系产生劳动工人而非创新者或者企业家,这是因为独立后的非洲国家缺少实用主义,他们或者忽视了教育系统建设,或者在将教育系统与市场需要对接的过程中花费了太长的时间。而且由于该地区薄弱的经济结构,智力型和技术型人才往往在分散的区域求职,这导致了许多非洲国家关键技术的流失。因此,工业化能更好的留住技术型人才,并有助于打破这一恶性循环。

其次,南部非洲发展共同体的国家和整个非洲大陆一样,在增强可持续发展能力上缺乏足够的基础设施支持,尤其在铁路、公路、区域航空、港口、电力和通讯等方面表现的尤为突出。因此,基础设施投资和发展是促进工业化的一个关键因素,必须要优先考虑,解决南部非洲发展共同体国家的基础设施问题也成为了推进区域工业化工作的重中之重。

第三,科学和技术无疑是任何一个国家或地区寻求产业化的前提。然而,南部非洲发展共同体大多数国家缺少相关的工业化技术支持,这影响到了该区域产品在全球市场中的竞争力。但是,机会也是无处不在的,尤其是在以下两个方面:第一个层面是人口红利显著——非洲人口的60%是由年轻人组成的,这为创新和适应新技术提供了一个很好的机会。相对于老龄化的人口,年轻人更容易适应新技术;另一个层面是非洲能够以何种程度自信利用其本土知识体系。不幸的是欧洲大陆倾向于忽视非洲的本土知识体系和创新能力。如果非洲大陆的工业化议程想要可持续地发展,它就必须采用本土的解决方案,这就包括本土的知识体系。

第四,南部非洲发展共同体经济缺少财政空间和政治意愿去推进工业化议程以及其必须的一些关键条件比如基础设施建设。这就造成了南部非洲发展共同体国家的捐助依赖症,尤其是当捐助成为国家预算的主要出资人和主要发展项目的时候。举例来说,莫桑比克预算的60%是由捐助者资助的。即使是在区域层面,南部非洲发展共同体运营预算的40%是由捐助者资助的,这种情况导致了次区域的区域一体化中的通货膨胀。如果要实现可持续发展,那么工业化等战略发展议程就不能依靠捐助者。

第五,政策的一致性和相容性是另外一个非常关键的能力挑战。像许多其他非洲国家一样,南部非洲发展共同体国家的经济政治规划与构想面临着难以切实履行和前后不一致的问题。例如,在津巴布韦的本土化(经济授权)政策的案例中,不同部委往往表现出不同的解释及其相关的不同的法律政策。不管是在国家层面还是区域层面,糟糕的政策协调性或者更具体来说投资和工业化政策的不一致导致了签订的贸易投资协定和工业化政策的冲突。而且很多情况下,国家由于追求国家利益而缺乏推动区域一体化议程的政治意愿。放弃主权以促进建立强有力的、以法律为基础的共同机构来监督该区域一体化进程仍然是一个重大的挑战。

三、政策回应

南部非洲发展所面临的挑战或者更具体来说能力的不足可能是非洲大陆共有的问题,南部非洲的政治领导者们知道这些问题也在不同的层面采取了许多相应措施。然而,在大多数情况下,落实所确定的政策和战略仍然是一个非常棘手的重要问题。在非洲大陆这个层面上,非洲联盟的《2063愿景》确定了工业化以及工业化所面临的能力问题,这可以看作为非洲大陆实现未来50年远景规划的关键支柱。在南部非洲发展共同体这个层面上,2003年的"区域指示性战略发展计划"(RISDP)是该地区采用的首个多部门参与的社会经济计划。该计划后来进行了更新,并在2015年4月在津巴布韦哈拉雷举办的南部非洲发展共同体特别峰会通过,它将作为新的发展蓝图在未来五年里指导南部非洲发展共同体的发展实践。这次修改的重要结果是将工业发展摆在了突出位置,将在许多领域优先实施:市场一体化、发展用于支持区域一体化的基础设施、为区域一体化提供的先决条件的和平与安全合作、区域层面的特别方案。

随后,2015年在津巴布韦首都哈拉雷举行的南部非洲发展共同体政府首脑和国家元首特别峰会上通过了工业化战略和路线图。该战略力求在更深层次的区域一体化背景下在国家和区域各层面上进行重大的经济和技术变革。由于全球和南部非洲区域内糟糕的出口形势和经济增长,让之前制定的战略不再符合时宜。大多数南部非洲发展共同体国家的经济严重依赖于他们的主要商品如矿产和农产品,这使得他们容易受到国际大宗商品价格波动的冲击。因此南部非洲发展共同体工业化路线图的主要方向是通过工业化、现代化、产业升级和区域一体化来实现南部非洲发展共同体区域的工业化结构性变革。战略上的推力则是从依赖资源和低成本劳动力转向增加投资和提高劳动和资本的生产率。

同样,作为对南部非洲发展共同体能力挑战的回应,区域基础设施发展总蓝图是基础设施发展与合作的区域性框架。这个蓝图在2012年莫桑比克马普托的南部非洲发展共同体国家和政府首脑峰会上被通过。蓝图规定了对发展无缝连接和具有成本效益的跨边界基础设施具有指导性意义的战略框架,并且概述了该区域需要优先发展的软硬件设施。这一被称为基础设施 2027 愿景的战略框架被锁定在六大支柱产业——能源、运输、信息技术、气象、跨界水资源和旅游业(跨边界自然保护区),这些产业共同组成了南部非洲发展共同体地区基础设施的发展计划,并且对于推动地区的工业化具有至关重要的作用。

四、从中国找到切入点

尽管南部非洲发展共同体有 15 个成员国,而且每个成员国都有各自独特的特点和发展水平,但总的来说,这些国家都有一些相似之处,这些相似之处可以被捕捉到并为非洲国家采取针对它们独特的情况的措施提供借鉴。例如,很多国家会向中国学习并建立了经济特区(SEZs)。为了响应习近平主席在 2015 年约翰内斯堡峰会上提出的 10 点合作计划,中国应该鼓励更多企业利用像经济特区一类的商业友好型法律去非洲进行更多的投资。此外,中国还可以建设和升级一批许多非洲国家早已敲定的工业园区。南部非洲发展共同体的工业化战略也优先考虑价值链条中的三类产业集群:农产品加工、矿业和药品。这三个产业集群也已经与习主席在约翰内斯堡峰会上提出的 10 点合作建议产生了共振效果。

其次,南部非洲发展共同体新的发展方式似乎符合发展中国家私营部门扮演主要角色的态势,这也是南部非洲发展共同体工业化议程的核心。中国企业与南部非洲发展共同体的私营部门建立协同和合资企业,以实现该地区工业化议程的可持续性。然而,无论是来自中国还是世界其他地方的投资都不能影响南部非洲发展共同体中小企业的发展,因为中小企业是南部非洲发展共同体国家的经济核心。因此,中国自身的增长模式可以在这方面提供有益的经验教训,特别是中国在采取审慎的政策措施为中小企业的增长创造条件的同时,还提供了一揽子增长导向型激励措施。

第三,非洲和中国之间的政治经济往来基本上还是双边关系。然而在 2012 年,非洲一体化的维度也被纳入到中非合作论坛的多边合作框架内。考虑到非洲不是一个单一国家而是由 55 个情况具有巨大差异的国家组成的,所以有必要去动员一体化组织来巩固已有的共同议程。有几个原因让这一点非常重要,包括避免非洲国家之间的恶性竞争。寻求升级中非次区域伙伴关系的其他好处包括：加强跨境项目的协调和标准化、能与中国这样一个强大的大国进行集体谈判、规模经济和分散投资风险、加强了非洲区域一体化、在比较优势的基础上进行更好地资源与产业匹配。

五、结语

非洲殖民国家早前被建立为产业链条中的原材料产地，并为欧洲宗主国提供原材料。可悲的是直到现在这种结构和心态都没有什么太大改变，全球经济评级中非洲国家的收入依然可怜。此外，历史上预先确定的贸易模式创造了一种区域内持续的不平等的贸易状态，而这会破坏区域一体化的政治意愿和政治基础。因此，尽管很多人都在为非洲大陆的一体化努力，后殖民时代的非洲仍然是支离破碎的。

工业化是南部非洲发展共同体最新的呐喊，虽然其尚未在资源方面给予同样热情的投入。南部非洲发展共同体工业化战略和路线图被视为区域经济转型的核心，但是，只有少数国家遵循这一议程制定国家工业化战略并根据区域内相关的政策投入必要的资源来追求工业化的梦想。中国和南部非洲发展共同体成员国的合作可以作为一个潜在切入点，比如可以起步于对中国的经验探讨分享、建立经济特区和基础实施建设，现有的区域经济团体或将因此受益。这是一个需要长期规划的履行的过程，也是中国成功故事的关键，南部非洲发展共同体地区可以从中学习中国的发展经验来更好地发展自己。

中国企业对东非共同体投资的现状及其作用

卡　斯

摘要：20世纪60年代，肯尼亚、坦桑尼亚和乌干达三国以共同的斯瓦希里文化为背景消除了殖民时代的伤痕和降低关税，成立了以促进经济合作为目的的东非共同体（East African Community, EAC）。1977年，东非共同体解体，1993年，三国决定再度合作，并于1996年成立东非共同体秘书处。1999年，《东非共同体条约》签署，2007年6月18日，布隆迪和卢旺达两国加入东非共同体，2016年4月15日，南苏丹成为东非共同体的第六成员国。目前来看，东非共同体六国的经济、社会、文化、科技、外交等领域的合作不断加强。为适应国际贸易格局以及中国国内经济局势的变化，中国政府加快实施"走出去"战略、推进"一带一路"构想。中国企业以援助、收购、合并等多种形式对东非共同体六国进行了大量的投资。中国企业对东非共同体投资的作用无疑是重要的，使东非共同体成员国在基础设施、自然资源、劳资关系等方面获得显著的改善。

关键词：中国企业　东非共同体　"走出去"　"一带一路"

作者简介：卡斯（Armel Kaze），厦门大学南洋研究院国际关系专业博士生

一、引言

东非共同体是东部非洲国家为实现区域经济、社会共同发展而建立的一体化组织。1967年，此组织最初由肯尼亚、坦桑尼亚和乌干达三个国家组成。2007年，布隆迪、卢旺达加入了，2016年南苏丹成为此组织的第六成员国，使东非共同体成员国增至六个。东非共同体总面积为182万平方公里，总人口达

1.5亿,国民生产总值达1470亿美元。[1] 根据全球经济发展的新形势,东非共同体提出了自己的发展目标:建立关税同盟、共同市场、货币联盟,以及政治联盟。东非共同体各成员国也重新认识到同邻国加强经贸合作的必要性。目前,东非共同体成员国的发展已取得良好的成效,成为整个非洲区域合作组织中发展较快的区域之一。

东非共同体成员国都是获得独立后才跟中国建交的。由于成员国的殖民国不同,获得独立时间也不同,中国与东非共同体成员国建交的时间不一致。1963年12月21日布隆迪与中国建交。1965年1月29日布隆迪由于国内政治不稳,单方面宣布与中国中断外交关系,1971年10月13日复交。中国和肯尼亚友好交往源远流长。明代郑和下西洋时就曾到过肯尼亚的蒙巴萨。中肯两国于1963年12月14日建交。中国和卢旺达两国于1971年11月12日建交。中国和坦桑尼亚两国于1964年4月26日建交。中国和乌干达两国于1962年10月18日建交。南苏丹是非洲的第54个国家,也是世界上最年轻的国家,于2011年7月9日成立。南苏丹自独立后就与中国建交。目前,中国与东非共同体各成员国双边关系已步入健康发展的轨道。

随着中国与东非共同体成员国双边关系的发展,特别是双边经贸关系不断地深化,越来越多的中国企业将目光投向东非共同体成员国。据中国商务部统计,2014年中国企业对布隆迪直接投资约345万美元,截至2014年末投资增至约1324万美元;对肯尼亚直接投资约2.78亿美元,截至2014年末投资增至约8.54亿美元;对卢旺达直接投资约1494万美元,截至2014年末投资增至约1.11亿美元;对坦桑尼亚直接投资约1.67亿美元,截至2014年末投资增至约8.85亿美元;对乌干达直接投资约6050万美元,截至2014年末投资增至约4.64亿美元。[2] 中国企业在东非共同体成员国投资不仅有利于中国企业自身的发展,同时也有利于东非共同体成员国的经济发展。中国企业对东非共同体成员国投资的项目较多,投资领域主要投资在农业、工业、矿业三个方面。然而,东非地区作为整个非洲大陆的重要经济体,目前相关学术界研究中国对东非共同体投资的文献较少。单独分析中国企业对东非共同体成员国投资的现状及其作用学术意义重大,给中国与东非共同体双边贸易提供新的研究视角。

---

[1] East African Community Facts and Figures 2015, EAC Secretariat, Arusha Tanzania.
[2] 中国商务部:《对外投资合作国别指南》,2015年版。

本文首先介绍"走出去"战略下中国企业对东非共同体投资的现状,描述中国企业对东非共同体农业和工业的投资情况。其次,本文提出中国企业对东非共同体成员国投资的作用。再次,本文利用态势分析法(SWOT)[1]概括中国企业对东非共同体投资存在的优势、劣势、机遇以及面临的威胁。最后,本文从态势分析法的基础上给出结论并提出能提高中国企业在东非地区投资效率的新可操作性的对策。

二、"走出去"战略下中国企业对东非共同体投资的现状

"走出去"战略广义上包括一国在政治、经济、文化等方面的活动。狭义上,主要是指一国经济层面的对外投资。"走出去"战略由中国国务院1979年8月根据经济全球化新形式和国民经济发展,为全面提高对外开放水平提出的举措。东非共同体由六个国家组成:布隆迪、肯尼亚、卢旺达、南苏丹、坦桑尼亚和乌干达。目前来看,中国企业对东非共同体成员国投资主要在农业、工业和矿业三个领域。2007年,中国对东非共同体成员国直接投资存量为1.9亿美元,到2011年底达到了9.1亿美元,五年间增长了3.8倍[2]。据东非共同体秘书处,中国企业在东非共同体农业的投资约2.5%、房地产约1.1%、采矿约2.8%、工业约16.4%、制造业约15.3%、科学研究约4.1%、批发部门约2.7%等。本部分主要分析东非共同体农业和工业的基本情况以及中国企业投资这两个部门的基本情况。

(一)"走出去"战略下中国企业对东非共同体农业方面的投资现状

农业是东非共同体各成员国的重要部门之一,咖啡、茶业、甘蔗等农业产品在东非共同体成员国经济中居于主导地位。布隆迪约90%的人口从事农牧业,提供95%的粮食和80%的外汇收入;粮食作物占耕地面积的9%,占农业总产值的19.9%[3],主要有咖啡、茶叶、香蕉等。卢旺达农业吸纳约85%以上的人口。

---

[1] 态势分析法(S.W.O.T)又称为优劣势分析法用来确定企业自身的竞争优势、劣势、机会以及威胁。
[2] 朴英姬:《中国—东非经贸合作前景广阔》,《经济杂志》,2013年08月07日,http://finance.eastmoney.com/news/1355,20130807313118825.html,2016年6月3日。
[3] 中国商务部:《走出去公共服务平台》,西亚非洲,http://bi.mofcom.gov.cn/,2016年7月25日。

2014年,卢旺达农业增长了5%,占整个国家GDP的33%[1],主要出口农产品为咖啡。乌干达以农业为其主导产业,占国家GDP的23.4%[2],主要出口咖啡、甘蔗等。农业为肯尼亚国民经济的支柱产业。肯尼亚的园艺产品、茶叶和咖啡出口额分别为11.04亿美元、11.3亿美元和2.26亿美元,约占出口总值的40.3%。[3] 坦桑尼亚拥有可耕地约4800万公顷,拥有森林和林地面积共3350万公顷,拥有6.4万平方公里的印度洋领海水域,22.3万平方公里的印度洋专属经济区水域,以及5.8万平方公里的淡水湖面。[4] 东非共同体各成员国农业产出不同,但是占每个成员国经济的主导地位。2005至2014年间,东非地区农业耕地总面积为108443千公顷。[5] 表1主要表示东非共同体成员国耕地总面积以及被使用的总面积。

表1 东非共同体成员国2005—2014年农业耕地基本情况(公顷)

指标	国别/年份	2005	2006	2007	2008	2009	2010	2011	2012	2013	2014
耕地总面积	布	1.135	1.135	1.135	1.135	1.135	1.135	1.135	1.135	1.135	1.135
	坦	48.10	48.10	48.10	48.10	48.10	48.10	48.10	48.10	48.10	48.10
	乌	16.27	16.27	16.27	16.27	16.27	16.90	—	—	—	—
	肯	56.91	56.91	56.91	56.91	56.91	56.91	56.91	56.91	56.91	56.91
	卢	2.29	2.29	2.29	2.29	2.29	2.29	2.29	2.29	2.29	2.29
	南	—	—	—	—	—	—	—	—	—	—
	总面积	124.71	124.71	124.71	124.71	124.71	125.34	108.44	108.44	108.44	108.44
被使用的总面积	布	9.500	9.500	8.809	8.809	8.809	8.809	8.809	8.809	8.809	8.809
	坦	9.902	9.902	9.902	9.902	9.902	—	—	—	—	—
	乌	—	—	—	—	—	—	—	—	—	—
	肯	852	868	846	1.716	1.735	1.735	1.735	1.735	1.735	1.735
	卢	—	—	—	—	—	—	—	—	—	—
	南	—	—	—	—	—	—	—	—	—	—
	总面积	871.40	887.40	864.71	20.427	20.446	10.544	10.544	10.544	10.544	10.544

数据来源:东非共同体秘书处(East African Community Facts and Figures 2015)

---

[1] 中国商务部:《走出去公共服务平台》,《西亚非洲》,http://rw.mofcom.gov.cn/,2016年7月25日。
[2] 中国商务部:《走出去公共服务平台》,《西亚非洲》,http://ug.mofcom.gov.cn/,2016年7月25日。
[3] 中国商务部:《走出去公共服务平台》,《西亚非洲》,http://ke.mofcom.gov.cn/,2016年7月25日。
[4] 中国商务部:《走出去公共服务平台》,《西亚非洲》,http://tz.mofcom.gov.cn/,2016年7月25日。
[5] 东非共同体成员国秘书处(East African Community Facts and Figures, September 2015)。

中国企业对东非共同体农业方面的投资主要是在咖啡、茶叶、甘蔗等作物。最近几年,中国企业对东共体成员国农业方面的投资是以援助和合作形式。典型的案例是坦桑尼亚西南的姆巴拉利农场。[①] 该农场土地面积为6000多公顷,可耕地面积为3300公顷。该农场自然条件很好,基础设施规划设计合理,有良好的生产条件。

中国企业对东非共同体农业方面的投资始于承包东非地区农场,目前逐渐发展成合资合作。农业是东非共同体成员国经济发展的主要部门之一,也是东非共同体各成员国的经济支柱。在所有东非共同体成员国,主要农业产品是玉米、水稻、马铃薯、香蕉、木薯、豆类、蔬菜和小麦。农业主要出口产品由茶叶、棉花、咖啡、茶叶、烟草和甘蔗,林业产品主要包括水果、蜂蜜、药材、木材等。

在国际组织的帮助下,中国企业正在扩大与东非共同体成员国在农业方面的合作,通过技术交流和培训使东非当地农民掌握更有效的农业技术。中国政府协助中国企业派出农业方面的专家。中国农业方面的专家主要介绍耕种技术、灌溉技术、种苗和机械对东非当地农民技能培养、提高农业生产力,无疑对东非地区农民和农业非常重要。由于中国企业近年来主动投资东非共同体成员国,使东非共同体成员国的领导人多关注农业。另外,东非共同体农业领域尤其是在园艺部门、养蜂业部门、渔业部门等有相当大的发展潜力。

(二)"走出去"战略下中国企业对东非共同体工业方面的投资现状

东非共同体成员国像其他发展中国家一样,渴望把自己的经济现状转变为现代化与工业化的发展模式,能够持续产生足够的输出,以满足东非共同体区域内市场和出口市场的要求,并迅速增加区域内的人均收入,最终提高区域内人民的生活水平。工业部门在东非地区已成为经济结构的重要组成部分。

近年来,中国企业对东非共同体工业方面的投资主要集中在基础设施方面,尤其是铁路和公路。典型的例子是肯尼亚蒙巴萨-内罗毕铁路,简称蒙内铁路。蒙内铁路由于中国企业的投资和改善,有望减轻东非区域内的贸易成本。蒙内铁路有望将蒙巴萨和内罗毕城市之间的旅行时间从12小时缩短至4.5小时。

---

① 姆巴拉利农场位于坦桑尼亚西南的姆贝亚省,距首都730公里,是中国在坦桑尼亚援建的大型国营机械化水稻农场,http://tz.mofcom.gov.cn/aarticle/jmxw/200408/20040800265419.html,2016年6月4日。

该铁路始于肯尼亚港口城市蒙巴萨,途径肯尼亚首都内罗毕至乌干达,共400多公里。从乌干达分为两路:一路向北到南苏丹,另一路向南从乌干达首都坎帕拉到卢旺达,最后抵达布隆迪。蒙内铁路被宣传为肯尼亚自1963年独立以来最雄心勃勃的项目。东非共同体成员国耗资大约40亿美元来建设它。2014年5月,李克强总理访问肯尼亚时,中肯两国签署了关于此铁路相关合作的协议。蒙内铁路由中国路桥工程有限责任公司承建。该项目90%的资金来自中国进出口银行提供的贷款。蒙内铁路的建设将把中国的资金、技术、标准、装备制造和管理经验带入东非地区。另一个典型的例子是坦桑尼亚的基甘博尼大桥。[①] 基甘博尼大桥连接坦桑尼亚第一大城市达累斯萨拉姆市区与海洋资源丰富的基甘博尼半岛,由中国中铁建工集团和中国中铁大桥局组成联合体承建。

中国企业对东非共同体成员国投资的其他主要项目包括布隆迪的布琼布拉国际机场扩建项目、布隆迪住宅楼项目、布隆迪跨国公路工程三标段项目等;肯尼亚的内罗毕环网改造项目;卢旺达的商业及办公楼项目、卢旺达Albert综合楼、卢旺达银行等;南苏丹的尼罗大学项目、南苏丹朱巴水电站项目、南苏丹布罗驰电站项目等;坦桑尼亚的坦桑尼亚-阿鲁沙国际会议中心项目、坦桑尼亚多多马道路项目、坦桑尼亚酒店大楼项目等;乌干达的乌干达卡努尼-辛巴布勒-玛丽亚道路项目、乌干达沥青路面工程项目、乌干达阿科里布-穆辛哥道路项目等。

表2 2014年中国企业对东非共同体工业方面的主要投资项目

国别	新签合同额	完成营业额	中国企业派出各类劳务人员	当地劳务人员	工程名称	中国企业名称
布隆迪	2.68亿美元	6789万美元	430	541	1. 布琼布拉国际机场扩建项目 2. 布隆迪住宅楼项目 3. 布隆迪跨国公路工程三标段	1. 中国交通建设股份有限公司 2. 江苏省建筑工程集团有限公司 3. 中国水利水电第十三工程局有限公司

---

① 基甘博尼大桥是一座现代化大桥,该桥由中国中铁建工集团和中国中铁大桥局组成联合体承建。它是撒哈拉以南非洲最大的斜拉式跨海大桥,连接坦桑尼亚第一大城市达累斯萨拉姆市区与海洋资源丰富的基甘博尼半岛,是一座双塔单索面斜拉桥,造价1.35亿美元,全长680米,主跨度200米,桥面宽32米,双向6车道,采用国际标准设计、施工,于2012年9月开工建设。

续 表

国别	新签合同额	完成营业额	中国企业派出各类劳务人员	当地劳务人员	工程名称	中国企业名称
肯尼亚	53.51亿美元	16.96亿美元	1832	4938	1. 蒙内铁路项目 2. 肯尼亚内罗毕环网改造项目	1. 中国路桥工程有限公司 2. 特变电工股份有限公司
卢旺达	1.03亿美元	2.36亿美元	805	1382	1. 卢旺达商业及办公楼项目 2. 卢旺达 Albert 综合楼 3. 卢旺达银行	1. 十一冶建设集团有限责任公司 2. 华山国际工程公司 3. 华山国际工程公司
南苏丹	21.46亿美元	2.01亿美元	625	718	1. 南苏丹尼罗大学 2. 南苏丹朱巴水电站 3. 南苏丹布罗驰电站	1. 中国葛洲坝集团股份有限公司 2. 中国电力建设股份有限公司 3. 中工国际工程股份有限公司
坦桑尼亚	13.02亿美元	20.70亿美元	3265	5619	1. 坦桑尼亚-阿鲁沙国际会议中心 2. 坦桑尼亚多多马道路 3. 坦桑尼亚酒店大楼	1. 中国电力建设股份有限公司 2. 中国河南国际 3. 江苏省建筑工程集团
乌干达	10.74亿美元	11.18亿美元	2061	2817	1. 乌干达卡努尼-辛巴布勒-玛丽亚道路 2. 乌干达沥青路面工程 3. 乌干达阿科里布-穆辛哥道路	1. 中铁三局集团有限公司 2. 中铁十八局集团有限公司 3. 重庆对外建设集团有限公司

数据来源：中国商务部

由于东非共同体成员国工业化水平普遍低，技术工人少，中国工业方面的企业很难招到东非当地技术工人适合中国企业技术工人标准的要求。为此，自2010年以来，中铁建先后派出了上百余人次的技术和管理服务团队赴东非地区开展工作，并举办多期培训班。此外，中国标准在东非共同体区域内站稳脚跟，通常会把国内的设计产业、咨询产业带出来。在东非共同体区域内的工业项目采用中国标准的所有项目中,施工建设所需要的材料、设备等,都会从中国进口。

三、中国企业对东非共同体投资的作用

随着东非共同体成员国不断改善自己的投资环境,中国企业对东非地区的投资也越来越多。企业类型包括国有企业和私营企业。由于中国企业走出去的浪潮,东非共同体成员国在很多领域改善自己的引资政策,各成员国努力稳定了国内存在的内战等,为了吸引更多的外资。中国企业的投资无疑对东非共同体成员国带来了很多好处,尤其是使东非共同体成员国将资源优势转化为发展优势,创造了更多的就业机会,提高了东非区域的技术水平等。另外,中国企业对东非共同体成员国的投资促进了东非区域的发展,造福了当地社会。

(一)促进东非共同体成员国的资源优势转化为发展优势

东非共同体成员国的自然资源和旅游资源很丰富。肯尼亚是东非共同体其的成员国,是整个非洲著名的旅游国家。美丽的自然风光、浓郁的民族风情、独特的地貌景观以及无数珍禽异兽吸引着世界各地的游客前往观光。另外,坦桑尼亚也是整个非洲著名的旅游国家。坦桑尼亚旅游资源也丰富,拥有维多利亚湖、马拉维湖、坦噶尼喀湖非洲三大湖泊、非洲第一高峰乞力马扎罗山和多个天然野生动物园。

2014年,李克强总理访问东非共同体成员国肯尼亚。李克强总理和来自其他东非共同体成员国的总统共同见证了中肯关于蒙巴萨-内罗毕铁路相关合作协议的签署。蒙内铁路全长480公里,是全部采用中国技术标准实施的海外铁路项目,是东非共同体地区现代化进程的关键,将成为东非共同体公共交通系统的脊梁和经济发展的重要组成部分。蒙内铁路建成后将减少东非共同体成员国间的交通成本,促使东非区域成为一个更具有竞争力的商业中心,将来也作为东非地区旅游业的发展基础,同样为东非国家引资的主要部分。

(二)为东非共同体成员国创造更多的就业机会

中国企业对东非共同体成员国投资的项目有小有大的项目,而且每个项目

都给予东非共同体当地员工创造更多的就业机会。以坦桑尼亚为例,中国企业的投资对于坦桑尼亚当地人民的就业有直接影响,表现在应对坦桑尼亚经济的增长和减少收入的贫困。自 2012 年至今,中国企业在坦桑尼亚所投资的项目中,在制造业部门已创造了 53677 个就业机会,紧随其后的建筑业 2802 个,农业创造了 2320 个,运输业 2024 个、旅游业 1090 个。[1]

除了坦桑尼亚的投资外,中国企业在肯尼亚的投资所创造的就业机会也值得一提,典型的例子是肯尼亚蒙巴萨的港口。[2] 肯尼亚蒙巴萨港口的建设为 250 多名肯尼亚员工创造了就业机会。

中国企业在其他东非共同体成员国投资如四达时代、中铁建、华为、中兴等,同时也创造了很多的就业机会。中国中铁建工集团和中国中铁建大桥局组成联合体承建的基甘博尼大桥,在施工的过程中,不但为当地培养了一大批技术工人而且为东非地区当地人民创造了 5000 多个就业岗位。

(三) 帮助东非共同体成员国提高技术水平

华为技术有限公司、四达数字电视公司、中兴公司等中国企业在东非共同体成员国已开始运营。华为技术有限公司在通讯技术和品牌的优势,已成为东非共同体成员国主流运营商的合作伙伴。另外,华为技术有限公司中标肯尼亚蒙内铁路项目,主要提供面向未来的运营通信网络。将来,华为技术有限公司有助于蒙内铁路通信系统的建设,也为该铁路安全方面稳固的基础。

华为技术有限公司在东非地区主要得益于对该地区客户需求的关注、优质的产品服务以及与东非地区当地专业公司像乌干达的 MTN、布隆迪的 UCOM 等的优势互补。在肯尼亚,华为技术有限公司是当地最大移动通信运营商 SAFARI 通信公司的 2G/3G 和核心网合作伙伴。肯尼亚警察部门的应急通信网络也是由 SAFARI 通信公司向肯尼亚政府部门提供 ICT 通信网络和解决方案。为了展开更广的合作机会以及营造更加平安的城市生活,肯尼亚 SAFARI 通信公司决定与华为技术有限公司携手为当地人民和当地警察部门配备先进的技术以实现视频调度、视频监控等。

---

[1] Agness J. KITUNDU:《对外投资视角下中国助力坦桑尼亚发展分析》,博士学位论文,中国农业大学,2015 年。

[2] 东非最大港口之一,早在 3000 年前为非洲东部的通商口岸,中国明代的郑和也曾到过。该港口在 2010 年,由中国路桥工程有限责任公司重建,也是中国公司在肯尼亚承建的第一港口项目。

四、中国企业对东非共同体投资的态势分析法(S.W.O.T)

(一) 中国企业对东非共同体投资的优势

随着中非经贸的增长,更多中国企业对非洲国家进行投资。非洲大陆一共有三大区域经济体:东非共同体、东南非共同市场和南部非洲发展共同体。东非共同体成员国基本上自然资源丰富,且东非共同体各成员国的领导很欢迎中国企业的投资。一旦中国企业投资东非共同体的某个成员国,会得到了国家政府高层的支持。东非共同体各成员国都属于发展中国家,都具有一定的发展空间。由于东非地区人口的增长,具有一定的市场辐射力,人力资源丰富,劳动力较低廉,创业成本也较低。

中国企业对东非共同体成员国投资有一定的优势。由于历史的原因,西方发达国家通过殖民等残酷方式,曾经掠夺过东非共同体成员国的自然资源,但是中国没有。在这个基础上,中国企业的投资更受东非共同体成员国的欢迎,且按照东非共同体成员国的购买力平价,中国企业提供的消费品正好适合东非当地人民的消费能力。

(二) 中国企业对东非共同体投资的劣势

中国企业对东非共同体成员国投资不只有优势,也有劣势。东非共同体的主要劣势有:第一,东非共同体成员国交通、通讯、供水等基础设施较为落后;第二,东非共同体成员国的工业体系基本上不健全,产业配套及零配件供应存在一定不确定的因素;第三,东非共同体成员国生产用原料采购运输困难,劳动力技术水平较低,技术和管理人员缺乏等。

中国企业在东非共同体成员国投资的劣势主要在于东非共同体成员国水电供应不足。就布隆迪为例,全国范围内供电不足,电压不稳定,企业一般需要自备发电机。还有,中国企业在东非共同体市场上数目过多往往引起它们之间的无序竞争,相互压价,导致当地人民质疑中国企业产品质量,质疑中国企业的目的等。另外,中国企业在东非共同体成员国投资的劣势在于东非地区总体看融资困难,贷款利率较高,贷款手续复杂等,严重影响中国企业的长远发展。

(三) 中国企业对东非共同体投资的机会

近年来,东非共同体各成员国不断调整经济政策,完善相关法律法规,并促进各自国内的经济发展。在过去十几年内,东非共同体各个成员国取得了显著的成效,市场很大,人口多,需求相当大。2005 年,肯坦乌三国在坦桑尼亚阿鲁沙正式建立关税同盟并且启动了共同市场。由于关税同盟的建立以及共同市场的启动,东非共同体转化为整个非洲大陆引资更多的地区,属于新的投资环境,且各成员国降低了进口关税税率。东非共同体成员国的关税同盟和共同市场带动了东非区域经济发展,与此同时实现了区域内货物贸易的自由化。另外,东非共同体成员国间的贸易往来迅速增长,使得各成员国经济大幅提升,也促进了东非共同体一体化的进程。

中国企业对东非共同体成员国投资的机会多因为东非共同体各成员国的领导人高度重视中国企业的投资。另外,东非共同体各成员国经济刚起步,都属于发展中国家,各成员国在公路、铁路、空运、通信、电力、水运等都有发展潜力,投资项目多等。

(四) 中国企业对东非共同体投资的威胁

中国企业的海外投资面临的挑战较多,尤其是在非洲大陆投资所面临的威胁。由于非洲总体看经济增长速度较快,但是非洲国家治安方面还是让很多投资者不太轻易进行投资。就东非共同体为例,某些成员国如布隆迪、南苏丹等的安全形势很落后。自 2015 年 4 月布隆迪政治危机爆发以来,相关暴力冲突已导致 374 名平民和 77 名警察丧失生命。据布隆迪警方报告,目前约有 24 万布隆迪人逃往邻国避难。[1] 还有,2016 年 7 月 10 日,南苏丹首都朱巴,政府军和反政府武装爆发冲突。这些国家内战期间散落民间的枪支武器数量不少,导致社会治安仍存隐患,仇杀等刑事案件时有发生。另外,东非共同体成员国的政治不连续,因为每个成员国进行总统选举时,总会有些变动,导致政策不连续。

中国企业对东非共同体成员国投资面临的威胁主要在于东非共同体成员国治安不健全、货币联盟未成立、行政效率低下、经济发展水平以及贸易发展不平

---

[1] 杨孟曦:《布隆迪政治危机已致 451 人死亡》,新华社,2016 年 5 月 4 日,http://news.chinaso.com/newssearch.htm?q=%E5%B8%83%E9%9A%86%E8%BF%AA,2016 年 7 月 20 日。

衡、疟疾等传染性疾病较严重等。表3总结了中国企业对东非共同体成员国投资的态势。

表3　中国企业对东非共同体投资的态势分析法

优势(Strength)	劣势(Weakness)
1. 自然资源丰富 2. 投资合作得到了成员国政府高层的支持 3. 东非共同体成员国都具有一定的发展空间 4. 劳动力较低廉 5. 创业成本低 6. 东非共同体地区人力资源丰富	1. 东非共同体成员国的基础设施较落后 2. 东非地区服务配套、设备等缺乏 3. 中国企业与东非共同体当地企业相互压价 4. 生产用原料采购运输困难 5. 水电供应不足 6. 融资困难 7. 贷款利率较高
机会(Opportunity)	威胁(Threat)
1. 东非地区属于新投资环境 2. 各个成员国政府高度重视中国企业的投资 3. 东非共同体成员国已降低进口关税税率 4. 东非共同体成员国一体化的发展 5. 投资项目多 6. 市场很大，人口众多，需求大 7. 东非共同体成员国都是发展中国家	1. 安全形势较落后 2. 东非共同体成员国的政策不连续 3. 货币联盟政策未建立 4. 东非共同体成员国各国经济发展水平差巨大，贸易发展不平衡 5. 传染性疾病较严重

五、结语

中国"走出去"战略实施至今已有20多年。近年来，中国企业在东非共同体"走出去"加速，对东非共同体成员国投资规模日益增多。中国企业与东非共同体合作的主要形式包括对外直接投资、工程承包、执行援外项目、贸易和加工生产等。虽然中国企业在东非共同体投资规模日益增多，但是同时也面临着许多挑战。本文通过态势分析法描述中国企业在东非共同体成员国投资的优势、劣势、机会以及威胁。为了保证中国企业在东非共同体成员国"走出去"成功，有必要结合2013年中国政府提出的"一带一路"倡议。

自"一带一路"倡议提出以来，习近平主席大力宣介"一带一路"，推动这一构想落地生根，并开花结果。"一带一路"涉及面广，吸引力强，为国际合作开拓了新空间和新领域,也为国际合作带来了新理念和新方式。"一带一路"涵盖了全球 60 多个国家和地区,对全球经济有着举足轻重的作用。"一带一路"是开放的,源于古丝绸之路,但是不限于古丝绸之路,它是穿越非洲、环连亚欧,不排斥任何国家。东非共同体成员国也可以加入此倡议,扩大自己的市场,迎接更多的投资。中国企业在农业、工业以及矿业方面所拥有的技术都是东非共同体成员国渴望得到的。中国企业在农业、工业以及矿业的投资对东非共同体成员国当地人民来说意义重大,为当地人民带来了品质和信任。东非共同体成员国的农民对中国企业带来的新技术很感兴趣,因为东非区域还存在饥荒现象,有了中国企业所带来的技术,有望摆脱饥荒。因为当地农民大部分还在使用简单手工工具种地,所以使用这些简单手工工具种地的结果是农业效率低、成本高、饥荒等负面现象,尤其是农业还是东非地区经济发展的支柱。工业方面的投资最近比较多,尤其是东非共同体成员国又多了一个新成员国,南苏丹。由于地区成员国的增加,东非共同体成员国需要在交通、通讯、电信、制造业、建筑业、金融业等领域更多的投资。这些投资简化了东非共同体成员国间的贸易往来,也降低了东非共同体成员国间的贸易成本。在矿业方面的投资,也有显著的改善,东非区域不再是输出矿业资源区,而是通过中国企业带来的新技术,造福当地人民。

为了提高中国企业在东非共同体成员国投资的效率,第一,中国企业要抱团走出去。抱团走出去力量更大,投资需求更大,创业成本更低,而且可以帮助中国企业避免诈骗行为,相互规避风险,咨询能力更强等。第二,中国企业要创新自己的投资领域。某些中国企业在可再生能源开发领域的技术很高。这些企业可以帮助东非共同体成员国实现清洁发电,缓解东非地区的电力短缺。很多中国媒体报道中国政府对发展可再生能源的重视和努力。这些中国企业可以使中国成为这一领域的领先者。第三,中国企业应该与东非地区当地各个部门保持密切联系。中国企业在东非共同体成员国投资的过程中,缺少对于当地环保部门、当地工会以及其他有影响力的组织的沟通,而如果能够与当地类似重要部门保持联系对中国企业的投资保障至关重要。第四,中国企业要加强适应新投资环境的能力。由于东非共同体成员国不断地增加,中国企业也要同样做好准备,要面临的挑战更多。因此,中国企业往东非共同体成员国投资,一定要加强在各方面的力量。

非洲经济史研究

非洲经济史研究的复兴

加雷斯·奥斯丁　史蒂芬·布罗德贝里　著　邢缘缘　译

摘要：2012年9月在瑞士国家科学基金会的财政支持下日内瓦国际发展研究所举行了一场关于"非洲经济史新前沿"的会议。会议由加雷斯·奥斯丁组织，会议论文后结集由《非洲经济史评论》特辑出版。本文为此论文特辑的导言。

关键词：非洲经济史　复兴

作者简介：加雷斯·奥斯丁（Gareth Austin），剑桥大学经济史教授；史蒂芬·布罗德贝里（Stephen Broadberry），牛津大学经济史教授

2012年9月在瑞士国家科学基金会的财政支持下日内瓦国际发展研究所举行了一场关于"非洲经济史新前沿"的会议，大多数文章是在这次会议中提出来的。这场由加雷斯·奥斯丁组织的会议，汇集了许多新一代研究非洲经济史的新星以及一些知名学者。这篇介绍性文章为近年来出现的非洲经济史的复兴提供了一些背景，并将这些文献资料与更广泛的知识联系起来，以支撑经济史的重生。

第一部分追溯了过去半个世纪以来这一主题的周期性上升和下降，而第二部分回顾了非洲经济史取得的成果及非洲经济史与经济史主流相对孤立的原因。第三部分简要总结了当前收集的论文，而第四部分解释了他们如何克服与经济史主流结合的障碍。第五部分结论。

一

尽管20世纪上半叶就出现了像麦克菲、博维尔、弗兰克尔、德基维特和汉考

克这些独立的非洲经济史研究先驱,但非洲经济史在20世纪下半叶才成为一个独立的领域。[①] 从20世纪50年代末到80年代初,出现了对新论题的研究和大量竞争流派之间的辩论,在这一基础上非洲经济史研究经历了一段令人兴奋的扩张期。[②] 帝国主义史学和社会科学"现代化"理论认为非洲社会缺乏本土经济活力,由于非洲独立复苏的刺激,非洲经济史对这一认识趋势给出了回应,他们最初的关注焦点是前殖民时期和殖民统治时期非洲的经济活动,而不是殖民政府和欧洲公司的活动。

这就提出了用什么概念框架的问题。最近著有《18—19世纪的达荷美王国》的实质主义学派波兰尼给出最详尽的观点,认为非洲经济理性的本质是欧洲的进口。[③] 根据波兰尼和他的学生们的看法,前殖民经济放弃的市场与很快被称作是20世纪经济的"非正规部门"一样,价格是由"互惠主义"或者"政府管理者"所制定的,而不是由供给和需求决定的。[④] 相反,20世纪50年代至70年代研究最基本的成果就是反驳了这一立场,是市场价格形成的证据和从关于外国和国内贸易日益增多的新的专著中出现正统的供给反应(在适用的食品安全限制之内)。因此霍普金斯在1973年对西非经济史的经典合成,被归类为市场经济学的范畴。[⑤] 传统观点认为西非比撒哈拉以南非洲的其他地区有着更为悠久的积极参与市场的历史,尽管很难区分明显差异有多大。[⑥]

20世纪70年代和80年代初,非洲经济史学繁荣的后期,分析焦点转移到结构调整的经济行为。法国的马克思主义者研究了非洲的前资本主义经济中是如何获取盈余的,以及在殖民统治下,这些形式是如何与资本主义"衔接"的。[⑦] 依附理论认为,欧洲在非洲大陆上只创造了一种"外围"形式的资本主义,这种形式的资本主

---

① McPhee, *Economic Revolution*; Bovill, *Caravans*; Frankel, *Capital investment*; de Kieviet, *History of South Africa*; Hancock, *Survey*.
② Dike, *Trade and politics*, is usually taken as marking the start of this phase. The most comprehensive survey is Cooper, 'Africa and the world economy'.
③ Polanyi, *Dahomey*.
④ Bohannon, 'The impact of money'; Bohannon and Dalton, 'Introduction'; Polanyi, *Dahomey*.
⑤ Hopkins, *Economic History of West Africa*; see also Curtin, *Economic change*.
⑥ For a 1970s example, compare Hopkins, *Economic History of West Africa* and Curtin, *Economic change*, on West Africa with Gray and Birmingham, *Pre-colonial African trade*, on central and eastern Africa.
⑦ Coquery-Vidrovitch, 'Recherches sur un mode'; Terray, 'Historical materialism'; Meillassoux, 'L'esclavage en Afrique'.

义以资本输出为导向,而不是以资本累积后的再投资为导向,这一论点特别是在非洲独立之初成果令人感到失望的氛围中在非洲知识界得到广泛的接受。① 依附理论反过来又受到具有历史意识的经济学家的批判,更让人印象深刻的是马克思认为帝国主义在全球范围内传播资本主义,并指出雇佣劳动持续增长的证据。② 与此同时,南部非洲和东部非洲的学者将西方的非洲学学者强调的土著人的经济理性与新马克思主义者坚持国家强制干预的重要性结合在一起,认为非洲的移民经济首先看到的是市场上小规模生产的出现,随后国家对小规模生产的镇压是试图将非洲人推向劳动力市场,向欧洲提供男性移民劳工。③ 这种干预的结果是本辩论的主题。④ 20 世纪 70 年代和 80 年代的资本主义与种族隔离间关系的根本问题引起了自由-激进论战的激化。⑤ 最后,关注结构调整个人经济行为的各种理论来源迄今为止最有影响的是新制度经济学派。这一学派是通过美国政治学家贝茨早期的作品来研究非洲经济史的。⑥

20 世纪 80 年代末非洲经济史研究进入了衰退期,一直持续到本世纪初。⑦ 而研究一直在进行,例如关于外部奴隶贸易的政治经济学、殖民和后殖民时期的农业、非洲的创业精神和前殖民时期到现在的非洲等研究仍在继续。⑧ 但总体来看,这一领域的新研究数量呈下降趋势,经济史从非洲历史研究和历史教学的中心转移到边缘地带。关于过去非洲经济史新的研究数量减少的一个原因是经济史的普遍衰退,随着经济学日益的正式和历史将注意力从物质转移到文化考虑上,历史和经济学之间的鸿沟越来越大。⑨ 另一个原因可能是这一时期普遍存在的"非洲悲观主义"淡化了以往对非洲经济活动历史的兴趣,而"非洲悲观主义"的产生与上世纪 80 年代和 90 年代初撒哈拉以南非洲地区总体经济增长表

---

① Rodney, *Europe*; Amin, *Neo-colonialism*.
② Sender and Smith, *Development of capitalism*.
③ Arrighi, 'Labour supplies'; Palmer and Parsons, *Roots of rural poverty*.
④ Mosley, 'Agricultural development, 1900 – 60'; idem, 'Agricultural development: reply'; Choate, 'Agricultural development'.
⑤ Trapido, 'South Africa'; Lipton, *Capitalism and apartheid*; Nattrass, 'Controversies'; Freund, 'Economic history'.
⑥ Bates, *Essays*; idem, *Beyond the miracle*.
⑦ Hopkins, 'New economic history'.
⑧ Miller, *Way of death*; Evans and Richardson, 'Hunting for rents'; Likaka, *Rural society*; Bassett, *Peasant cotton revolution*; Forrest, *Advance of African capital*; Wariboko, 'Theory'; Jalloh and Falola, *Black business*.
⑨ Hopkins, 'New economic history', p. 157.

现不佳有关。

可以指出的是21世纪初期一些事态的发展引发了对非洲经济史兴趣的复兴。首先,虽然以前很多作家都强调过殖民主义对非洲经济发展的负面影响,但在阿西莫格鲁、约翰逊和鲁滨逊发表两篇重要论文以后这一问题变得更加突出。他们认为在1500年在欧洲人殖民统治下相对比较富裕(且人口稠密)地区到了1995年变得相对比较贫穷了,而1500年相对比较贫穷的地区到1995年时最终变得相对比较富裕了。① 他们认为这种"命运的逆转"是因为穷国和富国建立了不同类型的机构。然而欧洲殖民者倾向于在相对富裕且人口密集的国家建立"采掘"机构,相对贫穷且人口稀少的殖民地吸引了移民,这些移民曾用强大的私有财产权和对政府的监督权建立了"新欧洲"。1500年非洲的特点是相对富裕和人口稠密,因而吸引了殖民机构,包括近代早期的大西洋奴隶贸易和殖民形式例如19世纪末刚果的利奥波德国王。阿西莫格鲁、约翰逊和鲁滨逊已经把欧洲殖民者是移民还是建立殖民机构的决定和欧洲殖民者的死亡率差异联系起来。② 这一论点受到非洲经济史学家的强烈批判,但它也的确激起了人们对该领域的兴趣。③

第二,肯尼思·彭慕兰关于欧洲和亚洲生活水平的《大分流》一书出版以后引起了热烈的辩论,辩论的结果是对全球经济史的兴趣出现普遍增长。④ 包括非洲和世界其他地区,曾被旧史学认为是世界的外围,是不值得研究的,在这以后将不再被忽视。约瑟夫·伊尼科尼的一本重要的书强化了这一发展,强调18、19世纪非洲和英国之间的联系对两地命运的意义。⑤ 对于非洲这一特殊问题比较好的处理方式应当遵循之前《经济史评论》对于《大分流》这一特殊问题的处置。⑥

第三,经过长时间的停滞或衰退,许多非洲经济体在上世纪90年代的后半段恢复了积极的经济增长,且到了20世纪初期这一增长还在继续,开始引发广泛的关注。人们开始谈论"新兴的非洲",并展望过去,寻找非洲当前经济增长的

---

① Acemoglu, Johnson and Robinson, 'Reversal of fortune'.
② Acemoglu, Johnson and Robinson, 'Colonial origins'.
③ Austin, 'Reversal of fortune thesis'; Hopkins, 'New economic history'.
④ Pomeranz, *Great Divergence*.
⑤ Inikori, *Africans and the Industrial Revolution*.
⑥ Broadberry and Hindle, 'Asia in the Great Divergence'.

起源线索。①

撒哈拉以南的非洲经济史研究已经有了广泛而复杂的复兴,无法在此进行充分的总结。然而,要把文章放在这个论文集里,值得注意的是新著作有几条。一个是系统的研究物质福利和人力资本形成的趋势。② 在上一代的研究中艾提思是一个孤独的先驱;③在当代,莫拉迪开始用一种熟悉的来源——军队记录,作为一个新的、量化的目的。④ 人体测量浪潮包含了最近一些数量的贡献。其中,另一个引人注目的是弗兰克马使用了另一种熟悉的来源——英国殖民的《蓝皮书》,某种程度上这是前所未有的,因为它系统的比较了整个大英帝国的税收水平。⑤ 加德纳对英国在非的两个殖民地的财政政策进行了更为详细的比较补充。⑥ 还应提及的是弗兰克马和范·维坚堡比较了英属非洲殖民地的首都城市及周边城市的实际工资。⑦

解释的大问题也没有被忽略:奥斯丁关于要素禀赋对于非洲大陆长期经济变化看法的再次声明平衡了对机构的重视。⑧ 事实上,通过运用定性和定量的来源继续在不同层次共性上进行严格审查禀赋和机构之间的相互作用。⑨ 与此同时,国内市场间的关系、政治集权的障碍、大西洋奴隶贸易的增长与衰落一直是伊尼科尼一系列著名论文的主题,以及劳、施瓦茨和施特里克罗特最近编的一本书的主题。⑩ 到了20世纪,阿西莫格鲁、约翰逊和罗宾逊的贡献之一是挑战大多数从事非洲经济发展工作的经济学家们的习惯,认为非洲经济史是在非洲从殖民统治中正式独立出来以后开始的。⑪ 他们把当今经济表现变化和过去几个世纪以来的历史事件联系起来的方法也被其他从事非洲研究的学者所采用,

---

① Go and Page, *Africa at a turning point*?; Radelet, *Emerging Africa*.
② Moradi, 'Towards an objective account'; Cogneau and Rouanet, 'Living conditions'; Austin, Baten and van Leeuwen, 'Biological standard of living'; Baten and Fourie, 'Numeracy of Africans'.
③ See below.
④ Eltis, 'Nutritional trends'; idem, 'Welfare trends'; Moradi, 'Towards an objective account'.
⑤ Frankema, 'Raising revenue'.
⑥ Gardner, *Taxing colonial Africa*.
⑦ Frankema and van Waijenburg, 'Structural impediments', Allen, *British Industrial Revolution*.
⑧ Acemoglu and Robinson, 'Why is Africa poor?'; Austin, 'Resources, techniques and strategies'; idem, 'Labour-intensity and manufacturing'.
⑨ Austin, *Labour, land and capital*, Fenske, 'Land abundance'.
⑩ Inikori, 'Struggle against'; idem, 'Africa and the globalization process'; idem, 'Economic impact'; Law, Schwartz and Strickrodt, *Commercial agriculture*.
⑪ Manning, 'Prospects', p. 52.

尤其是纳恩关于非洲奴隶贸易长期影响方面的有影响力的研究最为显著。① 近期工作的另一个特点是经济历史学家越来越倾向于跨过殖民地/后殖民地的分水岭进行持续性研究。② 此外,商业历史学家利用20世纪90年代后档案的开放,将外国(特别是英国)公司、英国政府和非洲利益集团之间的相互作用扩展到后殖民时期。③ 最终,随着南非种族隔离的结束,出现了查尔斯·菲尔斯汀对南非经济史的新的权威概述,紧接着出现了很多新的研究论文,其中很多运用了计量经济学的方法。④

二

在转向目前搜集的论文之前,评论前半个世纪的研究成果以及它为什么只是部分的和西方经济史学家的工作结合在一起,是有价值的。最基本的成就是发现和分析了比以前想象过的还要多的关于非洲经济的证据,并记录了非洲人甚至是在殖民统治期间创造自己经济历史也经常起到的关键作用。⑤ 另外,一些具体的贡献对经济史的比较和全球研究具有潜在的重要意义。可以简单的举四个例子。第一,鉴于诺斯害怕波兰尼的理论不能被证明是不正确的,他们都被西非的经济史学证明是错误的,这一点劳是最清楚的,他后来通过艰苦的工作使分散的价格数据成为可以等量比较的,并表明达荷美在前殖民时期的价格是固定的这一命题与明显的通货膨胀的证据是相矛盾的。⑥ 第二,可能有人认为对非洲移民殖民地的研究能够揭示在政府对工资压制下的资源和制度条件,以及它可能起"作用"或不起作用的意义。⑦ 第三,影响的长期和普遍的问题,是非经济动机对供给反应和创新的影响,这种影响即使有也很少,关于非洲商人19世

---

① Nunn, 'Long-term effects'. But see Austin, 'Reversal of fortune thesis', for a critical appraisal of this type of 'compression of history'.
② As with Green, 'Agrarian populism'.
③ Decker, 'Corporate legitimacy,; Uche, 'Oil, British interests'; idem, 'British Petroleum'. The *Business History Review* had a special issue on Africa in spring 2007.
④ Feinstein, *Conquest, discrimination and development*; Fourie and Schirmer, 'Future'; Mariotti, 'Labour markets'.
⑤ Hill, *Migrant cocoa-farmers*.
⑥ North, 'Markets'; Polanyi, *Dahomey*; Law, 'Posthumous question'.
⑦ For example, the works cited above on southern Africa.

纪后期将可可农场引进尼日利亚拉各斯附近的案例是一种概念上和方法上的重要干预。在霍普金斯的文章中经常是这样，比较性的辩论倾向于在兰德斯的肯定和格申克龙回应说之间进行两级分化，兰德斯肯定认为文化必须重要，而格申克龙回应说认为现有的证据与它不需要的观点相一致：也就是说除非国家干预，否则即便文化不鼓励也将会采取有利可图的机会。① 霍普金斯利用了拉各斯先驱们所写的日记。他区分外部的"形势逻辑"（即存在的价格激励）和"内部的"参与者思维，认为前者是必要的但并不足以解释结果：一个充分的解释不仅仅是机会被采用的简单事实，但事实上是由商人采用的，而不是由其他人采用的。这一分析从早期殖民地尼日利亚的证据中得以证实，对其他大陆的创业者来说至今仍有潜在价值影响。② 最后，洛夫乔伊和理查森对尼日利亚东南部周边港口的奴隶贸易研究提供了一个指导性的比较，人质系统相对于政府担保是通过确保外国商人提供给国内合作伙伴的信贷来刺激对外贸易的方法。③

这类研究成果很少发表在一般的经济史期刊上。直到几年前，非洲经济史最重要的成果仍然是《非洲史杂志》和非洲研究系列各类书籍的出版。非洲人想当然的认为欧洲人对他们的研究不感兴趣。相反，西方的经济历史学家可能倾向于认为对非洲经济史的来源限制甚至比实际上的还要严重，且非洲经济的研究与人类学相交织在一起，以至于用经济史学家熟悉的方式来说是无法解释的，特别是那些受过经济学培训的经济史学家。④ 偶尔出现在"一般"学科期刊上的非洲文章有时似乎证实了这一印象，也许是中非最著名的社会历史学家的一篇文章，文章中总结了更多相关的经济学发现。⑤

然而，如上所述，非洲的经济历史学包括越来越多使用明确的经济概念和更多罕有的正规模式的研究。⑥ 定量研究也逐渐增多，尽管大量使用描述性统计和主要依靠对外贸易和政府支出的数据，包括国民核算尝试过一些罕见的情况。⑦ 迄今为止，关于西非和中西部非洲奴隶出口这一领域构建起的最大的数据库是

---

① Hopkins, 'Innovation'; Landes, 'French entrepreneurship'; Gerschenkron, 'Social attitudes'.
② Hopkins, 'Innovation'.
③ Lovejoy and Richardson, 'Trust'; idem, 'This horrid hole'.
④ Manning, 'Prospects', p. 53.
⑤ Vansina, 'Towards a history'.
⑥ For instance, Elliott, 'Agriculture'.
⑦ Gemery and Hogendorn, *Uncommon market*; Liesegang, Pasch and Jones, *Figuring*; Szereszewski, *Structural changes*; Manning, 'African population'.

在公布了贸易普查的第一次认真尝试后产生的争议,从而引发激烈研究的结果。[1] 而泰雷发起了一个尽管更为断断续续的集体,来努力收集 19 世纪西非内部市场的奴隶价格,这个集体规模就要小得多。[2] 还有一个值得注意的是 19 世纪早期艾提思冒险进入人口测量的历史,使用了在英国废除奴隶贸易后从奴隶船上获得自由的西非人的记录。[3]

然而,尽管有定期的行动,非洲经济史和以西方为中心的经济史学科间的关系仍然是知识市场细分的一个例子。[4] 近来伴随这一市场更加明显的一体化,对非洲经济史的兴趣重新抬头;因此,尽管没有造成新的障碍,例如经济史和非洲研究其他分支之间产生新的隔阂,进一步追求这一点很重要。

三

这一论文集中的论文涵盖了非洲经济史从 18 世纪初到现在的各个时期。它也包括了很多不同的主题,为了方便我做了以下的分组:(1)人口和人力资本;(2)国民核算和经济增长;(3)行业研究;(4)贸易和金融。

人口和人力资本是经济的基本组成部分,决定了劳动力的规模和质量。在 20 世纪 80 年代的一系列活动后,非洲历史人口经历了一段平稳的时期,直到曼宁的 1850—1960 年非洲人口预测才得以恢复。[5] 这部论文集中艾沃特·弗兰克马和莫腾·杰尔文的文章对这些预测给出了重要的评估,其特点是用倒溯的手法写历史(以 1950 年为基准倒溯)和横向的写历史(借用印度的增长率)。弗兰克马和杰尔文以 1950 年为倒溯基准和使用印度增长率提出了质疑。在调查了早期和之后几年的人口普查数据的可靠性之后,他们认为以 1950 年人口作为非洲整体的基准需要上调 10% 左右。他们还认为,用印度人口增长率作为从 1950 年向前延伸的基础数据可能会是误导性的,因为一般而言,印度土地稀少而人口密集,相反南部非洲大部分地区都是地广人稀的。而使用东南亚的人口

---

[1] Eltis, Halbert, et al., *Voyages*; Curtin, *Atlantic slave trade*.
[2] Terray, 'Réflections'; Lovejoy and Richardson, 'Competing markets'; idem, 'British abolition'; Austin, *Labour, land and capital*, pp. 128–34, 488–90.
[3] Eltis, 'Nutritional trends'; idem, 'Welfare trends'.
[4] Hopkins, 'World Bank in Africa', p. 1473.
[5] Manning, 'Afican population'.

增长率能把非洲人口减少到曼宁认为的 1850 年人口水平的三分之二,因为东南亚与撒哈拉以南非洲有着相似的土地-劳动力比率。弗兰克马和杰尔文认可曼宁研究的重要性,他们的工作应该被视为呼吁进一步研究非洲的人口历史,而不是被看作是对生产稳定的估算。

人口决定了能够参加工作的人的数量,但劳动力素质受到这些人的人力资本影响。我们已经提到非洲经济史的重要新线索,即利用人口测量数据来推断人力资本。然而,在他们的移民技能和殖民发展研究方面,约翰王和迪特尔·冯·芬特尔通过使用荷兰东印度公司为了审查葡萄酒生产商的生产力而收集的家庭层面的数据来阐明开普殖民地的人力资本。王和冯·芬特尔运用回归分析法阐明在控制了资本、有偿劳动和土地质量的影响之后,来自法国葡萄种植区的胡格诺派移民家庭的人均产值要比来自非葡萄种植区的胡格诺派移民家庭的人均产值要高。非胡格诺派的家庭人均葡萄酒产量更少。在小麦生产上不同家庭群体的人均产量差异就显得没那么重要了。葡萄种植需要高度专业化的知识,这种知识是通过实践学习而在家庭内部传播的,而小麦的生长只需要一种通用技能,这种通用技能是可以在整个农业社会中传播的,这一观点与作者们的解释是相一致的。

国民核算已经成为研究历史经济增长的标准框架。缺少大部分非洲地区殖民地和前殖民地时期的国民核算数据和对后殖民地时期官方数据的可靠性产生质疑,从而不幸导致忽视了非洲长期的经济增长。[1] 在殖民时期,莫腾·杰尔文给加纳构建了一个涵盖 1891—1950 年的国内生产总值的时间序列。在斯则雷兹则斯基之前的工作基础上,杰尔文以 1891 年为基准向前推进,使用主要从殖民地来源获得的物理指标的年度时间序列的加权平均值。[2] 这种方式得出的序列和麦迪逊的数据比较,麦迪逊只提供了在 1870—1950 年之间三年的 1950 年之前的国内生产总值预估。[3] 杰尔文发现两个序列在 1891—1950 年间以大致相同的速度在增长,但新增序列以麦迪逊系列的方式抓住了基准年间的波动,整个阶段只三次观察是完全不够的。与人口数据一起,这些新的估计与前工业经济的历史国民核算研究呈现的画面相一致,表明欠发达的问题不是没有增长,而

---

[1] Jerven, Poor Numbers; idem, Economic growth.
[2] Szereszewski, *Structural changes*.
[3] Maddison, 'Statistics'.

是缺乏连贯性,紧随正增长之后的"增长逆转",且从繁荣时期的生活水平抹去大部分获益。①

至于后殖民时期,迦南·麦尔沃创造性的利用建筑调查得来的数据为1976—1986年间尼日利亚的投资来制造新的系列。尽管指出非洲后殖民国家的官方国民账户存在缺陷很容易,但批评人士却无法提供一个有效的替代方案。在关键的石油繁荣时期,尼日利亚的官方国民账户表明许多石油收入用来投资了。然而,麦尔沃深入了解这些资金的实际情况,发现证据显示很多资金在没有履行合同的所谓"幽灵"建筑行业中消耗了。麦尔沃的系列研究来源于合法建筑公司所存下的记录,从官方调查可以看出,他们实际上有能力完成所赢得的合同项目却没有完成。尼日利亚超额投资规模很大,通常在70%左右。这对政策有重要意义,因为从这一事件中得出的结论之一是,资本投资不是很有生产力。国民账户显示投资在大幅增加,而投资的增加显然并没有导致产量的大幅增长。然而,麦尔沃的数据表明,投资的增长远比之前预想的要小得多,因而该投资的生产力相应地更大。

在某种意义上,麦尔沃的论文有助于给非洲经济史的行业研究立下悠久的传统,但如今关注以前被忽视的建筑行业,并采用新的原始资料和方法给行业研究提供了答案。詹姆斯·芬斯克也采取了明确的行业方法,也以尼日利亚为例,展示了第二次世界大战"橡胶战争"期间,橡胶出口量是如何迅速扩张的。在日本占领东南亚之前,殖民办公室并不鼓励在尼日利亚生产橡胶,这被视为损害英国在其他殖民地的利益。然而,在1941年12月日本对东南亚发动攻势之后,情况发生了戏剧性的变化,且芬斯克使用了英国和尼日利亚国家档案馆在伦敦和伊巴丹的官方文件来说明当局如何设法从贝宁地区增加橡胶出口量。伦敦橡胶市场价格的大幅增长带来的好处鼓励了出口量的扩张,但殖民当局很快发现小农需要其他的激励措施,积极的(例如,贷款/租赁下能获得日用商品和五金器具)和消极的(如,法律允许州长命令将那些没有被充分利用的树木或藤蔓交给其他人)。尽管官员们所面临的问题表明殖民国家的能力有限,但出口增长五倍仍是一个令人印象深刻的成就。

---

① Jerven, 'African growth recurring'; Prados de la Escosura, 'Output per head'; Broadberry and Gardner, 'African economic growth'. For a greater emphasis on cumulative economic development, broadly defined, see Austin, 'Resources, techniques and strategies'.

加雷斯·奥斯丁关于加纳的可可豆种植是行业研究的又一个例子,关注"剩余产品出路"方法来了解经济作物出口的扩张。"剩余出路"模式解释了一个国家通过替代劳动力来实现主要出口大幅增长的能力。因而闲置的劳动力资源与丰富的土地结合起来可以使产量迅速扩大,例如 1890—1936 年加纳可可产业的起飞。该方法在早期殖民阶段非洲热带经济作物革命中被广泛运用,被斯则雷兹泽斯基和蒂尔运用于研究加纳的可可案例。[①] 奥斯丁补充了之前研究阿散蒂阿芒希的地区案例研究人员使用的聚合方法,可以更精确的估计投入和因素的可用性。奥斯丁表示出口增加所需的劳动力规模如此之大以至于不可能是来源于动员闲散人员参加劳动。他还表明可可生产扩展所需的额外劳动力来自其他出口生产线的衰退而不是粮食生产劳动力的下降。最后,奥斯丁认为从其他出口到可可生产的转换代表着向更高产量活动的转变,因此有助于提高实际工资和生活水平。[②] 因此,奥斯丁的总体判断是加纳可可产业的起飞应当被视为生产力的突破而不是剩余产品出路。

奥斯丁的论文以出口生产、贸易和金融为重点,自然而然地引出了最后两篇论文。前殖民时期早期对非洲贸易的定量研究往往集中在奴隶市场或欧洲人卖给奴隶的商品上。相反,克拉斯·罗恩巴克用来自皇家非洲公司 1699—1760 年期间黄金海岸十三个地点关于棕榈油、洋芋和玉米价格的账户数据调查了主要农作物的市场。他用这些系列来检验一些关于价格动态的假设,用一个简单的回归方程来描述某一特定地点特定时间内某一特定商品的价格取决于(1)温度与当地前一年的平均温度的偏差;(2)战争期间的虚拟变量;(3)奴隶出口的数量;(4)皇家非洲公司购买的商品数量;和(5)季节和年度变量。解释价格动态最重要的变量是温度引起的短缺和战争。罗恩巴克总结,考虑到市场运作的背景,这些市场运作良好,这一结论与劳早期关于达荷美市场的发现相一致。[③]

最后一篇利·加德纳的论文在声称殖民地货币体制以牺牲殖民地发展为代价促进了帝国主义利益的背景下探讨了贸易和金融之间的联系。也许令人惊讶的是,之前关于这一主题的学者们没有考虑到像利比里亚和埃塞俄比亚这样的非洲国家的经历。加德纳表示,由于财政体制薄弱,利比里亚在 19 世纪后期经

---

① Szereszewski, *Structural changes*, and Teal, 'Export growth'.
② Frankema and van Waijenburg, 'Structural impediments'.
③ Law, 'Computing domestic prices'.

历了货币的快速贬值而远没有维持货币独立。这导致了英镑被采用作为交换和储存价值的媒介，英镑的采用最初影响是使利比里亚人更容易地服务英镑债务并从英国购买进口货物。然而，由于美国与利比里亚的经济关系日益重要，英镑兑换美元汇率的不稳定性造成了困难，1943年官方采用的货币是美元而不是英镑才最终解决了兑换难的问题。利比里亚的故事表明，即使没有正式的殖民统治，非洲新国家货币独立也面临严重限制。

四

虽然第一部分所概述的有利发展给非洲经济史复兴提供了一个机遇，但并不能加以保证，经济史复兴的活力很大程度上归功于这一领域学者们的辛勤工作和创造力。这一新研究的一个共同特点就是采用"全球经济史"而不是以区域"非洲研究"视角。如上所述，早期非洲研究对其他地区的经济史学家来说似乎是晦涩难懂的，因为它的写作方式是为了吸引对非洲感兴趣的学者群体，但跨越了很多学科，其中一些学科的学者对经济学颇有怀疑。弗兰克马和杰尔文的论文最能体现全球视角，他们利用其他地区的人口趋势推测非洲不同地区可能的趋势。但在像加德纳对利比里亚货币选择的研究，或者是杰尔文给加纳构建的GDP系列中，这一系列有助于填补全球经济统计数据的重大差距，在他们的研究中同样采用了全球视野。同时，要注意到所有这些论文为了理解需要研究的问题的意义而突出地方的差异性和特殊性，使其他区域的经济史学家能够阅读和理解论文的写作风格。

论文第二个共同特点就是明确地使用经济分析。这在非洲经济史上并不是什么新鲜事，但应用在整个论文集中是不寻常的。这里的案例从奥斯丁对加纳的可可农业背景下"剩余出路"模型的评估，到杰尔文使用国民核算方法来研究加纳的经济增长，以及王和冯·芬特尔使用人力资本理论思想来阐明开普殖民地的生产力差异。

这项工作的第三个特点是更系统地使用定量方法，这与经济学的广泛使用有关。尽管在第一部分和第二部分提到了上述特例，但直到最近，绝大多数关于非洲经济史的工作充其量只能是有限或说明性的数字。相反，这里所有的论文包括时间序列的系统表示，经常从档案资料中辛苦获取的并处理成一致的数据集。另外,一些论文包括更正式的定量分析,例如罗恩巴克使用回归分析来评估气候和冲突等变量对前殖民地西非主要作物价格或王和冯·芬特尔调查不同移民群体在控制资本投入、有偿劳动力和土地质量后生产葡萄酒的生产力的影响。

非洲经济史复兴中值得强调的第四个特点是创造性的利用以前被忽视的资源和或对之前被忽视的话题的处理。麦尔沃巧妙地利用来自尼日利亚的建筑调查数据来评估官方投资统计中包含的"幽灵建设"的规模,这对投资的生产率有着重要的影响。芬斯克研究了第二次世界大战期间被忽视的尼日利亚橡胶生产情况,以阐明殖民国家能力及其局限性。加德纳的论文超出了以往对非洲的关注而考虑到以往被忽略的利比里亚的案例,且利比里亚一直保持独立。

五

最后同样重要并值得注意的是这是国际主流经济史杂志首次给予非洲这么大的空间。事实上,在19世纪80年代末期以后,无论是在这一学科新研究前期还是衰落期间,所有主要期刊的非洲经济史的论文都很少。即使在非洲经济史复兴的早期阶段,顶尖经济历史期刊成果也并没有显著增加。[1] 现在这一切似乎正在改变,伴随越来越多高质量的论文呈现在这个论文集中,这一趋势似乎将继续下去。

---

[1] Fourie and Gardner, 'Internationalization of economic history'.

大萧条和第二次世界大战对非洲经济的影响

乌舍韦杜·库法库里纳尼　马克·尼扬多罗　著　　　张会杰　译

摘要：非洲由于在长期的殖民统治之下与国际资本主义世界之间的关系密切而受到经济大萧条的持续影响，非洲脆弱的经济受到极大的打击。第二次世界大战代表了另一场对非洲大陆有着多重影响的宗主国危机，在某些情况下，它扭转了大萧条的消极影响，同时在另一些情况下，它又带来了一系列新的挑战。

关键词："大萧条"　第二次世界大战　非洲经济

作者简介：乌舍韦杜·库法库里纳尼（Ushehwedu Kufakurinani），津巴布韦大学经济史系高级讲师；马克·尼扬多罗（Mark Nyandoro），津巴布韦大学经济史系高级讲师

　　第一次世界大战使世界经济经历了动荡和萧条之后又迎来了繁荣。然而1929—1933年的大萧条标志着20世纪资本主义经济历史上最黑暗时期的到来。20世纪20年代末一场开始于美国的经济大危机开始波及欧洲和非洲。本文主要关注的是非洲由于在长期的殖民统治之下与国际资本主义世界之间的关系密切而受到经济大危机的持续影响。大危机被一些学者们认为是历史上最重要的经济事件，因为在美国历史上公认的"腾飞的20世纪"或者"繁荣的十年"之后，世界经济就开始崩溃了。[1] 在这十年之间美国人的娱乐和奢侈品消费支出极度膨胀，例如，1919年他们在休闲活动上的支出是25亿美元，但是到了1929

---

[1] George Soule, *Prosperity Decade: From War to Depression*, 1917-1929. New York: Harper & Row, 1968; Jim Potter, *The American Economy Between the World Wars*. New York: John Wiley & Sons, 1974; David A. Shannon, *Between the Wars: America*, 1919-1941. Boston: Houghton Mifflin Co., 1979.

年这个数字已经高达43亿美元,直到"二战"后才被重新超越。① 汽车、石油、电影和其他经济部门也持续繁荣。很显然包括美国的经济学家在内都没能预料到突然的衰退表明经济情况并没有他们想象中的乐观。一篇关于20世纪20年代美国经济富足的文章,在很大程度上加重了繁荣的假象,或者是像学者们所称为的那样"虚假的繁荣"。② 那时从美国内部开始的经济危机突然变成了全球性的经济危机,而且持续萧条了很长时间。在整个20世纪30年代,大萧条总体上对美国影响是消极的,但是它对非洲脆弱的经济打击更大。

  国内和国外的因素共同导致了美国的大萧条,其中包括股票市场和银行的崩溃以及投资和购买力的下降。经济萧条的特点是需求低迷和固定资本的严重崩溃导致部分商品价格下跌。它的间接影响就是高失业率、工业倒闭和资金的收缩。正如有学者所指出的那样,20世纪30年代的经济大萧条是一场世界性的灾难,它影响到整个国际的经济形势,③它以多种方式影响了工业发达世界以及殖民地经济和社会。

  本文的目的就是通过比较分析研究大萧条和第二次世界大战对非洲的影响。这些影响在本文中被解释为中心(宗主国)危机的结果。宗主国的经济危机间接影响到了殖民地,因此有这样一句话:"当欧洲打个喷嚏,非洲就会感冒"。大萧条对殖民地发展中世界的影响是由这样一个现实决定的,这部分世界已经通过长期的殖民关系与西方资本主义经济紧密联系在一起了。非洲殖民地主要用来为资本主义世界提供初级产品,但是一旦宗主国和殖民地对这些产品的需求量降低,严重依赖西方市场的殖民经济就会受到重创。第二次世界大战代表了另一场对非洲大陆有着多重影响的宗主国危机,在某些情况下,它扭转了大萧条的消极影响,同时在另一些情况下,它又带来了一系列新的挑战。

  殖民地被动地在可可、花生和橡胶等初级商品的生产中扮演了重要的角色,但是这些产品对西方的资本具有严重的依赖性。结果就导致非洲被卷入到资本主义关系的网络,在多变的世界市场中处于一种脆弱的地位。这种说法并不新

---

① Mary Beth Norton et al, *A People and a Nation: A History of the United States since 1865*. Boston: Houghton Mifflin Co., 1986, p. 698.
② A. D. Chandler Jr, S. Bruchey and L. Galambos (eds), *The Changing Economic Order*. New York: Harcourt, Brace & World, 1968; Robert Aaron Gordon, *Economic Instability and Growth: The American Record*. New York: Harper & Row, 1974.
③ William Ochsen and Sydney N. Fisher, *The Middle East: A History*. New York: McGrall Hill, 2004. p. 424.

颖,一些学者像沃特·罗德尼、伊曼纽尔·沃勒斯坦和贡德·弗兰克曾经分析过西方和发展中国家的关系,他们认为后者发现自己与前者处于一种被剥削的核心—边缘关系中。根据这些依附论学者的观点,帝国主义的力量使非洲成为世界二流经济的典范。他们认为由于殖民主义和新殖民主义的统治,很多非洲国家的初级产品严重依赖出口市场和海外资本,这造成它们不能自主和自我发展。① 在这个意义上依附理论者认为,这种与殖民地经济的关系是单方面的,它使第三世界经济体相对西方来说十分脆弱。提到非洲与宗主国的关系以及它如何被大萧条所影响,沃特·罗德尼指出:两次世界大战期间,非洲经济发展过程中遇到的最重要的事件就是 1929—1933 年的大萧条。当它打击具有相互依存性的资本主义经济的时候,必然会冲击到非洲的殖民地……在这一过程中,它不断地扩大影响力和范围,它波及了资本主义在非洲最先进的部门——矿产、种植园和经济作物区。它也通过所有的二级渠道和三级渠道传播,使非洲经济处于困境之中。②

一、大萧条与非洲的农业

农业也许是大萧条期间受影响最严重的殖民经济部门。非洲大陆经历了不同程度的经济问题,在罗德西亚和肯尼亚,殖民者设计出一种叫做"额外市场运作"的方法作为应对 1929 年危机的方式。③ 在南罗德西亚和肯尼亚的出口损失期,各个政府都尽力保护罗德西亚的"白人农业中产阶级"。这些商业化的欧洲农民被一系列法案保护,以确保他们免受来自非洲人的内部竞争和来自当地市场的外部竞争。在南罗德西亚,从 1930 年到 1931 年,这些法案以一种激进但是连续的方式被引入,它们包括"玉米控制法""储备池法""牛税法""市场稳定法""农民债务调整法"和购销管理局。

早在合法贸易时期,西非各国就已经成为初级产品的生产国家。这些产品包括棕榈油、花生、可可和柯拉果。然而,大萧条时期对这些产品的需求量都下

---

① Meier, *Leading Issues In Economic Development*, New York: Oxford University Press, 1976. p. 5.
② Walter Rodney, *The Colonial Economy*, in A. A. Boahen (ed), *General History of Africa: Africa Under The Colonial Domination 1880 - 1935*. California: California University Press, 1985, p. 337.
③ Paul Mosley, *The Settler Economies*, p. 12.

降了。比如,在殖民主义初期,英属西非的棕榈产品占到所有出口产品总量的50%,但到了20世纪30年代却下降到只有33%。总的来说,大萧条对殖民经济来说是一段艰难的时光,它迫使各殖民政府采取各种各样的措施以抵消大萧条的影响。

西非与南罗得西亚和肯尼亚形成了非常有趣的对比,因为与这两个区域情况有所不同,该地区并不是定居者殖民地。无论是在英属西非还是在法属西非,非洲人在殖民地经济难题的解决方面都发挥了相对关键的作用。在加纳,农民和商人在不同的时期对不同的经济挑战的态度也不相同。霍普金斯说,尼日利亚和黄金海岸的可可滞留是1921年价格第一次下降的结果,这是第一次世界大战后不断上涨的可可价格的突然终结,也是20世纪30年代,即1930—1931年经济衰落的开始。① 滞留是由大量专业人员组织和领导的的农村罢工,是为了说服贫苦的小农为对抗垄断的欧洲收购公司而建立的统一战线。一战后提供了这样一个典型的例子,非洲殖民地经济对欧洲市场的依赖使它们在多变的国际市场中处于相对不平等的地位。战后不久,宗主国国家对可可的需求量就下降了,大萧条时期这种情况变得更加严重。

尽管1930—1931年西非的经济停滞与大萧条有关,但是作为抗议,将可可从市场中扣留的策略并不总是与大萧条有关。例如,一个滞留事件发生在1930年之前,另一个是在1937/38年,这是独立于欧洲所发生的情况之外的。1937—1938年的可可滞留是由于非洲农民和欧洲采购公司之间在贸易条件和市场份额不景气的情况下出现了分歧。② 因此,在西非特别困难的时刻,非洲农民通过扣留他们的农产品以表达对经济状况的愤怒,希望以此压力迫使买家以高价购买其产品。③ 这成为西非农民在20世纪贸易平衡紧张的时候表达感情的一种根深蒂固的传统。但不幸的是,1937/38年的可可滞留使非欧之间的关系更加恶化。

在大萧条期间,北非国家在农产品方面也面临很大的困境。因为与英国不同的是,法国的殖民地是法兰西帝国的延伸,这就意味着它们比英国的殖民地更受垄断的束缚,法国殖民地的农产品市场是母国法国本身。例如,摩洛哥就

---

① Hopkins, *An Economic History of West Africa*, p. 256.
② Hopkins, p. 255.
③ *Ibid*, p. 255.

严重依赖法国的小麦市场。过去几年,摩洛哥小麦的产量和种植面积都在增加,其中播种面积从 1912 年到 1924 年增加了 14000 公顷,原因是由于 1923 年的"法国法"规定摩洛哥的一部分小麦可以在法国免入境税。① 该法令使摩洛哥农民有机会将小麦出口到法国,并获得比以前更多的利润。仅在 1925 年,摩洛哥的小麦出口额就从 4.93 万吨增加到 14 万吨,即便如此法国小麦市场也还是没有盈余。② 但是,摩洛哥小麦生产的幸福和蜜月期在 1929 年结束了。这一年世界经历了总体的生产过剩,仅法国自己的小麦产量就有大约 50 万吨,③于是法国农民开始抱怨国家进口摩洛哥的小麦。这也是农民和政府就 1923 年法案产生分歧的原因,因为它为摩洛哥农民提供了向法国出口他们小麦的特权。

在对突尼斯、摩洛哥和阿尔及利亚的研究中,卡萨布观察到,农业部门是大萧条期间受影响最严重的部门之一:1929 年经济危机期间受影响最严重的部门之一就是殖民者农业,因为它高度依赖信贷和海外市场。一旦价格崩溃、海外出口关闭或者变得稀缺,已经机械化且债务沉重的农民就不能够再履行给他们发放贷款的信贷机构的承诺。④

卡萨布的论据证实了大萧条对于在非洲"殖民者"经济的影响。农业部门是殖民主义时期几乎非洲全部经济体的基础,所以欧洲的任何贸易转移都会影响到非洲的农业生产和总体的经济景观。债务沉重的摩洛哥农民在危机期间经历了艰难的时刻,尽管法国农民的抗议,但是要把摩洛哥的小麦排除出法国市场仍然是很困难的。因为摩洛哥的农业部被法国和摩洛哥的强势政治人物控制。在世界性经济大危机爆发之前,根据 1912 年的"法兰克福—西班牙条约"和 1927 年的"世界经济会议",只有 17 万吨的摩洛哥小麦被允许进入法国市场,但是根据 1929 年的法令,外国小麦是禁止进入法国国内的。⑤

在英属北非,大萧条也有里程碑式的影响。埃及作为英国在该地区的权力中心,在大萧条期间也经历了严峻的经济挑战。罗杰·欧文和塞维特·帕穆克

---

① Charles F. Stewart, *The Economy of Morocco* 1912–1962. Cambridge: Cambridge University Press. p. 87.
② Ibid.
③ Stewart, 89.
④ Kassb, *The Economy of Tunisia, Algeria and Morocco*, p. 434.
⑤ Stewart, p. 91.

观察到,随着更多的抵押贷款借贷的积累,大萧条直接导致了土地价格下跌、实际税率增加和债务负担加重。① 随着大萧条开始波及埃及,农民转向银行借贷,商业土地所有者向商业公司寻求帮助,中小型农民则转向借贷人同时也是大商人或大块土地的业主借款。② 中等农民由于债务而丧失了他们的土地。丧失土地产生了恶劣的社会影响,它导致城市资源面临更大的压力。摩洛哥的卡萨布兰卡等城市,埃及的开罗和亚历山大也出现了越来越多的贫民窟。农业贸易量见证了1929年经济衰退对非洲殖民经济的影响。像摩洛哥的小麦价格下跌一样,埃及的棉花工业也遭到破坏。卡萨布认为,在1929年的经济危机期间,"农业是受影响最大的部门,因为它高度依赖信贷和国外市场"③,并且它产生了一种以信用为导向的虚假的生产方式,导致对贸易额交易误导。当海外出口和国际市场被关闭或变得稀缺时,摩洛哥和埃及的棉花和小麦价格都下跌了50%以上。

二、大萧条与非洲的制造业

前面已经讨论了大萧条对农业部门的影响了,有必要分析一下受影响后的农业又是如何影响到殖民经济的基石——采矿业和制造业等部门的发展情况。农业部门除了应对农作物生产之外还有牛肉产品的生产。在第一次世界大战期间,由于战争需要,南罗得西亚和肯尼亚的这个行业迅速发展起来了。大萧条期间非洲很多地方的制造业部门都仍然处于初级阶段,第二次世界大战刺激了殖民地的工业化发展。与南罗得西亚和肯尼亚相比,第一次世界大战催生了一种工业化类型,就是一次性进口的商品在国内生产,其中包括牛肉制品,以满足母国的战争需求。与玉米产业类似,肯尼亚和南罗得西亚的牛肉产品在非洲人和欧洲人之间具有一种与生俱来的优势。在1917年至1924年之间,南罗得西亚的牛肉生产行业被置于帝国冷藏公司的控制之下,这为欧洲

---

① Roger Owen and Sevket Pamuk, *A History of the Middle East Economies in the Twentieth Century*. Cambridge: Cambridge University Press, 1999, p. 38.
② Ibid.
③ A. Kassab, ? *The Economy of Tunisia, Algeria and Morocco, 1919-1935*? in A. A. Boahen, (ed) *General History of Africa: Africa under Colonial Domination 1880-1935*, Vol. VII. California: California University Press, 1985. p. 434.

人出口他们的牛肉产品打下了基础,而且在牧场上以更低的价格给他们更多的土地。① 在这两个国家,垄断的 Leibig 精肉公司被授予了殖民地所有贸易往来的特权。长期以来,这家公司通过制定非洲人无法满足的限制性措施,阻止他们参与城市和海外市场。例如,有检疫政策要求非洲牛通过兽医部门检测牛瘟和炭疽病。虽然这些政策在大萧条前期就已经制定了,但是在大萧条期间这些政策对非洲人要求更加严格。

在 1929—1934 年间,与大萧条时代的经济形势相反,南非农业和工业总产值实际增长了约 110%。② 南非发现当大多数非洲国家面临大萧条时期的经济崩溃时,自己在某种程度上处于一个经济增长的特殊地位。其原因是早期的工业化已经使该国的制造业十分成熟,经济也具有多元化,国家工业部门垄断了南非市场。

三、大萧条和非洲的矿业

矿业部门是殖民主义时代另一个重要的经济分支。正如对农业部门的影响一样,大萧条也影响到了它。因为矿业部门完全依赖国外市场,开采出来的矿产原料在殖民地几乎没有被加工或使用,而是全部运往了母国。③ 在北非的埃及和摩洛哥,采矿业也经历了农业部门所面临的经济困难。由于矿产价格下跌,摩洛哥的磷酸盐丧失了在世界市场上的有利的地位。1927 年由于世界市场的动荡,矿产品出口下降趋势在 1931 年表现得十分明显。摩洛哥磷酸盐出口从 1930 年的 177.9 万吨下降到 1931 年的 90.0731 万吨。④ 尽管埃及也参与了采矿业,但突尼斯和摩洛哥则在这个部门中处于主导地位,然而大萧条时期的经历证明他们在这期间损失惨重。西非各国也向欧洲出口矿产品。黄金海岸大量出口黄金,而尼日利亚则控制着锡矿。矿业部门的衰退和农业部门一样也给就业和交通带来了不利的影响。

---

① Mosley, *The Settler Economies*, p. 42.
② L. H. Gann, *Changing Patterns of White Elite*, in L. H. Gann (Ed), *Colonialism in Africa: The History and Politics of Colonialism* 1914 - 1960, Vol. II. Cambridge: Cambridge University Press, 1970. p. 120.
③ Kassab, p. 435.
④ Ibid, p. 436.

四、大萧条与非洲的交通运输业

在交通运输领域,贸易水平的下降意味着运输公司运输量减少。比如 A. D. Roberts 这样的学者认为,像埃及这样的国家,交通运输业的发展在大萧条期间的发展有着完全不同的经历。其他的如保罗·莫斯利(Paul Mosley)和查尔斯·斯图尔特(Charles Stewart)这样的人士则认为,大萧条严重影响了交通运输业。据罗伯茨说,尽管埃及经历了经济崩溃,但是运输系统在一定程度上有所改善。① 此外,埃及航空公司在 1933 年开始运营,这是大萧条最严重的一年。② 不过摩洛哥的运输部门的发展并不乐观。摩洛哥的铁路和高速公路网络在大萧条之前就已经同时发展起来了,在 20 年代经济快速发展的时期,它的经济发展特点是农业和矿业部门的高产出。③ 初级产品的急剧下降不仅意味着生产者的收入严重降低,而且极大地限制了运输商的货物收购,这两个集团都倾向于将问题转移到政府手中,以寻求解决方案。当埃及的生产者还没有注意到高速公路运输的时候,摩洛哥的汽车运输已经成为苦苦挣扎的铁路部门的一个激烈的竞争对手了。1930 年至 1933 年间,据记载,摩洛哥铁路部门的业务下滑了 36%。为保护铁路公司的利益,保护部门的行政机关发誓要采取一切可能的措施打压公路运输的竞争。在 1933 年初,法律要求每辆车进行注册和许可,并只对通过安全检查后的车辆授予许可证。每辆车都必须要进行安全检查和并办理保险。政府对铁路部门的关心和保护清楚地表明,它对达到铁路运输的渴望已经超越对安全问题的考虑。例如,不允许有新的公共承运人的存在,现有的公共承运人必须获得路线专营权/许可证,并为每个公路运输承运人建立了乘客和商品的最低时间表。④ 大萧条对摩洛哥的铁路和公路运输系统造成了难以弥合的嫌隙。政府保护部门的行政机关为运输系统合理化做出了非常大的努力,所以最终导致私营的运输公司处于不利地位。为了对付被铁路运营商视为眼中钉的

---

① A. D. Roberts, (ed), *The Cambridge History of Africa: From 1904 to 1940*, Cambridge: Cambridge University Press, 1986, p. 752.
② Ibid.
③ Stewart, *The Economy of Morocco*, p. 152.
④ Ibid.

公路运输,摩洛哥综合运输机关应运而生。① 该机关由铁路运营商控制。然后,他们采取行动通过买断所有的卡车并使它们永久退出服务,或者对车辆审查部门施加影响,声称卡车不合格或不能上路以铲除卡车运营商。政府收购了摩洛哥最大的私人公共汽车公司(C. T. M),康乐及文化事务署多年以来一直通过给汽油和设备降价等多种方式对它进行补贴,目的就是为了消除西班牙巴士公司 Valenciana 的竞争。然后将重要的地段和线路的选择权授予了 C. T. M,比如,将卡萨布兰卡到马拉喀什的路线预留给该公司。

就像 1921 年第一次世界大战后的经济衰退那样,大萧条给在欧洲的非洲进出口商带来了严峻的挑战。比如在摩洛哥,交通运输系统在很大程度上遭受了冲击。一些非洲人直接退出了进出口业务。然而,像应对 20 年代中期的经济衰退一样,尼日利亚和黄金海岸的一群非洲商人却开启了一个应对大萧条影响的重要举措。

在南部非洲,北罗得西亚和南罗得西亚的运输系统在经济大衰退期间遭受了严重的经济打击。南罗得西亚玉米和烟草的需求量的下降不仅导致殖民政府累积外资的困难,而且也导致了罗得西亚铁路运营速度的放缓。由于一系列法案和销售局的管制,南罗得西亚的铁路停止了运营,在市场竞争的大环境下,运往南非联盟的矿石关税也增加了。在北罗得西亚,对铜的需求量不仅没有超过大萧条前的水平,而且还在加丹加地区实行强制减产。这种情况与东非非常类似,在大萧条期间,肯尼亚—乌干达铁路的农产品的出口量也减少了很多。在第一次世界大战期间,与公路运输相比,通过肯尼亚—乌干达铁路把货物运到港口更加便宜,这对于商家来说是一个机会,而且生产者也开始喜欢用铁路运输他们的货物了。随着大萧条的来临,对肯尼亚-乌干达阿拉比卡咖啡和棉花的需求减少,使得运营成本远高于利润。

五、大萧条与社会经济危机

大萧条造成并加重了从失业到过度拥挤的社会危机。许多学者认为大萧条是劳动者遭受最大痛苦的时期。裁员达到了顶峰,减薪成为常态。随着以工资

---

① Stewart, *The Economy of Morocco*, p.153.

谋生的人丢掉了工作,失业率增加。在大萧条期间,工人尤其是城市工人的实际收入和生活水平下降。失业和低生活水平导致许多非洲殖民地国家在这段时期内产生了政治起义和社会衰退。Afigbo 就见证了这种情况的发生,从 1930 到 1936 年,雇佣工人的数量只有 26 到 36 个,这种困境甚至也出现在非洲殖民地国家。① 他认为马格里布殖民地有两种与南非类似的现象,即土地异化和劳工移民。大萧条时期的劳动者想出各种方式迫使各自的政府来考虑他们的生计。乡村地区的非洲人被剥夺了土地权,丧失了自己的土地。除了在农场、种植园和矿山为白人工作之外,他们没有任何生存资料。在摩洛哥和埃及,就像在肯尼亚和南罗得西亚一样,无地的债务农民迁移到市中心,这给城市资源带来了压力和导致就业竞争加剧。

住房是非洲人在大萧条时期面临的主要问题之一。埃及和摩洛哥债务沉重且没有土地的农民为了逃避税收人或放债人的追捕而涌向城镇。埃及的农民涌向了开罗和亚历山大,摩洛哥的农民则前往卡萨布兰卡。然而在南罗得西亚,城市是白人的地盘,所以那里的非洲人不能像北非国家的人那样自由地前往城市。一旦进入到城市中,就面临从住房短缺、到就业不足和经济歧视等问题。② 由于市中心过度拥挤,市郊就会建立很多贫民窟,比如卡萨布兰卡的 Ben Msik 贫民窟与突尼斯、开罗和亚历山大的 Djabal al-Ahmahe。③ 不过有学者认为,摩洛哥和埃及在二战前夕就已经出现了住房和就业市场压力问题,它们并不仅仅是大萧条影响的结果。在摩洛哥,房屋问题并不是产生于 20 世纪 30 年代,特别是在第二次世界大战期间,那时由于当局需要把注意力转移到战时需求上,住房建设就停止了。④ 在 20 世纪 20 年代之前,埃及的人口就已经开始扩张了。开罗的人口到 1937 年已达到 130 万,埃及人口从 1917 年的 1270 万增加到 1937 年的 1570 万。人口的增长自然会给国家带来经济、财政、商业和政治压力。此外,埃及在穆罕默德·阿里统治之前就已经存在着领土认同问题。这种领土认同是大萧条前埃及政治、经济和社会问题的根源。

在尼日利亚,1930 到 1945 年间生活质量的降低严重影响到了城市工人。

---

① A. E. Afigbo et al, *The Making of Modern Africa: The Twentieth Century*. London: Longman, 1971, p. 139.
② Kassab, *The Economy of Tunisia, Algeria and Morocco*, p. 437.
③ Ibid.
④ Stewart, *The Economy of Morocco*, p. 142.

为了抵消大萧条的影响,劳务公司削减了劳动力的规模,一些靠工资谋生的人失去了工作。幸存的公司在西非通过两种主要策略削减开支。他们决定关闭许多分支机构,以节省间接生产费用,例如在1929年,联合非洲公司就关闭了卡诺的分支机构,到20世纪30年代中期,整个尼日利亚只有25个分支机构。[①] 西非海外公司的主要目标是自我保护,但是这种海外经济政策比直接经济解决方案产生更多的问题。随着工资的不断降低,其他人则经历了一段艰难的时光,在大萧条期间,尼日利亚锡矿工人的工资从1928年的6s和7s下降到3s。[②] 一些靠工资谋生的人虽然还有工作,但是他们也受到了进口食物价格、租金等价格上涨的直接影响,而且工资的增长远没有物价上涨得快。社会生活水平的下降使非洲怨声载道,非洲大陆几乎每个地区的铁路工作者都开始闹事,罢工成了日常。

在大萧条之前,好战的非洲人就开始表达自己的不满。法属西非早在1919年就已经有科纳克里码头工人罢工了,其次是1923年发生在波多诺伏的严重骚乱,发生在1925年达喀尔—尼日尔线的铁路罢工,最终引发了1933年洛美的骚乱,导致了军事干预和人员死亡。[③] 在英属西非,四大殖民地的罢工和示威比法属西非更为严重,而且其中一些在大萧条之前就已经出现了。20世纪30年代末,铁路工人、矿工和公共工程部门的员工进行了一系列罢工和示威活动,其中发生在1939年的铁路罢工最受欢迎,1942年又有十次重大罢工。这些罢工主要与1919、1920和1926年发生在塞拉利昂的事件有关,因为早在第一次世界大战前夕,这些工人已经没有了薪资,生活水平也已经跌到了谷底,[④]大萧条只是一个催化剂。

对经济不景气的怨恨影响到了政治制度。激进的政治领袖或原教旨主义者利用了大萧条的影响,为社会正义和政治激进主义创造了一个渴望。随着第二次世界大战的到来,他们的文学对公众具有更大的吸引力,在贸易工会之外建立非洲政党变得非常容易。埃及的政治激进主义很早就开始蠢蠢欲动了。哈桑·班纳于1908年建立了穆斯林兄弟会,旨在把英国从埃及驱逐出去,复兴伊斯兰

---

① Hopkins, *An Economic History of West Africa*, p. 259.
② Ibid, p. 257.
③ Ibid.
④ Frederick Cooper, *Decolonization and African Society*: *The labor question in French and British Africa*. Cambridge: Cambridge University Press, 1996, pp. 92 – 96.

社区，改进伊斯兰教教法。① 由于20世纪30年代的大萧条和20世纪40年代第二次世界大战的影响，他的演说变得对公众具有更大的吸引力并广为流传，而一些政治家则借用班纳的思想去说服大众。西非的政治活动家在20世纪30年代末期和第二次世界大战期间变得更加激进了。被Tete-Ansa和Diagane这些温和的非洲人所推崇的渐进主义被弃之不用了。更激进的领导人则通过将农民、贸易商和靠工资谋生的人纳入到政治制度中，以获得他们的支持。因此我们可以说大萧条促使了西非民族主义观念的出现和崛起。

六、第二次世界大战的到来及其影响

一些经济学家和经济史学家都认同这样一个事实，正是第二次世界大战带来了非洲人政治意识的觉醒，它为一些殖民地国家应对大萧条的影响提供了解决方案，但同时也使另外一些国家处于困境之中。在津巴布韦（南罗得西亚）的历史上，在1939年到1965年间，这个国家的经济、人口、社会和政治经历了深远的变化。② 莫斯利认为，在此期间，罗得西亚和肯尼亚的农民为战争时期的粮食作物生产提供了相当的保障，同时一些次级的工业也得到了发展。③ 南罗得西亚对玉米的需求在此期间扩大了很多，以至于大萧条以来首次可以将该年度的作物装载到当地市场，并且价格不会低到在生产者看来是无利可图的地步。第二次世界大战期间的工业扩张是两个因素综合影响的结果；进口代替产业化以及国内市场对国内产品的需求不断增长。战争改变了这两个殖民地的经济，它们原本严重依赖农业和矿业生产，现在制造业也得到了发展。不过有些学者认为，第二次世界大战只是恢复了战前已经开始的但被经济危机打断的发展。Gann认为，南罗得西亚的制造业，就像肯尼亚和许多其他地区的殖民地一样，始于铁路、铁路工作间、农业加工和小型企业的建设，这些企业的设计是为了给20世纪早期的初级经济体提供服务。④ 所以，在这个意义上，第二次世界大战是对受到大萧条挑战的市场的一种补救。

---

① Ochsen and Fisher, *The Middle East*, p. 425.
② Mlambo, *From the Second World War to UDI*, p. 67.
③ Mosley, *The Settler Economies*, p. 85.
④ Gann, ? *Changing Patterns of a White Elite*, p. 120.

战争期间的工业发展是以牺牲当地人民的利益为代价,它对非洲大陆北部地区的经济发展既有消极的也有积极的影响。由于北非的非洲人被驱逐到了边缘地带,而且还被排除出由外资企业控制的现代经济部门之外(银行、矿业、加工业以及项目规划和实施机构),战争对他们来说是一段艰难的时光。在摩洛哥,由于缺少资金和分散的土地权,非洲人主导的部门的发展遭到了遏制。像犹太人和希腊人这样的社会族群,在战争期间的发展机会受到了很大的限制,因为他们是市中心庞大的非熟练劳动力的一部分。但是除了劳动力和生活水平问题之外,正是第二次世界大战对原材料需求的增加造就了摩洛哥工矿产业的发展。马歇尔计划通过对摩洛哥矿厂进行设备现代化减少了生产成本。

与此同时,第二次世界大战对西非其他国家也有不同程度的影响。在战争期间,西非国家,尤其是法属西非国家由于难以获得进口商品,农民不得不减少生产。在塞内加尔,花生产量下降到比19世纪80年代的还要低。[①] 比如在肯尼亚和南罗得西亚,政府通过干预经销管理局的形式在战争期间控制了市场。西非于1940年成立了可可委员会,于1942年成立了西非生产控制委员会。这些控制委员会的成立是为了清除欧洲人与非洲人的竞争,他们给大型外派公司颁发许可证和运输配额的优惠待遇。这种情况在以前也是有所存在的,但是在第二次世界大战期间更加变本加厉。在大萧条期间,西非的法国和英国政府分别制定了马其诺计划(1931)和殖民地发展法(1929年)以帮助这些殖民地摆脱经济危机的影响。"马其诺计划"并没有成功,但旨在发展英国西非的采矿业"殖民地发展法",为殖民地增加了65000英镑的收入。当1940年母国需要殖民地为战争提供所需的时候,这个法案又被重新实行了。

在南罗得西亚,战争引发了不同程度的超经济规律的活动。例如,曾经在获得市场方面遇到重大困难的烟草突然在战争期间变成了吸引该国很多殖民者的黄金之叶。[②] 用君士坦丁·甘蒙德的话说:很显然,尽管第二次世界大战不利于交战各方的发展,但是同样是这场战争,对南罗得西亚的烟草工业来说却是一种伪装起来的祝福。原因主要是战争造成英国的美元短缺,英国从而不能从它传统的供货商美国那里进口烟草,便转而从帝国内部寻找替代品,南罗得西亚就成

---

① Hopkins,p. 254.
② F. Clements and E Harben, *Leaf of Gold: The Story of Rhodesian Tobacco*, London, Methunen and Company Ltd, 1962, p. 131.

为了关注点,这使得它的烟草得以进入了英国市场。①

由于该国还为波兰难民、意大利的拘禁者以及中央各地的空军基地建立定居点,这扩大了国内产品的市场。战争环境造成的内外部市场的扩张,直接促使了南罗得西亚的工业化进程在战争期间加速。类似地,其他的殖民地如肯尼亚、尼亚萨兰和埃及也通过不同的法令使经济在战时进入了工业化模式。

七、结语

总而言之,大萧条对殖民地的经济波动有严重的影响,因为它们已经与宗主国的经济紧密地交织在一起了。大萧条大大降低了欧洲国家的购买力,使殖民地生产的初级商品难以进入国际市场,从而导致这些原材料的价格下跌。由于绝大多数人口和经济都依赖于农业,非洲经济在第二次世界大战期间深切地感受到大萧条的影响。由于不同的地区和不同的殖民地受影响程度不同,为了从大危机中复苏,不同国家殖民地的政府官员也采取了不同的应对措施。尽管有些是大危机影响的结果,但是还有一些是独立于大危机影响的。第二次世界大战在另一方面也产生了多重影响,因为有时候对被萧条打断的市场来说,它是一种补救方式。很显然大萧条的影响不容忽视,但是我们却不能过分强调它对非洲经济社会的影响。这次讨论得出的结论就是,殖民地的发展和宗主国的危机之间有着复杂的关系。依赖理论家倾向于过度简化这种从历史的角度来看比较复杂多变的核心—边缘关系。依附关系与发展或脱轨发展之间确实没有直接关系。

---

① Constantine Munhande, *The Second World War And The Changing Fortunes Of The Tobacco Industry Of Southern Rhodesia With Special Reference to Marketing*:1939 - 1965, MA Thesis, University Of Zimbabwe, Economic History Department, 2000.

白人移民经济、国际小麦市场与南罗得西亚白人移民的小麦生产：1928—1965年

维斯利·姆瓦特瓦拉　著　　邢缘缘　译

摘要：1928年左右的西方资本主义经济大萧条时期，非洲许多殖民社会已经明确指出，"大国"与"卫星国"之间如果要确保后者生存的话，二者间的国际经济关系就需要重新塑造。鉴于世界市场局势的日益恶化，特别是进口成本的增加，本研究追溯南罗得西亚（今津巴布韦）的困境，并通过利用当地1928年起的小麦生产来努力平衡小麦局势的恶化。它表明由于温带条件对小麦生产至关重要，位于热带地区的南罗得西亚并不是小麦生产的理想区域，因此小麦农民面临着许多挑战。另外还研究了南罗得西亚新生的小麦经济如何应对不可控的小麦市场的变幻莫测，特别是来自澳大利亚和加拿大等主要生产国的小麦倾销。更具体地说，将表明国际经济带来的挑战是南罗得西亚诉之于当地生产的重要动力。事实上，考虑到小麦和小麦产品对殖民地移民社区的重要性，由于小麦自给自足的失败教训需要更细致的考虑到小麦生产的历史，这可能对由于国际经济的兴衰同样面临挑战的当前官僚机构来说很重要。得出结论，到1965年，国际小麦市场的不稳定性、气候挑战、劳动力短缺、人口爆炸和经济困难对南罗得西亚设想的小麦和小麦产品自给自足的目标造成了冲击。

关键词：小麦　自给自足　南罗得西亚　殖农民　农业　小麦产品　劳动力短缺

作者简介：维斯利·姆瓦特瓦拉（Wesley Mwatwara），津巴布韦大学历史系高级讲师

近来，津巴布韦在小麦生产方面的困境以及仍未能满足当地小麦需求的事态发展惹人注目。事实上，正如最近2012年津巴布韦仅收获了41000吨小麦，

而国家对小麦的需求量为400000吨到450000吨。① 虽然相对于2011年预估的全国产量为23000吨来说是一个进步,但国家迅速增长的小麦进口额仍然令人担忧。② 在此期间,从阿根廷、巴西、俄罗斯和澳大利亚等国家进口了110910吨。③ 鉴于此,津巴布韦2000年后土地改革之后出现的一系列新的历史文献往往会以现代主义的方式解释这些挑战:这是商业农业"破坏"的合理结果。④ 虽然土地改革在某些情况下对农业生产力产生了负面影响,但仍然需要对农业部门进行细致的分析。小麦在津巴布韦历史上占有非常重要的地位,因为它是一个生动展现国际经济力量相互影响的移民殖民地的作物,但很少有历史学家关注到这一点。对现有文献的阅读不会有很大的收获,除了再三声称只有在国际市场上能获得良好价格的作物才能受到国家和农民的关注,而较小的作物则不能。事实上,这样产生了一个错误的叙述以至于没有捕捉到小麦等作物经验的细微差别。然而这是真的,国家农业决策者经常在他们的讨论中提到当地小麦生产的"非盈利性",同时提出可以通过扩大烟草、棉花等作物的出口量来满足高额进口量的负担。反过来说,这意味着某一段时间殖民国家更喜欢通过这种方式在全球市场上购买小麦的外汇。

关于小麦的供给与需求之间差距日益扩大的答案已经寻求了一个多世纪,但如何处理这一历史难题却缺乏历史知识是令人震惊的。⑤ 尽管南罗得西亚殖民政府的各个方面已经得到了很多的历史关注,但"面包和黄油"却出人意料地

---

① N. Chenga, "Winter wheat doomed", *Financial gazette*, 22/06/2012.
② "Zimbabwe: Grain and Feed Annual Report" draft by the USDA Foreign Agricultural Service, 13/1/12, 5.
③ "Zimbabwe: Grain and Feed Annual Report", 6.
④ See D. Moore, "Is the land the economy and the economy the land?" *Journal of Contemporary Studies*, 19, 2, 2001, pp. 253 – 266; B. Kingsley, "Land reform, Growth and equity: Emerging evidence from Zimbabwe's Resettlement Programme", *Journal of Southern African Studies*, 25, 2, 1999, pp. 173 – 196; I. Scoones, et al, *Zimbabwe's Land Reform, myths and realities*, (James Currey, Suffolk, 2010); B. Z. Mavedzenge, et al, "The Dynamics of Real Markets: Cattle in Southern Zimbabwe following Land Reform", *Development and Change* 39, 4, 2008, pp. 613 – 639; J. Chaumba, I. Scoones and W. Wolmer, "From Jambanja to Planning: The Reassertion of Technocracy in Land Reform in South—Eastern Zimbabwe?", *The Journal of Modern African Studies*, 41, 4, 2003, pp. 533 – 554.
⑤ See T. S. Jayne, M. Chisvo, M. Rukuni, and P. Masanganise, "Zimbabwe's food insecurity paradox: hunger amid potential", M. Rukuni, P. Tawonezvi and C. Eicher (eds), *Zimbabwean Agricultural Revolution Revisited*, (UZ Publications, Harare, 2006), pp. 525 – 541.

没有受到关注。① 小麦生产与南罗得西亚的白人民族主义的产生和成长有关，因为它与证实罗得西亚人是勤劳人民的抱负有关，而且出于国家利益，依赖外国资源被认为是不理智的。为此本文还联系了国际经济秩序中殖民地的空间位置的有关文献。因此，它提供了一个讨论和阐明这种关系性质的机会。目前，津巴布韦后殖民史学已经引起国外对某些行业发展的一些切实的影响。当然，正如本文将表明的那样，某些农业生产的命运不可避免的与国际市场联系在一起。本文也将表明，内部农业市场的价格会影响殖民地的农业生产。

由于津巴布韦农业史学相关研究的空白，一个危险但不真实的立场已经渗透到历史学以及普通津巴布韦人对小麦生产历史的理解当中。本文也挑战了20世纪20年代当地农业市场变得太小而不能吸收当地农产品的论据，该论据认为每种作物的生产面临过度生产的问题；以及第二次世界大战期间，从生产过剩变为生产短缺的情况。② 这

---

① See H. Weinmann, *Agricultural research and development in Southern Rhodesia*, 1890 – 1923 (University of Rhodesia, Salisbury, 1972); R. Palmer, *Land and racial domination in Rhodesia* (Heinemann, London. 1977); R. Palmer and N. Parsons (eds), *The roots of rural poverty in central and Southern Africa* (London: Heinemann, 1977); I. R. Phimister, "Meat and Monopolies: Beef Cattle in Southern Rhodesia, 1890 – 1938", *Journal of African History*, 19, 3, 1978, pp. 391 – 414; V. E. M. Machingaidze, "The Development of Settler Capitalist Agriculture in Southern Rhodesia with particular reference to the role of the state: 1908 – 193", PhD Thesis, University of London, 1980; P. Mosley, *The settler economies: Studies in the economic history of Kenya and Southern Rhodesia*, 1900 – 1963 (Cambridge University Press, Cambridge, 1983); I. Phimister, *An Economic History of Zimbabwe*, 1890 – 1948: *Capital Accumulation and Class Struggle* (Longman, London, 1987); B. Davis and W. Döpcke, "Survival and Accumulation in Gutu: Class Formation and the Rise of the State in Colonial Zimbabwe, 1900 – 1939", *Journal of Southern African Studies*, 14, 1, 1987, pp. 64 – 98; S. C. Rubert, *A Most promising weed: A history of Tobacco Farming and Labour in Colonial Zimbabwe* 1890 – 1945 (Ohio Centre For International Studies, Athens, 1998); J. Alexander, et al, *Violence and memory: One hundred years in the 'Dark Forests' of Matabeleland* (James Currey, Oxford, 2000); J. A. Andersson, "Administrators' Knowledge and State Control in Colonial Zimbabwe: The Invention of the Rural-Urban Divide in Buhera District, 1912 – 80", *Journal of African History*, 43, 1, 2002, 119 – 143; N. Samasuwo, "Food production and war supplies: Rhodesia's beef industry during the Second World War, 1939 – 1945", *Journal of Southern African Studies*, 29, 2, 2003, pp. 487 – 502; D. Jeater, "Imagining Africans: Scholarship, fantasy, and science in colonial administration, 1920s Southern Rhodesia", *International Journal of African Historical Studies*, 38, 1, 2005, pp. 1 – 26; W. Wolmer, *From wilderness vision to farm invasions: Conservation and development in Zimbabwe's South East Lowveld*, (James Currey, Oxford, 2007).

② See H. Weinmann, "Agricultural Research and development in Southern Rhodesia: 1924 – 50," *Series in Science*, No 2, University of Rhodesia, Salisbury, 1975. See also R. Palmer, "The Agricultural history of Rhodesia", in R. Palmer and N. Parsons (eds), *The roots of rural poverty in Central and Southern Africa*, (University of California Press, California, 1977).

一论证是有争议的,尽管在宏观层面上有说服力,但在微观层面上具有明显弱点,因为1928年到1965年之间小麦的地位并没有根本的变化。事实上,有谬论认为南罗得西亚在1965年"独立宣言"之后才开始种植小麦的,当时史密斯的政权正在遭受国际制裁。①

也许,一个自相矛盾的问题就是尽管公众舆论也暗示过但还是逃避了注意,以及学术界是连接国际市场与当地小麦生产的纽带。因此,本文讨论了国际舞台趋势如何影响1965年之前南罗得西亚生产小麦做出的努力。本文将表明,小麦作为农作物的选择部分受到大萧条时期世界市场获得情况的影响。尽管与Mvundura的观点并不完全一致,认为除了第二次世界大战期间之外,小型农业的失败是由于缺少"帝国的鼓励"导致的,②本文将表明,殖民经济并不总是在国际经济力量设计和决定的范围内运作的。虽然由于"帝国的鼓励"玉米和牛肉的产量占主导地位,但小麦生产显示了"大国"和"卫星国"的意图趋同。这表明虽然小麦生产的主要动机是满足当地的需求,但殖民国家并不需要"帝国鼓励"来促进小麦自给自足的斗争。事实上本文认为主要因素是市场的可用性和高价,而不是"帝国的鼓励"。最后,本文解决了小麦市场行业的矛盾局面:政府为减少进口费用,必须促进当地生产,但由于当地生产没有大幅度扩大来满足当地需求,所以又必须进口更多小麦。

一、"大萧条"和1928—1930年南罗得西亚的农业

20世纪20年代末存在的世界经济秩序引发南罗得西亚商业规模生产小麦的情况。在1928年之前,南罗得西亚有意为了当地消费而生产小麦,但正如本文所要展示的那样,这种意图是因为当地生产成本不可持续造成的,也是世界小麦市场压低的原因。的确,直到1928年,南罗得西亚作物选择的主要因素是出口市场的可行性和高价格。然而,重要的是要指出,由于大萧条,早在20世纪20年代末世界农业市场粉碎之前,小麦自给自足的斗争就已经开始了。然而,

---

① O. Chifamba and E. Chikwati, "Zimbabwe: Wheat Production Declines, High Costs Cited", *The Herald*, 2/10/12.
② A. Mvundura, "Sheep farming in Zimbabwe: 1905-85", BA Economic History Dissertation, University of Zimbabwe, 1987, p. 5.

在 1918 年和 1923 年,小麦实验研究站的小麦研究失败后,这种努力并没有成功。更重要的是,国际市场上烟草、牛肉和玉米价格更高,因此小麦不是出口作物,没有受到移民农民的欢迎。此外,与小麦不同,烟草研究主要有种植者资助,使得农业部门很难向其他作物转移资金。[1] 此外,考虑到烟草对农业部门和整个经济的重要性,"烟草研究的减少是否合理是令人怀疑的,而且由于战争期间进口供应的成本高昂而玉米生产的成本低廉,因而高度重视玉米也是可以理解的。"[2]因此,在 1928 年没有任何当地小麦持续生产的情况下,南罗得西亚小麦进口额变得非常严峻是不足为奇的。

在国际市场上取得不利经济环境的情况下,国家政府机构十多年来鼓吹小麦自给自足的斗争没有取得成果,突然发现一些转变为烟草(当时最大的出口作物)遭遇国际市场的经济萧条。如图 1 所示,殖民地的三年小麦贸易平衡(1927—1930)揭示了南罗得西亚对小麦进口的依赖,以及小麦生产水平略有上升。

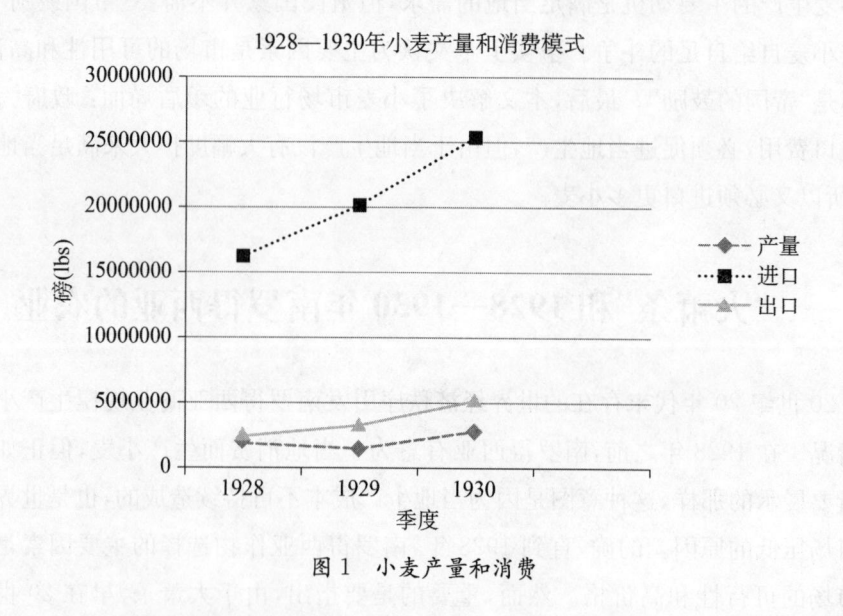

图 1 小麦产量和消费

这一图也表明当许多烟草农民转向生产小麦时,经济情况有所改变,三年来

---

[1] V. E. M. Machingaidze, "The development of settler capitalist agriculture in Southern Rhodesia with particular reference to the role of the state: 1908 - 1938," PhD Thesis, University of London, 1980.
[2] Dunlop, *The Development of European Agriculture in Rhodesia*: 1945 - 1965, p. 28.

的小麦产量略有改善。

在促进小麦生产方面,国家官员们印象深刻的是,冬季可以生产小麦,而冬天大部分其他农作物是不合时宜的,因而不会干预其他农业活动。此外,国家小麦自给自足的运动很好的融入1923年实现负责任的政府地位之后的阶段。出于国家利益,不尊崇依赖小麦和小麦产品的外部来源,因为它是由国家支持的现代的和伟大概念化的污点。② 南罗得西亚决定转向小麦自给自足并不是没有区域优先,因为南非在这一时间也在追求类似的政策。③ 但是,只要经济条件不好,这样一个雄心勃勃的项目就不会起飞。直到1927年至1928年间,由于大萧条的结果,烟草业的崩溃,国家官员们的意见第一次与那些急于冒险进入任何受保护的行业,如小麦行业,来收回损失的农民正好相反。因此,特别是农业部门和烟草业存在的市场营销问题,为实施这一雄心勃勃的计划提供了一个完美的环境。一旦烟草业的可行性变得令人怀疑,政府就会迅速转向其他作物,包括小麦。正是在这种精神上,1929年,于1924年开放用于烟草研究的山坡实验站将重点转移到小麦和其他作物上。④ 这个新举措的影响是瞬间的,因为它点燃了作物的确可以进行商业生产的希望,尽管这希望是短暂的。随着烟草农民从世界萧条市场的灾难中逃脱出来,烟草在南罗得西亚出口的百分比同时下降:1926年,1927年和1928年烟草占所有农产品出口价值的26.5%,46.4%和42.7%,而在1929年和1930年分别只占到17%和17.4%。⑤

二、1928—1939年白人移民小麦生产的扩大

如前一部分所提到的,南罗得西亚小麦经济的出现与其他农业活动的发展密切相关,特别是烟草的过度生产,以及由于缺乏出口市场而导致的低价格。事实上,正如文献所证明的那样,南罗得西亚烟草业的粉碎是由于生产过剩导致

---

① NAZ S1265/C2/1 Wheat Conference 1931.
② Mafukidze, "Towards inevitable conflict".
③ J. M. Tinley, *South African Food and Agriculture in World War 11* (Stanford University Press, California, 1954), p. 50.
④ Weinmann, *Agricultural Research and development in Southern Rhodesia*, p. 56.
⑤ Machingaidze, "The development of settler capitalist agriculture in Southern Rhodesia with particular reference to the role of the state: 1908 - 1938", p. 183.

的,烟草、牛肉和玉米农民不幸的经历使得小麦从中受益。因此,为了避免小麦行业出现市场营销问题,采取措施成为政府的重中之重。事实上,烟草业的崩溃恰恰证明,任何本地产业都需要摆脱外部压力。但是,如果没有资助热心的小麦农民,政府的任务就无法完成,这一点很早就显现出来了。在困难时期比如大萧条期间引起公共利益并不困难,但拨款资金对一些破产的前烟草农民来说很有吸引力。因此,通过政府和小麦交易商在1928年初签订的定价协议,规定后者在1931年之前支付每蒲式耳小麦28美元的固定价格,使得小麦行业受到保护,而不会让价格下跌。①

小麦农民,像烟草、玉米和养牛农民一样也受益于政府贷款形式的财政支持。这些贷款都是以简单的条款来保证的,通常以明年的收成为保证。② 从更广泛的角度来看,国家在1934年利用土地银行的农业金融资产超过一百万美元,并为农场分期付款暂停三年。③ 从1935、1936年开始,引进了50%的补贴并提供技术支持,让定居者农民建设土地和保护工作。在这种援助下,到1950年在白人农场建成了5022个新的水坝。④ 从1933年开始,这些干预措施的影响并不长久,小麦产量大幅上升,导致当地面粉的小麦比例暂时变化,从进口小麦的四分之一到现在的二分之一。⑤

然而,重要的是要注意这一点,小麦产业和小麦产品的组织继续面临挑战,特别是外部的竞争。作为有多个下游产业的行业,小麦农场主必须满足一些利益相关方包括其主要赞助商殖民地政府的要求,因此冲突是不可避免的。在讨论的大部分时间里,政府认为保护新兴的当地小麦产业免受外部竞争,是取代进口小麦和实现自给自足的重要举措。国家对此承诺毋庸置疑,因为它希望通过小麦粮的进口来节省每年大量的财政资源。为了达到这个期望,国家与小麦买方签订协议,后者承诺在采购便宜的进口小麦之前购买一定比例的当地小麦。那样的话,国家鼓励小麦农民生产,这些农民知道他们不用担心小麦的市场问

---

① National Archives of Zimbabwe (hereafter NAZ) S482/781/1939/1 Maize, Wheat, Grain: 1923 - 1941, Confidential Minute of the Imperial Economic Commission on Wheat, 20/04/1931.

② S. C. Rubert, *A Most promising weed: A history of Tobacco Farming and Labour in Colonial Zimbabwe 1890 - 1945*, (Ohio Centre For International Studies, Athens, 1998), pp. 23 - 4.

③ Rubert, *A Most promising weed*, pp. 23 - 4.

④ Rubert, *A Most promising weed*, pp. 23 - 4.

⑤ NAZ S482/781/1939/1 Maize, Wheat, Grain: 1923 - 1941, Minutes of a meeting of the Buyers, Wheat Growers and Government, 10/11/1933.

题。然而,如图所示,国家通过担保价格来处理国际小麦市场的努力有其自身的弱点,但确保了国际经济趋势对当地生产的持续影响。例如,担保市场的不良影响是,农民倾向于用低效的方法种植质量差的小麦,因为他们知道作物或好或坏都会有市场。

随后的讨论表明,农民和国家对小麦生产的需求存在一个双重巧合。尽管出于不同的原因但双方都想要增加小麦的种植面积和产量。首先,在大萧条时期,政府的主要担心并不是过度生产,因为玉米和烟草存在过度生产问题,但它在海外倾销。这种对小麦倾销的担忧并不是南罗得西亚特有的,而是当时由世界各地的小麦进口商制造的。在 1931 年 3 月至 4 月期间召开的所有主要小麦进出口国(中国除外)的会议上,讨论的是在国际上限制生产和组织小麦销售。不过,主要的小麦生产国:加拿大、印度、阿根廷和澳大利亚都驳斥了减产要求,认为它限制了"随着欧洲间偏好的增加,他们的经济机遇"。这意味着小麦进口国必须建立机制来保护新生的小麦产业免受外部竞争。因此,在这种情况下应该考虑小麦农民的担保价格。

其次,小麦农民对增产特别感兴趣,而不管小麦质量如何。因此,农民想要种植每英亩小麦产量最多的品种。这些利益与其他小麦利益发生冲突(尤其是面包师与磨坊业),因为每英亩产量大并不一定可以转化为良好的烘焙或碾磨品质。例如,主要的磨坊,南罗得西亚制造和加工公司(RMMC)——一个附属于政府的公司,[①]关注小麦的清洁度、完整度和亮度,易研磨并产出高百分比的良好烘烤品质的面粉。面包师傅想要一种质量均匀、色泽好、耗水量高的面粉,从而可以以一定重量的面粉制作出大量的面包,而且可以让面包有一定的体积和质感。[②] 尽管当地的小麦的烘烤品质好,面包师更喜欢从世界市场购买面粉。质量和价格解释了为什么面包师傅更愿意从国际市场购买面粉。然而,在质量方面,应该注意到的是外来小麦并不总是质量好的。当地小麦农民喜欢生产低品质高产的小麦品种。相关的数量和质量不好,因此如果碾磨师、面包师和国家想要让农民种植优质小麦,他们必须提供优质的价格溢价。首席农学家并没能理解这一事实,他哀叹道:"虽然世界各地已经认识到烘焙质量的问题,但感到遗

---

① The millers were also the buyers of wheat. As such these words are used interchangeably.
② See H Wenholz, 'Some considerations on quality in wheat,' in Rhodesia Agricultural Journal, Vol 29 1932.

憾的是,我们南罗得西亚的种植者们还没有这种意识。"显然,这种意识将通过培育优质小麦来证明。不幸的是,在殖民市场条件下,无论种什么品种只要产量高不管质量如何都是有利可图的。只要小麦超过了一定的标准,不论质量如何,它的价格都是相同的。① 在其他国家,像南非,它是按年支付的。优质的小麦也得到了补贴,这鼓励了优质小麦的生产。鉴于南罗得西亚的情况,当地小麦不好,进口小麦好的刻板印象找到了一个肥沃的环境发展不足为奇。这意味着买家的购买并没有超过当地的要求,使得一些当地农民失去了市场。部分是因为一些农民对于增加生产犹豫不决造成的。相反,这对小麦自给自足的总体目标造成了负面影响。

每一个利益集团都希望植物育种家在不考虑其他利益的情况下,培育出他们所需要的小麦品种。因此,政府的作用就是在这些相互冲突的利益之间达成某种程度的统一。② 然而,政府在小麦产业中不幸地扮演着参与者和监管者的角色。作为监管者,维持与每个小麦利益者的伙伴关系面临相当大的困难。试图平衡农业利益付出了巨大的代价。的确,正如穆雷所说,只能通过对小麦和小麦利益集团要求一再让步来维持他们的支持,这些让步只能以牺牲政府政策不协调为代价。③ 进口小麦的情况,政府购买小麦并在货物一到达贝拉就卖给磨坊主。在小麦被碾磨之前,磨坊主不支付政府费用。实际上,这意味着政府在小麦到达贝拉被碾磨的期间免息借款给磨坊主。国家还提供仓库,直到小麦被碾成面粉。但是,如果磨坊主购买了超过本地需要的面粉,他们面临由于商品供应过剩和/或转口贸易成本导致价格下降的危险。因此,磨坊主希望所有当地的消

---

① NAZ S1215/1220/9 Seed Wheat Growers Association, Report of the 1939 Wheat crop by the Chief Agriculturist.
② Conflicts were not peculiar to Southern Rhodesia. In East Africa, van Zwannenburg observes the movement towards monopoly marketing during the colonial period and argues that the producers depended on a very small number of buyers to buy their crops hence they felt that they were being cheated. He argues that it is not surprising that producers felt this way, "as producers of the world over feel that the middle men take an undue profit." Furthermore, he argues that in the developed capitalist enterprises the producer and middle men became part of the same giant enterprise and that in less developed capitalist situations production and marketing functions were distinct. In Southern Rhodesian wheat industry, the producer and the middlemen were separate except for the BSAC which produced wheat at Mazoe and its subsidiary (RMMC) was the main buyer of the commodity. See Van Zwannenburg R. M. A. & King A., *An Economic History of Kenya and Uganda*: 1800 - 1970, Macmillan, London, 1975.
③ Murray, *The Governmental system in Southern Rhodesia*, 92.

费者(面包师,零售商,批发商和消费者)都从他们那里购买面粉。

农民和买家都不欢迎面包师直接进口澳大利亚面粉。这个举动不太受磨坊主的欢迎,因为他们与政府就购买当地小麦达成协议。作为他们承诺购买当地小麦的回报,当地小麦磨坊主期盼所有当地消费者从他们那里购买小麦和小麦产品。因此,他们向政府施压,让政府通过关税缓解面包师直接进口小麦的危险。有时政府不得不附和磨坊主,否则政府推动小麦生产的努力就无法产生效果。如果没有保护当地磨坊主而让面包师直接进口面粉,他们(磨坊主)就会放弃约束他们部分购买当地小麦的协议。支持面包师是愚蠢的,因为他们只购买了一小部分小麦而且他们自己不会很满意地使用当地的小麦。因而,如果磨坊主选择退出,就会存在农民没有地方销售他们的庄稼,从而导致小麦产量减少的危险。为此,政府有时候准备和买家站到一边。此外,还有可能促进下游产业,所以可以这样说:与直接进口面粉相比,支持当地磨粉业的优势是会生产麸皮和下脚料,70%的面粉和30%的麸皮和下脚料,这些产品对国家有着重要价值。[1] 因此,购买海外的小麦而不是面粉的优势也是对下游小麦产业的推广。

为了使小麦产业可行,政府也不得不介入小麦定价。这是由两个主要考虑因素引起的。一是农业生态系统不同,生产水平逐年变化,需要进行干预,稳定国内供需和价格。[2] 其次,政治考虑在影响定价政策方面发挥了核心作用。政界人士从农业界获得了大量的支持,因此未能解决这个选区的需求等于是政治自杀。这个考虑尤其在选举期间是至关重要的。例如,在1933年的选举中,随后赢得大选的戈弗雷·哈金斯,承诺农民将会有一个十分有利的价格政策。但他上任后就违背了他的承诺。如果认为一旦当选为国家领导人就可以原谅他的背叛,所以他不得不处理一些选区,因此对他来说实行有利于小麦农民的大规模农业改革很难。

很重要需要注意的一点是,尽管共同的愿景是增加小麦出口,但政府的定价安排是与农民不断冲突的根源。尽管有争吵,但农民普遍支持国家干预,原因有几个,包括:价格不稳定,长期的低价格(尤其是在大萧条时期),害怕受到剥削,

---

[1] NAZ S 1216/C2/1 Wheat Conference 1931, Report of the Secretary of Agriculture to Minister of Agriculture 1930.
[2] T Takavarasha,'Agricultural Pricing Policy',p. 153.

资金不足而无法提供必要的处理设施,以及保护免受气候变化的影响,和从季节开始到最后出售作物之间的周期长。① 在小规模经营的情况下,大多数小麦农民很难在没有任何援助的情况下应付这些困难。

然而,控制价格体系的优势不必过分强调。这样一个制度通常会对那些正在生产和找不到市场的农民带来好处,但是否认个体农民寻求自己市场获取更高价格的可能性。② 另外,鉴于经济损失风险如此之大,主要鼓励生产的作物的种植价格普遍偏低。③ 因此,他们(宣布的价格)不是鼓励生产,而是产生相反的效果。

在大萧条期间,政府无法将小麦价格提高到农民所期望的水平,影响了政府与农民的关系。在向罗得西亚小麦种植者协会写的信中,财政部长清楚地回复称国家无力提价,当时财政部的解释是:"关于你的建议,我应该考虑在下个即将到来的季节增加标准重量和质量的小麦价格,很遗憾,我不准备考虑这一点。即使目前价格较高的情况下,政府仍然需要补贴当地的小麦种植者,我认为,在目前的范围内,不可能有太大的价格上涨的可能性。事实上,在世界其他地区有可能会有有利作物,价格将会下降,在这种情况下,政府的补贴必须更大,而罗得西亚农民仍然处于被庇护的地位,政府将价格定在22先令6便士。"④

虽然小麦农民抱怨说新价格是难以维持的,因为小麦生产是一项昂贵的投资,国家官员认为,通过有效的生产方法可以减少生产成本。因此,对国家来说,这种削减也是间接"鼓励"更好农业方式的方法,这使得农民想要自给自足。另一方面,由于生产成本的增加,农民们提高了生产成本的要求,这比南非的生产成本要高。他们强调农业部不断要求种植者实验昂贵的新方法和新品种。此外,他们还指出,南非小麦农民"为了跟海关竞争在全国各地都有磨坊",还有一系列他们可以获得贷款的金融机构。⑤ 在罗得西亚,罗得西亚制造和加工公司

---

① A. F. Hunt, 'Agricultural pricing in Rhodesia,' in Rhodesia Journal of Economics, Vol 7,4,1953, p. 191.
② ibid, p. 192.
③ A. F. Hunt, 'Agricultural pricing in Rhodesia,' in *Rhodesia Journal of Economics*, Vol 7,4,1953, 92.
④ NAZ S3574/1/158, Subsidy on Wheat Correspondence and Memoranda: 1937 – 43, Memo dated 27 August 1940.
⑤ NAZ S3574/1/158, Subsidy on Wheat Correspondence and Memoranda: 1937 – 43, Minutes of the 1931 Wheat Conference.

和 HMC 都是寡头垄断公司,而相对宽松的条件下,种植者只能从政府那获得财政援助。

种植者希望价格上涨,但从 1931 年 3 月开始世界市场的小麦价格已经持续下跌。例如,在布拉瓦约,澳大利亚小麦比现在的价格低,因此保持当地小麦价格在 28 先令使得磨坊主能承受一定的损失。[1] 磨坊主们不准备承担这一损失,因为他们威胁说一旦达到 20% 的配额就停止购买当地小麦。如果磨坊主这样的话,在协议期满之后,国家不能强迫磨坊主以固定价格购买本地小麦。如果不混合其他小麦的话,罗得西亚的小麦不适合做面包,因此禁止小麦进口是不可取的。政府能做的是维持当地的小麦生产,使其价格与其他地方价格相近。

1933 年执政时,哈金斯政府跟他的前任一样不赞成进口面粉的高额关税。它表示磨坊主声称澳大利亚面粉在贝拉倾销的说法是虚伪的。对新政府来说,对当地小麦最大的竞争因素不是澳大利亚面粉而是澳大利亚的小麦。[2] 磨坊主们被威胁说如果他们拒绝购买当地的小麦,他们就会承担更高的进口小麦关税。根据"海关管理条例"修正案(1933 年),除非财政部长发放许可证,殖民政府限制南罗得西亚进口小麦。[3] 这样确保磨坊主购买当地的小麦。

然而,20 世纪 30 年代政府难以忽略磨坊主们的抱怨,抱怨称他们承受的损失是由于面包师直接进口面粉的缘故。例如,政府通过土地和农业银行提供特别贷款和发展基金向罗得西亚加工和营销公司(RMMC)提供救济。给了公司 5000 先令,使其能够以 23 先令每包小麦的价格购买 1933 年剩余的作物,条件是该公司承诺在 1933 年 9 月 30 日前偿还贷款。[4] 然而,政府拒绝提高进口面粉的关税,因为害怕会因此提高生活成本,以及小麦免税的建议,因为这意味着牺牲了收入。[5] 规定在政府合同下提供面粉、布餐和面包,应该限制为当地碾磨的面粉来消除磨坊主们的不满。他们主要的不满在于他们应该购买某些地区的罗

---

[1] In March 1931, when the agreement on local wheat expired, prices of Australian wheat were pegged at 25s. By November, they had decreased to 18s per bag.

[2] Ibid, Letter from Minister of Finance J Smit to RMMC, 22/05/1934.

[3] Ibid.

[4] NAZ S3574/1/161 Rebate of Customs Duty on Wheat 1932-43, RMMC to Secretary of Department of Agricultre, 05/11/1932.

[5] Ibid, letter from Secretary of Department of Agriculture to RMMC, 21/11/1932.

得西亚小麦，比如乌姆塔利和梅尔赛特，在这些地区由于地理方面的原因，他们只能出售少量的面粉。因为乌姆塔利和梅尔赛特地理位置靠近贝拉港，消费者可以以相对便宜的价格购买进口小麦商品。

1934年为了部分促进当地小麦产量和部分保护磨坊主免受外部竞争，国家提出了与联盟出售面粉的安排。南非被要求减少向罗得西亚进口面粉而罗得西亚承诺减少向南非出口小麦。以前，根据南罗得西亚和南非的海关协议，前者一定会承认南非商人向殖民地出口的任何面粉。这个建议对南非没有任何好处因此遭到了拒绝。南非小麦种植者的生产价格低因而罗得西亚的小麦在该国毫无竞争力。此外，罗得西亚小麦价格太高以至于不允许出口完全由当地小麦制作的面粉。因为人口少，南罗得西亚的磨坊制造成本相对较高，因此无法与外国大磨坊的大规模生产相竞争。这意味着南非小麦很容易进入当地市场。因为国家无力禁止南非出口，它能做的就是减少南非面粉的本地市场，确保所有的政府合同是由当地磨坊主提供。

尽管可以说哈金斯是在承诺小麦农民停止进口面粉的基础上于1933年获得了最高的政治职位，但怎么做又是另外一回事。显然，磨坊主们不明白政府受到与南非的贸易协定的法律约束因此哈金斯的承诺什么也没有实现。到1935年，从磨坊主们的信息中可以发现承诺幻灭了。例如，RMMC写信给财政部，"五车金云面粉（南非品牌）今天上午到达布拉瓦约，前往各个目的地。如果政府允许分配，我们别无选择，只能停止购买罗得西亚小麦。"[1]据磨坊主们所说，这个问题需要很长时间解决，新政府没有成功对南非面粉进行禁运，因此在这一地区倾销。不是说哈金斯失败了但作为国家领导人他需要安抚一些选民，因此屈服于买方的要求将使这个等式不稳定。

所以致力于去除当地小麦配额是磨坊主们有时候使用非正统的方式使得他们的面粉混合物中保持较高比例的进口小麦。例如，1937年，将低质量的小麦样品送到财政部来说服政府与进口小麦相比进口小麦很差。财政部长史密特抱怨说："一些磨坊主在展会上向我和其他人展示了一个特别劣质的小麦样品。我想指出，如果这是一种引诱政府放宽进口小麦关税的宣传方式，这个公司的这样的行动就搞错对象了，因为我的脑海里从来没出现过这样的想法，但我相信我将

---

[1] NAZ S3574/1/161 Rebate of Customs Duty on Wheat 1932－43，RMMC to Secretary of Department of Agricultre, letter from RMMC to Secretary of Department of Agriculture, 21/11/1935.

得到协会[RWGA]的支持,努力劝说所有的种植者都要带所有外来物质都被去除掉最干净的谷物。"①

部长的意见涉及全国小麦的各个方面。第一,他表示他的理解是,磨坊主们在用不道德的方法强迫政府鼓励进口小麦。第二,他揭示了他也意识到,有一部分农业社区正在生产质量很差的小麦。但更重要的是,他揭示了便宜的国际小麦市场对南罗得西亚的影响。

随后的讨论显示,小麦行业存在许多冲突点,但重要的是要指出,大萧条引发的情况刺激了罗得西亚的小麦产业,国家在试图控制经济萧条影响方面发挥越来越大的作用,并改善了20世纪30年代的地方生产。在生产方面,国家支持了一些措施,包括在1931年通过引入灌溉小麦来增加产量。② 结果是很好的:例如,1932年,小麦面积达14172英亩,比1931年的8669英亩有所增加,而最显著的特征是灌溉面积的增加导致每英亩平均产量从1931年的2.3包增加到1932年的3包。③ 随着小麦农民数量的增加,某些地区开始宣称是小麦区。宪章区成为主要的小麦生长中心,其中4864亩的4110亩处于湿润的水域,754亩处于灌溉状态,其次是梅尔赛特,其中1625亩中1372亩是灌溉田。④

所有这些发展都相对于1928年以前的小麦产量有所增加。1928年212个移居小麦农民的3272公顷小麦田产量7000包,但1939年已经上升到531个种植者,22000公顷小麦田,产量58000包。有了这样一个有希望的图景,农业官员很快就预测,到20世纪40年代初期,就会实现小麦的自给自足。小麦农民人数的增加被视为建立可行的小麦产业的指标。伴随着小麦和生产的种植面积迅速扩大,特别是在1933年、1936年和1939年。尽管如此,该国的需求继续脱离地方生产,部分原因是小麦农场种植广泛,但每英亩生产水平低。⑤ 因此,小麦农民人数的增加并不一定伴随着每英亩产量的增加。随着所有这些投资和里程碑的达成,比较而言,小麦仍然是一个"次要"作物,因为它们在国家总产量方面

---

① NAZ S3574/1/158, Subsidy on Wheat Correspondence and Memoranda: 1937 – 43, Minister of Finance to RWGA, 10/03/1937.
② See G. Turck, "Wheat Irrigation and Economics", *Modern Farming*, October 1963.
③ NAZ S1216/SC64/122/6 Wheat Bushel Weights 1933, Minutes of the Conference held on 08/02/1933 between RWGA, Millers and the Government.
④ NAZ S1216/SC64/122/6 Wheat Bushel Weights 1933, Minutes of the Conference held on 08/02/1933 between RWGA, Millers and the Government.
⑤ Weinmann, *Agricultural Research and development in Southern Rhodesia*: 1924 - 50, p. 56.

没有靠近主要作物(烟草和玉米)。当 20 世纪 30 年代的积极发展与消费模式并列时,现实情况是这些并没有使平衡有利于移民政府。毫无疑问,政府在 20 世纪 20 年代和 30 年代后期的主要成就是意识到小麦行业需要为国家利益生产更多的产品。这导致了农民增加小麦产量的愿望。

三、1939—1945 年的战争和小麦生产

如上节所示,虽然到了 1939 年,国家似乎在热带条件下为小麦生产奠定了基础,战争带来的无数挑战威胁着战前的收获,而且总体目标是实现小麦的自给自足。在第二次世界大战期间,南罗得西亚被用作皇家空军的训练场,并且是作为主要由意大利战俘组成的战俘难民营。特别是战争初期,大约有 15000 名皇家航空培训人员涌入。此外,城市非洲劳动力有所增加,其中尤其是国内小麦消费进一步增加。通常情况下,在没有外国竞争的情况下,国内市场的发展情况也是如此,但正如所表明的那样,小麦行业在烟草制造业发生的事件中遭受挫折。事实上,小麦种植面积由 1939 年的 20000 多亩减少到 1946 年的 12600 英亩。①

小麦种植面积的减少意味着小麦产业的一些事情。首先,20 世纪 30 年代特色的地方配额立即暂停。其次,在南罗得西亚小麦和小麦产品质量受损的同时,不利于改善生产和运输困难。事实上,第二次世界大战期间小麦生产的减少,这时因为通过移民和自然增长导致人口增加而对小麦和小麦产品的需求增加,对磨坊主、面包师和消费者产生了负面影响。小麦的短缺反映在战时面包的质量上,因为小麦短缺迫使面包师减少烘焙中使用的面粉数量。因此,消费者必须随着时间推移发展调整口味,以适应新的战时小麦和小麦产品。例如,在生产面粉时,小麦混合了一定比例的玉米粉以增加数量。有时由于短缺,很难找到玉米,而此期间,必须要发现其他替代品。1942 年,食品生产委员会(FPC)从比利时刚果进口了 10000 吨木薯,以满足当地的面包需求。② 因此有大量的投诉面包师的战时面包。一封寄给奥斯本饼屋(公司)的信说明了这一点:"战时面包

---

① Weinmann, *Agricultural Research and Development in Southern Rhodesia*, p. 57.
② A Masenda, 'The Food Production Committee and State Food Policy in Colonial Zimbabwe during the 1940s', p. 23.

你必须要在一天内吃完，不然它很容易变坏。第二天，你甚至不能用它来做布丁。由于浪费，两个人每月的存款减少了 2/6。我们为什么要吃这样的面包和把我们的面粉送到北罗得西亚去。这是我们欠他们的嘛？面包是学校孩子们生活的必需品。必须要采取一些措施了。吃这样的面包能帮助打赢战争？"①

这个报告也诠释了定居者对南罗得西亚战争的态度，因为它描述了这样一个想法：他们认为有些问题不能剥夺他们的日常生活。事实上，战时短缺鼓励政府关于小麦和小麦产品的销售。防止面包制作超过需求以及以较便宜的价格出售陈年面包方案都落实到位。政府认为："事实上大量面包被作为陈面包在整个殖民地销售显示面包师的边际利润很大。一些定量配给销售给做面包和家庭的面粉能弥补这一差距。跟其他国家相比，殖民地太浪费了。"②

上述声明表明，面包师高估了战时经济对其产品的要求，因此国家决定使用配额的面粉。而消费者并不是唯一受战争影响的消费者。受战争影响最大的是农业部门的研究活动，如上一节所示，它在 20 世纪 30 年代负责增加小麦生产。该部失去了有价值的工作员们的努力奋斗，导致只有 260 名的人员部分在职。③反过来，这也影响了对小麦农民的行政和技术援助。此外，战争还伴随着不稳定的降雨模式。1942 年干旱后的季节的特点是降雨不足，小麦种植面积从 1939 年的 20000 多英亩下降到 1946 年的 12600 英亩。④

这场战争给小麦和小麦产品的进口带来了挑战。⑤殖民地依赖南非航运代理从澳大利亚运输进口小麦。用贝拉港口比使用联邦港口要便宜，因此直到 1939 年，罗得西亚依赖通过贝拉港口的联邦船只。然而，由于第二次世界大战，1939 年联邦船只停止使用贝拉港口影响了当地的磨坊。例如，在 1940 年，米德

---

① NAZ S3574/1/158, Subsidy on Wheat Correspondence and Memoranda: 1937 – 43, letter from an anonymous customer to Osborn Bakery, undated.
② NAZ S482/41/41 Wheat imports: 1941 – 46, Letter from Minister of Finance to director of Supplies, 10/02/1943.
③ Weinmann, *Agricultural Research and development in Southern Rhodesia*: 1924 – 50, p. 3.
④ Weinmann, *Agricultural Research and development in Southern Rhodesia*: 1924 – 50, p. 3.
⑤ These challenges in importing wheat and wheaten products, however, did not result in increased wheat production. There were other factors which affected wheat production including: labour shortages, unfavourable prices, lack of skilled agricultural officials and absence of a large number of able bodied settlers.

兰兹加工公司要求群众与财政部长讨论从澳大利亚向南罗得西亚进口和运送小麦的困难。① 1941年,农业部长致函海关部长(澳大利亚):"澳大利亚到罗得西亚的小麦和其他货物的运输似乎严重不足,交货已经延迟了好几月。你可以不安排船公司接受我们最近贝拉港口的货物。"②

在当时战争时期短缺的情况下,罗得西亚有时候同样地督促南非小麦局支付来自澳大利亚的货物以获得小麦贷款。运输问题给政府带来很多焦虑。有时候,哈金斯联系南非对应的人要求小麦援助。1941年,他写道:"由于船的延误,我发现殖民地没有小麦。可以帮助我们解决困难,让我们从联邦买25000袋小麦吗?如果没有卖的话,你能借给我们这笔钱直到一个月或六个星期我们的货物到达吗?"③

哈金斯的这句话不仅反映了南罗得西亚的小麦状况不佳和政府对商品的绝望以及战争是如何影响到殖民地的。

战时的通货膨胀导致冲突重新出现。1940年,RWGA的代表应财政部的要求与供应顾问委员会的成员见面商讨价格。农民提出将生产价格从每包22先令6便士提到25先令每包,生产成本增加(即机械、配件、劳动力、化肥)在15%—35%之间。④ RWGA指出,如果增加不受影响,"一些小麦种植者将会脱产……以及试图饲养大量乳牛或者开始饲养肉牛。"⑤财政部编制的农民生产成本指数显示,1939年8月至1940年间,机械和备件价格上涨了6.1%。农业劳动力价格的增加是以整个殖民地农民的受益为基础的,为5%。⑥尽管观察到这些,政府统计学家还是不建议涨价。

尽管战争期间流行节约精神,任何价格的上涨都不受政府的欢迎,但该提案的拒绝是缘于RWGA提交的漏洞。政府统计人员致信财政部长说道RWGA备忘录中的数字不准确。他指出,机械和备件的类别非常广泛,而没有制作实际

---

① NAZ S3574/1/158 Subsidy on Wheat Correspondence and Memoranda: 1937 - 43, letter from Midlands milling Co to J Smit [Minister of Finance], 06/12/1940.
② Ibid, Minister of Agriculture [Southern Rhodesia to Minister of Customs [Canberra, Australia], 27/02/1941.
③ NAZ S482/41/41 Wheat imports: 1941 - 46, Letter from Prime Minister G Huggins to Premier of the Union General Smuts, 30/07/1941.
④ NAZ S3574/1/158, Subsidy on Wheat Correspondence and Memoranda: 1937 - 43, Memo dated 27 August 1940.
⑤ Ibid, letter from RWGA to Minister of Finance, 10/09/1940.
⑥ Ibid.

账簿来证明他们的论点。① 价格上涨的原因是单个农民从一百亩土地里生产出400袋小麦的情况。事实上,政府统计局所提供的指数是根据全国农业经销商收到的回报显示,机械价格上涨幅度不及农民所认为的15%。② 然而,问题是一般调查的问题在于它们不会给出局部变化。此外,统计学家的研究并没有考虑到小麦生产所必需的灌溉设备和排水方案。

RWGA意识到价格上涨的论据存在不足之处,但它认为政府的立场是抨击偏袒。它评论说:"看来商人如果做了一个很好的案例就能提高他们的价格,而小麦农民做同样的事情他们的要求被拒绝了。政府似乎有责任重申南罗得西亚的小麦价格全世界最高,这长期是不对的因为以英国和联盟的价格支付的,在英国和联盟生产成本更少……如果这个季节小麦的价格没有上涨,大量种植者将停止生产。"③

担心磨坊主会随意加价,政府在1941年8月作出了以下的决定:面包烘焙的面粉价格没有增长或为了稳定生活水平提供给家庭主妇和为进口小麦担保价格。这个价格试图遏制生产成本的上涨,却因冻结导致小麦产量下降。

除了小麦价格挑战,战争期间小麦种子的短缺也成为沉重负担。一名乌姆塔利小麦农场主佩雷特的案例生动地说明了这些挑战的严重程度。佩雷特写信给农业部长告诉他,他没能在乌姆塔利找到任何质量的小麦,并表示索尔兹伯里商人的报价令人望而却步。④ 在这封信之后,麦克劳克林,农业部部长,写信给罗得西亚小麦种植协会(RWGA),要求组建一个小麦种子协会,并且哀叹说,"像往常一样,在种植期间没有可靠的种子和农民可能以高达22先令6便士的价格购买商品小麦用来做种子。"⑤对佩雷特来说,麦克劳克林没有给他任何满意的答复,"目前小麦种子不足……我不知道除了沙姆瓦的默克尔先生以外还有哪个种植者有小麦种子卖的。"⑥罗得西亚小麦种植协会的回复是他们的会员都没有小麦种子。⑦ 事实上农民不得不从远的地方买种子从而导致经营成本的提

---

① NAZ S3574/1/158, Subsidy on Wheat Correspondence and Memoranda: 1937-43, letter from RWGA to Minister of Finance, 10/09/1940.
② Ibid.
③ Ibid, letter from the Sec of RWGA J Lohr to Gwelo MP M Danziger, 14/10/1940.
④ NAZ S1215/1220/9 Seed Wheat Growers Association, Letter from C. Pellate (Umtali wheat grower) to Secretary of Agriculture, 6/04/1939.
⑤ NAZ S1215/1220/9 Seed Wheat Growers Association, Secretary of Agriculture to RWGA, 9/04/1939.
⑥ NAZ S1215/1220/9 Seed Wheat Growers Association, Secretary of Agriculture to Pellate, 9/04/1939.
⑦ NAZ S1215/1220/9 Seed Wheat Growers Association, letter from RWGA to Secretary of Agriculture, 8/04/1939.

高,因为资金少,解决的方法就是从以前的产量中获取粮食。

尽管劳动力一直是影响殖民地农业和采矿业的问题,这一情况在战争期间恶化了。① 因为小麦涉及一系列劳动密集型活动(耕作,锄草,绿化、收割和打谷),所以必须说明劳动力短缺是如何影响小麦产业的。事实上,由于有些地区的劳动力短缺相对出现的更早一些,定居者小麦农民的战时经历是不同的。例如,根据罗得西亚小麦种植委员会在1941年的要求,Umvuma写道:"在奇利曼齐区,大量当地人正在忙于收割自己的小麦……据估计,在圭鲁区的空军场大约雇佣了500名当地居民以及乌姆武玛的意大利难民营建筑的雇佣了230个当地居民。这项工作花费了比我起初以为的时间还要长一些,昨天下午迫使'大会'劝服那些要求签字来留在那里再工作几个月直到工作完成……一些正在帮助营地的公路部门的当地人现在正被带回公路部门。"②

与此相反,古图的NC报告说,比阿特丽斯、查茨沃斯和恩克尔杜恩的小麦种植者拒绝了申请工作的人。在恩克尔杜恩、赞巴拉,Kanameekgate的农场,写信给NC,"我不得不承认(原文)收到你来信中的收据我得感谢你,但我已经完成了我的切割。所以我不需要更多的男孩,明年我会记得的。"③恩克尔杜恩的NC写道:"这里不缺收小麦的劳动力,在这和奇利曼齐区,大量的妇女和女孩们在收割和帮助处理小麦作物。以我们过往的经验,那些招不到当地人来收麦子的人过去对待当地收麦子的人不公平。许多没有日常工作的当地人在收麦季节转向做收麦子的助手,因为这项工作周期短且薪水好。"④

小麦农民雇佣女性劳动力的做法是一石二鸟。除了抵消男性劳动力明显短缺以外,女性劳动力更便宜。价格管理员承认这一事实,他报告说:"战争年代的低成本是有可能的,任何可能的男性工作人员的工作都可以被女性取而代之。"⑤

在面临劳动力短缺问题的地区,国家干预以确保小麦生产。前面已经提到,

---

① See A. S. Mlambo, "From the Second world war to UDI, 1940 – 1965," in B. Raftopoulos and A. Mlambo, eds, *Becoming Zimbabwe: A history from the pre-colonial period to 2008*, (Weaver Press, Harare, 2009).

② NAZ S482/789/39/2 Maize, Wheat and Grain: 1923 – 41, letter from NC Umvuma to Secretary of Native Affairs, 10/10/1941.

③ NAZ S482/789/39/2 Maize, Wheat and Grain: 1923 – 41, letter from G R Zambara to N C Gutu, 13/10/1941.

④ NAZ S482/789/39/2 Maize, Wheat and Grain: 1923 – 41, letter from N C Enkeldoorn to C. N. C, 16/10/1941.

⑤ NAZ S87/3 Wheat and Flour, letter from Price controller to the secretary of FPC, 13/01/1954.

白人移民经济、国际小麦市场与南罗得西亚白人移民的小麦生产：1928—1965年

大多数小麦农民是在大萧条时期以后尝试开始个人生产的，因而他们无力负担机械化农业。很少有小麦种植者拥有联合收割机和脱粒机。例如，恩克尔杜恩区唯一的脱粒机属于布里茨先生，他没完成分期付款，因此冒着失去收账员的危险。[1] 布里茨不能为了消除债务而增加服务费而不顾及法律的愤怒，因为这一时期政府控制所有的农作物和服务的价格。这种情况给沉浸在战争精神中的小麦农民蒙上了一层阴影，农民们在没有脱粒机的前提下增加了种植面积，面临着不确定的未来。[2] 拯救了布里茨的是他的脱粒机在区域内的重要性，特别是这个区域除了他没有其他小麦农民有脱粒机，而这个国家失去了所生产的那一小部分。根据一个特别条款，政府允许布里茨涨价。而1941年在其他地区，古图区没有抱怨劳动力短缺，到1943年，情况不稳定了。古图农场主协会秘书写道，"一个多月前我协会的一个成员回复说他需要四十个小麦收割工，但只有一个求职者。"[3]这个问题很严重以至于一些农民建议使用新兵和从口蹄疫哨卡撤离的非洲巡警。NC承认已经试图挽救情况的进一步恶化，协会接着说，克里夫威尔"已经做了所有他能做的奉承和欺诈来获得劳动力，但他失败了。出于国家利益，有些事情必须要做。"[4]

这场战争带来了另一种动力，对小麦自给自足的目标造成不利影响。由于盟军服役需要专业人员，熟练和半熟练的欧洲和非洲小麦劳动力短缺严重。许多白人移民在帝国军队服役，这让老一代的农场人手不足。事实上，大部分留下的男性是"没有通过军队医疗测试的城镇居民，很少能成为熟练的农民"。[5] 这使得实现小麦自给自足的目标很难提上日程。关于1943年作物的脱粒，罗得西亚小麦种植委员会当时作为一个"正式"的要求写信给食品生产委员会要求放回恩克尔杜恩的范德伯赫。[6] 范德伯赫有脱粒机和拖拉机，他不在的时候就没有

---

[1] NAZ S482/789/39/2 Maize, Wheat and Grain: 1923-41, letter from N C Enkeldoorn to C. N. C, 16/10/1941.

[2] NAZ S955/293/1/2 Wheat subsidies and Prices: 1943-46, letter from M F Brits to Secretary of FPC, 10/12/1942.

[3] NAZ S955/293/1/2 Wheat subsidies and Prices: 1943-46, letter from Secretary, Gutu Farmers Association to Secretary FPC, 05/09/1943.

[4] NAZ S955/293/1/2 Wheat subsidies and Prices: 1943-46, letter from Secretary, Gutu Farmers Association to Secretary of FPC, 05/09/1943.

[5] Hodder-Williams, *White farmers in Rhodesia*, p. 158.

[6] NAZ S955/293/1/2 Wheat subsidies and Prices: 1943-46, letter from Secretary of the RWGA to Secretary of FPC, 10/10/1943.

人操作机器了。因此他不得不平衡两个职业,一个在军队,一个在小麦产业中。

作为增加生产的战时措施,1945 年和 1948 年间运作小麦红利计划。1943 年只是口头介绍,直到 1945 年才开始运作。这一计划源于需要鼓励小麦农民采用更好的保持土壤肥力的农业技术和增加每亩麦田的产量。授予采取以下措施的小麦农民以奖金:小麦生长的土地必须是等高垄,或者有排水渠,水必须要用水脊把水浇到地里以确保没有侵蚀的危险,所有的土地每年都要施肥,且小麦是一个绿肥的作物。①

上述最后一点表明,政府意识到有不少小麦农民不符合奖金计划的要求。国家想要确保小麦农民仍在土地上,尽管事实上他们的生产不济。它的论点是,战时的短缺使生产不惜一切代价,因此战争后可以进行适当的发展。因此,它在战争期间不重视环境问题。这种对环境因素的忽视同样适用于玉米。1944 年,玉米奖金暂停两年的时候,政府不顾一切的生产玉米而不管它是怎样生产的。②

战争期间,定居者经济的某些部门对保护问题给予了重视。这是受战前经验启发的。战前,定居者小麦农业大部分都是剥削性的(生产而没有保持土壤肥力),因此通过侵蚀和贫瘠导致土地资源的流失。随着 20 世纪 30 年代小麦生产的强化,政府接受了土地控制法令扭转这一趋势的必要性。因此,自然资源委员会(NRB)成立于 1941 年,其任务是促进殖民地自然资源保护性的利用。

农业部与自然资源委员会之间存在小麦奖金计划运作的冲突。自然资源委员会批评政府在战争期间在对环境有害的条件下的小麦支付担保价格的承诺。虽然政府有增加当地小麦产量和让殖民地小麦自给自足的艰巨任务,但它认为:"这样做的最终价格可能证明是一个很高的代价,可以预期一些无知的农民种植的小麦由于土地破坏和非经济的条件,产量几乎可以忽略不计。"③

以上显示了政府的矛盾。在定居者和非洲区域的土地退化之后,政府组建自然资源委员会来促进提高农民的种植方式。但是,由于战时需要的增加,当地产量减少,联合海外运送小麦进口的权力减弱,国家欢迎任何"提高"小麦地位的行动。在自然资源委员会的眼里,农业部门转移位置。它表示,如前所述,不管

---

① NAZ S2506/1 Wheat Bonus Scheme, letter from Secretary of Agriculture, C L Robertson, to RWGA, 07/09/1944.
② I. R. Phimister, An Economic history of Zimbabwe: 1890 – 1948, Longman, London, 1988, p. 229.
③ NAZ S2506/1 Wheat Bonus Scheme, letter from the NRB to Secretary of Agriculture, C L Robertson, 24/02/1944.

其他生产系统如何,给所有小麦农民以担保价格支付的条款有效期是1944年12月31日,而不是1945年12月31日。

四、1946—1965年的发展

上一节介绍了第二次世界大战期间小麦农民面临的挑战,以及国家小麦自给自足的目标越来越成为幻想。在本节,我们将阐明这些挑战如何在战后期间产生溢出效应的。也许更重要的是要注意到,南罗得西亚小麦的质量在战争期间也累积恶化,这种恶化始于20世纪40年代,到20世纪60年代中期,当地的小麦质量已经达到非常低的水平。[1] 事实上,分析1944、1945和1946年季节生产的小麦样品的烘焙质量,结果令人失望。整个作物的平均蛋白质含量从1935年的11.36%下降到1946年的9.69%。[2] 20世纪50年代,进口小麦也出现了当地粮食的普遍恶化的情况。这种恶化是由于澳大利亚农民生产的高产品种的原因。[3] 从澳大利亚进口的小麦非常差,不适合制作面包,从而给买家造成极大的损失。RMMC的评论反映了这种恶化:"澳大利亚小麦脆弱,烘焙质量差……在过去几年中似乎有种植高产品种小麦的趋势,不幸的是最差的品种。小麦的蛋白含量表现为强度,即蛋白质越低小麦越弱。"[4]

考虑到面包制作需要的蛋白质百分比,可以从1952年6月到1953年4月的数据得出结论,进口小麦需要面包师在制作一个好的面包时的灵活性。在1953年6月到1954年1月,进口小麦质量极差导致做出的面包不好。相对而言,1953年购买的戴班克号的小麦给面包师造成了最大的损失。

战后的经济衰退进一步加剧了贸易条件,以及小麦生产成本。战后劳工问题进一步加剧。Milward农场的R.H.布鲁克的故事具有说明性。布鲁克写道:"我已经接收了五个农民劳动力,一个残疾人和四个适合工作的人。我现在

---

[1] Certain percentages of protein were ideal for bread making. When protein content dropped to below 11.1%, that wheat was classified as weak and when below 10.5%, it needed skill and experience in a baker to make a satisfactory loaf. See NAZ S87/3 Wheat and Flour: Data for the Cost of Living Inquiry Commission: 1951-4, Letter from RMMC dated 6/2/1954.
[2] Weinmann, *Agricultural Research and Development in Southern Rhodesia*: 1924-1950,54.
[3] Note: High yields and quality were uneasy bedfellows.
[4] NAZ S87/3 Wheat and Flour: Data for the Cost of living Inquiry Commission: 1951-4, Letter from RMMC dated 6/2/1954.

为了您最早交货日期准时交货申请 30 个仅供食品生产的男工……至今我从你这只收到了 4 个男工,而且如果我预计会增长的话,肯定会比这期待更多。所有的招聘都被停止了,所以我失去了从这些渠道获得劳动力的机会,所以我现在只能指望你来满足我的请求。如果你不能给我一个让我安心的数字,那么就请准备安排我倒闭吧。"[1]

在这些困难的情形下,国家通过食品生产委员会鼓励农场主允许非洲男子与其家属作为永久劳动力居住在农场,使用妇女和儿童作为劳动力,改善生活条件和获得更高的薪水。[2] 然而,这种干预没有解决行业的相关障碍。事实上,"说这个问题是劳动力短缺的原因之一是过度简化劳动力的质量可能比数量更重要。在英国,一个 1300 亩的农场上有 15 个到 18 个成年劳动力。的确,机械化进一步发展,罗得西亚的燃料短缺阻碍了机械取代人力的发展,但这不是全部的答案。在英国,农业工人的工资比这里高很多,他们赚到了他们的工资。我们自己农场的男工不能这么说。一些农民需要一个美好一天的工作而其他人很少会很满意。因此,劳动力往往流向'更和善'的雇主,雇主通产并不是最好的农民和对国家粮食供应贡献最大的人。"[3]

20 世纪 50 年代,重点放在提高农业劳动者的工资上。国家和罗得西亚国家农民联盟普遍认为,如果小麦农场主支付有竞争力的工资,可以吸引来自其他地区的新人,减少劳动力向南非流失,以及使农业能够与制造业竞争劳动力。[4] 然而,这个建议由于小麦种植者的多样性而出现问题,因此,负担更高的工资。此外,因为不同地区最低工资不同会导致劳动力从一个地区流向薪酬更高的地方。劳动力配给的支持者建议控制工业和农业,按质量和产量分级劳动,和按级别给日常薪水。由于小麦农民经营的条件各不相同,所以这一提案的主要限制是评估劳动力需求的困难。更重要的是,不能保证原来是"低效率"小麦农民的劳动力,会转变成坚持一天"公平"的工作的人而不是在制造业中和南非寻求财富。[5]当工人意识提高,关注改善工作和生活条件,提高工资、住房和社会服务以

---

[1] NAZ S955/170 Labour General: 1949, letter from R. H. Brooke to the RNLSC, 19/01/1949.
[2] NAZ S955/100 Agricultural Development in Southern Rhodesia Memoranda: 1943 – 49, report of the FPC titled, 'Agriculture in Southern Rhodesia'.
[3] "Tackling the labour question," *Rhodesian Farmer*, 17/01/1951.
[4] "Tackling the labour question", *Rhodesian Farmer*, 17/01/1951.
[5] "Tackling the labour question", *Rhodesian Farmer*, 17/01/1951.

及更公平的殖民地治理的时候,这些试图诱使非洲人从事劳动就业的企图一定会失败。① 南罗得西亚普遍的劳动力问题和特别是 20 世纪 50 年代和 60 年代早期的小麦产业。

20 世纪 50 年代早期,虽然政府努力解决劳动力短缺问题,但这一问题对小麦生产者而言尤其严重,政府承诺从冬季生产小麦转变为夏季生产小麦。这一转变主要得益于芒迪,之前是农业部部长也是一个农场主,他建议:"南罗得西亚每年小麦消费量据报道已经达到 400000 包,而当地产量几乎可以忽略不计。我们欧洲对小麦生产需求正在持续扩大……我知道政府正寄希望于萨比灌溉计划的更大的小麦,但从我过去对现在的万登堡庄园的小麦的经验,恐怕会发现小麦的增长速度很快,但产量很低。该部门应集中精力开展小麦育种政策,以培育在马萨兰德夏天种植的能完全抵抗锈病的植株。"②

在对芒迪的回应中,桑塞姆阻止改为夏天种植小麦的建议,认为无论小麦播种时土地有多干净都会受到杂草影响以及它的质量平均低于冬小麦 3 磅。③ 他还指出,在马普托斯实验站进行小麦育种的过程中,由于缺乏设施所进行的实地工作的数量有限,因此没有任何小麦种植地区和工作人员短缺的情况。④

20 世纪 50 年代末,农业定价政策出现了新的发展。1956 年农业营销委员会的成立;用以协调价格政策,以及作为农业部关于粮食价格,担保和补贴的所有事宜的咨询委员会。⑤ 由于其结构和操作上的缺陷,其对小麦自给自足的总体目标的影响是微不足道的。不像南非理事会,南罗得西亚主体是由私营部门的无报酬会员组成。此外,它没有文秘设施因而不起作用。其建议除非与政府自身的想法相符,否则不予理会。⑥

在 20 世纪 60 年代初,农业营销委员会下调政府的价格。在与生产者广泛

---

① A. S. Mlambo, "From the Second World War to UDI, 1940 – 1965", in B. Raftopoulos and A. Mlambo (eds), Becoming Zimbabwe: A history from the pre-colonial period to 2008, (Weaver Press, Harare, 2009), p. 96.
② NAZ S2506/3 Summer Wheat Seed: 1947 – 8, letter from H. G. Mundy (farmer and former Secretary of Agriculture) to P. B. Fletcher (Minister of Agriculture and Lands), November 1950.
③ NAZ S2506/3 Summer Wheat Seed: 1947 – 8, letter from T. K. Sansom (Acting Chief Agriculturist) to the Director of Research and Specialist services, 30/11/1950.
④ NAZ S2506/3 Summer Wheat Seed: 1947 – 8, letter from T. K. Sansom (Acting Chief Agriculturist) to the Director of Research and Specialist services, 30/11/1950.
⑤ H Dunlop, The Development of European Agriculture in Rhodesia: 1945 – 1965, p. 36.
⑥ Ibid.

磋商之后，它建议将小麦价格从 1961 年的 55 先令提高到 1962 年的 65 先令。①委员会建议："小麦的价格最少三年提高到 65 先令每包，因为这将受其影响力的制约，但为生产提供一些刺激因素，通过试验新的小麦品种，允许小麦种植经验成为持续提供重要的小麦种植业的基础……"②

这是农场主所倡导的。农场主假定每包价格定在 75 先令，当地小麦生产将会扩大，取代玉米的主导地位。这个论点回到了小麦奖金计划生效的时期。③总体来说小麦价格是玉米价格的两倍。他们认为，虽然这两种作物每英亩的生产成本是一样的，但是每英亩小麦的产量却只有玉米的一半。随着 20 世纪 60 年代早期玉米价格的下降农场主的假设几乎得到了满足。但是，政府并不赞成小麦农场主所想的那样。④

因此，可以认为，虽然国家希望增加小麦产量，但不希望以大幅上涨消费者面包价格为代价。因此，无视农业营销委员会的建议，政府在 1962—1965 年将价格定在 60 先令。这种态度的确安抚了消费者，但对自给自足的总体目标造成了破坏性的影响。

如前所述，20 世纪 50 年代的特征是严重依赖为国家要求的进口市场。这导致和主要的软小麦生产国——澳大利亚的交换计划，这个计划影响了自给自足的预期目标。20 世纪 40 年仪末，澳大利亚购买了一部分罗得西亚烤烟，如果停止从该国购买小麦可能会影响到这片市场。⑤ 因此，为了支持烟草业，牺牲了国家的小麦产业。这使得小麦的斗争处于很大的劣势。这种设想被"独立宣言"和导致促进国内需求旺盛的产品的制裁所打破。

1963 年联邦政局引起的政治事态发展对全国小麦生产产生重要影响。联邦解体不久之后，赞比亚和马拉维独立，给南罗得西亚留下重要的政治问题，即

---

① NAZ F226/1091/3/5, Agricultural Marketing Council-Wheat 1962 - 3, AMC's draft recommendations on wheat.
② Ibid.
③ Vide infra, Chapter 2.
④ NAZ F226/1091/3/5, Agricultural Marketing Council-Wheat 1962 - 3, Secretary Federal Ministry of Agriculture to chairman AMC, 8/01/1962.
⑤ Under the Tobacco Agreement signed with Australia in 1949, Australia bought 6 % annually of Southern Rhodesian flue-cured tobacco for a period of five years. This agreement was renewed several times with the figure rising from 80 000lbs in 1951 to 100 000lbs in 1953. See C Munhande, 'The Second World War and the changing fortunes of the tobacco industry of southern Rhodesia with special reference to marketing: 1939 - 65,' MA Economic History Dissertation, University of Zimbabwe, 2000.

人民不愿意接受以普选为由独立。① 1964 年，罗得西亚的政治变化导致温斯顿·菲尔德爵士被剥夺了总理的权力，因为他的党派认为他没有按照他们可以接受的条件保证独立。② 英国于 1965 年 11 月 11 日对"独立宣言"(UDI)作出了回应，断绝了与罗得西亚的外交关系并采取制裁措施，包括停止贸易，将其从英镑区和英联邦体制中移除，以及否认该国能进入伦敦的资本市场。③ 它还禁止购买罗得西亚的糖和烟草，根据罗得西亚出口到英国的价格，停止了净额的 71%。④ 到 1965 年 12 月，英国将禁令扩大到所有的矿物和食品，占了罗得西亚出口英国份额的 95%。⑤ 罗得西亚政府通过重组农业部门来对这些变化做出反应。这个过程的特点是减少烟草生产，以便使作物生产的种类多样化。同时，国家鼓励大规模生产玉米、棉花、小麦、大豆、牛肉等。

罗得西亚农民利用小麦和其他作物生产技术的相似性而转向小麦。土地准备、化肥和农药施用以及小麦灌溉所需的大部分机械设备已经具备，从而减少了改用小麦生产所需的时间。政府为商业农民开展小麦生产创造了有力的动力。小麦生产价格维持在进口平价以上，并引入补贴信贷方案。⑥ 在"独立宣言"之后，萨比林波波管理局(Mkwasine)开始了一个新建的灌溉计划，面积达 2400 英亩。⑦ 这一举措使得 1965 年的平均每英亩产量从 1962 年的 8.8 袋增加到 12 袋。⑧ 在 1965 和 1975 年间，小麦生产的快速增长使全国从小麦进口国转变为净出口国。⑨ 然而，由于缺乏出口市场，当地的小麦生产转变为国内市场供过于求，价格下降，最终意味着农民的利润率下降。

---

① J. Mtisi, M. Nyakudya and T. Barnes, "Social and economic developments during the UDI period", in B. Raftopoulos and A. Mlambo (eds), *Becoming Zimbabwe: A history from the pre-colonial period to 2008*, (Weaver Press, Harare, 2009), p. 118.
② J. Mtisi, M. Nyakudya and T. Barnes, "Social and economic developments during the UDI period", p. 118.
③ Mtisi, Nyakudya and Barnes, "Social and economic developments during the UDI period", pp. 126 – 7.
④ Mtisi, Nyakudya and Barnes, "Social and economic developments during the UDI period", p. 127.
⑤ Mtisi, Nyakudya and Barnes, "Social and economic developments during the UDI period", p. 127.
⑥ M. L. Lorris, 'Comparative Advantage and Policy Incentives for Wheat Production in Zimbabwe', CIMMYT Economics Working Paper, 88/02http://repository.cimmyt.org/xmlui/bitstream/handle/10883/1125/19910.pdf? sequence=1, 1, accessed on 12/01/2013. 14.
⑦ NAZ GEN-P/SAB Sabi Limpopo Authority, The story of Lowveld Wheat, 1968.
⑧ NAZ GEN-P/SAB Sabi Limpopo Authority, The story of Lowveld Wheat, 1968.
⑨ M. L. Lorris, 'Comparative Advantage and Policy Incentives for Wheat Production in Zimbabwe'.

五、结语

本文回顾了 20 世纪 20 年代末国际资本主义繁荣的崩溃如何激发了南罗得西亚小麦产业的发展。它表明,这是一个由于与英联邦的关系而易受到国际经济压力的经济。回顾南罗得西亚希望摆脱不断扩大的小麦进口额,培育新兴行业的努力受到影响,1965 年证明这样的努力是徒劳的。本文也消除了 20 世纪 20 年代关于殖民农业的共同叙述。当地的农产品市场变得太小,而不能吸收当地农产品;每个作物的生产面临过度生产,而在第二次世界大战期间,从过剩生产变为短缺状况。移民政府尝试实现小麦自给自足的计划是宏伟的,但最终以失败而告终。适当考虑为平衡小麦和小麦产品贸然做出的徒劳努力,可以肯定的是,小麦生产的历史表明,南罗得西亚为保持同一位置其运行速度应该是原来的两倍。这种情况是由于一些原因。人口不断增加意味着对小麦和小麦产品的需求增加,但恶劣的气候条件使得小麦的种植困难而且价格昂贵。金融无力意味着新兴小麦产业不能建立在坚实的基础上,以及劳动力短缺致使小麦农民无法以合理的成本获得足够的劳动力。反过来,这些限制阻止了上涨的进口额的和国家自给自足目标的实现。国家对小麦生产的全力支持来自 1965 年 11 月的"独立宣言",因为这导致区域实现了政府长期以来未能取得的成就。即使这样,泡沫也是暂时的,因为国内市场供过于求,价格下跌最终意味着农民利润的下降。

姆维尼时期坦桑尼亚经济结构调整研究

卢平平

摘要：1967年，随着《阿鲁沙宣言》的颁发，独立不久的坦桑尼亚开始了长达20多年的乌贾马社会主义探索和发展时期。然而，由于政策本身与坦桑尼亚发展实际相脱离，再加上天灾人祸和国际外部因素的影响，从20世纪70年代中期开始，坦桑尼亚遭遇了严重的经济危机。1985年，新总统姆维尼在国际组织的压力下着手推进以自由化和私有化为主要特征的市场经济结构调整。经济结构调整虽然取得了一定的成绩，为坦桑尼亚后续发展奠定了基础，但同时也出现了严重依赖外援、贪腐问题突出、贫富差距加大、社会公平缺失等一系列问题，成为了今天坦桑尼亚经济可持续发展的桎梏。因此，坦桑尼亚以及广大撒哈拉以南非洲国家急需从历史中总结经验教训，探寻一条依托本国国情并且切实可行的可持续发展之路。

关键词：坦桑尼亚　姆维尼总统　经济结构调整　市场经济

作者简介：卢平平，华东师范大学历史系世界史研究生

坦桑尼亚，位于印度洋西海岸中部，地理和战略位置十分重要，人口5200多万（2016年统计）[1]，国土面积94.5万平方公里，是东非地区面积最大的国家。从1961年独立至今[2]，坦桑尼亚的经济发展大致分为三个阶段，第一阶

---

[1] 根据美国中央情报局的2016年统计年鉴《世界概况》，详情见网址：https://www.cia.gov/library/publications/the-world-factbook/fields/2119.html, Last Reviewed on：2017 - 05 - 18。
[2] 现在的坦桑尼亚是坦噶尼喀和桑给巴尔于1964年4月26日合并而建立的新国家。坦噶尼喀于1961年12月9日独立。桑给巴尔于1963年12月19日独立，并于1964年1月12日通过一月革命推翻素丹君主立宪的统治而成立了共和国。二者于1964年4月26日合并建立坦桑尼亚联合共和国。Source：Government Portal Content Committee, Last Reviewed on：2016 - 10 - 05, http://www.tanzania.go.tz/home/pages/68。

段为独立初期的1961—1966年,也被称为"前阿鲁沙宣言"时期,这一阶段直接沿用了过去殖民宗主国的经济发展模式,属于资本主义自由市场经济;第二阶段为"乌贾马"社会主义时期的1967—1985年,也被称为"阿鲁沙宣言"时期,这一时期开始于1967年颁布的纲领性文件《阿鲁沙宣言》,明确走社会主义道路,对主要生产资料、分配方式和交换方式实行公有制,属于社会主义计划经济;第三阶段为经济结构调整新时期,开始于1985年11月姆维尼总统上台后进行的经济结构调整,一直持续至今。20世纪70年代中后期至80年代中期,面对"乌贾马"社会主义时期经济发展所面临的严重困境,在国际货币基金组织、世界银行以及西方国家的压力下,坦桑尼亚逐步放弃了以公有制和计划经济为主要特征的社会主义发展方式,开始采用以"自由化"和"市场化"为主要特征的市场经济发展模式。本文对这一时期姆维尼时期经济结构调整进行考察,以期对坦桑尼亚当前社会经济发展的历史基础有更深入得了解。

一、经济结构调整的缘起

独立之前的坦噶尼喀和桑给巴尔先后遭受德国和英国的殖民统治[1],原本自给自足的自然经济遭到破坏,在长达半个多世纪的殖民占领时期,德国和英国都把坦桑尼亚作为其资本原始积累和再生产所需的廉价原料产地和商品倾销市场进行剥削,它们运用其所拥有的特殊权力,以超经济手段对殖民地进行掠夺,独占殖民地市场,把坦桑尼亚纳入它们的殖民经济体系之中。坦桑尼亚形成了片面发展极少数经济作物的单一殖民地经济体制[2],殖民者留给坦桑尼亚人民的是一个"农业落后、工业基础薄弱、人民生活极端痛苦的社会经济发展十分落后的烂摊子"。[3]

---

[1] 坦噶尼喀早在1886年就被德国人占领,1897年正式沦为德国的殖民地,一战后,德国战败,1919年,坦噶尼喀成为英国的"委任统治地"。而桑给巴尔早在16世纪就被葡萄牙人占领,1699年阿曼赶走了葡萄牙人,开始了长达近200年的阿拉伯人统治时期,1890年沦为英国的"保护国"。Source: Government Portal Content Committee, Last Reviewed on: 2015-10-07, http://www.tanzania.go.tz/home/pages/222.

[2] 坦噶尼喀成了世界上剑麻和咖啡的重要产地之一,桑给巴尔则被誉为"丁香之国"。

[3] 裴善勤:《列国志·坦桑尼亚》,北京:社会科学文献出版社,2008年9月,第199页。

早在1961年坦噶尼喀独立初期,尼雷尔就曾经直言,当前国家的主要任务就是要向"贫困、愚昧、疾病"[①]开战,为了发展经济,尼雷尔制定了"三年发展计划"。可事与愿违,独立后的国家经济命脉仍然掌握在外国人手中;经济结构基本没有任何改变,广泛存在的私营经济力量脆弱,无法为国家经济发展提供必要的资金和服务;经济对外依赖度过高,严重制约了国家的独立发展;沿用殖民宗主国的自由市场经济体制产生了很多社会经济问题,包括广泛的失业,财富和收入的严重分化以及过分依赖外国提供的商品和服务,[②]引起人民的普遍不满。

1967年1月,执政党坦盟[③]在阿鲁沙召开全国执行委员会大会,会上讨论并一致通过了纲领性文件《阿鲁沙宣言和坦噶尼喀非洲民族联盟关于社会主义和自力更生政策的决议》[④],简称《阿鲁沙宣言》。《宣言》于1967年2月5日正式颁布,虽然只有短短的几千字,却为坦桑尼亚的社会主义发展指明了方向,描绘了蓝图。

起初,村民加入乌贾马集体村社积极性不高,政府坚持说服教育和自愿参加的原则。然而,到1973年,面对全国农民入社率只有15.5%的情况[⑤],1973年9月,坦盟两年一度的执政党代表大会召开,会上做出决定,1976年底之前,要确保所有的农村人口居住在乌贾马村。1973年11月,尼雷尔又说:"居住在乌贾马村是一项命令"。[⑥] 从此开始,乌贾马村建设进入高潮,至1977年,也就是《阿鲁沙宣言》颁布十年之后,建成乌贾马村7684个,包含1300万农民,[⑦]国家基本完成了乌贾马村社化运动。

为确保完成村社的建设任务,难以避免地采取了一些冒进的方式,甚至一些地区采取了一些极端手段,如派出大批工作组;出动军队强制农民搬迁,集中建

---

① [坦桑]朱利叶斯·尼雷尔:《尼雷尔文选第四卷:自由与解放1974—1999》,谷吉梅、廖雷朝、徐红新、苏章海译,沐涛译校,上海:华东师范大学出版社,2015年8月,第307页。
② Godwin D. Mjema and Godwin E. Kaganda, *Socio-Economic Development in Tanzania: A Multidisciplinary Perspective*, Dar es Salaam: University of Dar es Salaam Press, 2014, p. 14.
③ 坦盟,全称为坦噶尼喀非洲民族联盟(Tanganyika African National Union—TANU),前身是1954年7月7日成立的坦噶尼喀非洲协会,1964年改为坦盟,1977年2月5日与桑给巴尔执政党"非洲设拉子党"合并组建为坦桑尼亚革命党(Chama Cha Mapinduzi—CCM)。
④ *The Arusha Declaration and TANU's Policy on Socialism and Self-Reliance*, for Tanganyika African National Union by Julius Nyerere, 1967. http://www.marxists.org/subject/africa/nyerere/1967/Arusha-declaration.htm.
⑤ 唐大盾等:《非洲社会主义:历史·理论·实践》,北京:世界知识出版社,1988年,第275页。
⑥ "To live in the villages is an order", *The Daily News*, 7 November 1973.
⑦ Andrew Coulson, *Tanzania: A Political Economy*, Oxford: Oxford University Press, 2013, p. 288.

村；武力拆毁住房、毁坏正在成熟的庄稼等。① 加上国家财政实力和技术能力的限制，往往大多数村社的配套服务设施都建设缓慢，服务效果较差，这与之前宣传和规划的乌贾马村落差很大，村民对乌贾马村的信任和支持逐渐降低。乌贾马村社实行的是公有制，所有的生产资料均在政府的控制之下，生产成果平均分配，干多干少都是一个样，加上村社缺乏农药化肥和农业机械，生产力低下，这就极大地降低了村民的生产和劳动积极性。此外，把所有的生产活动和社会服务都置于政府的管理之下，然而政府的人员大都缺乏相应的管理能力和服务水平，往往都是按照自己的想法来管理农村生产，而不是根据客观的经济规律，这就导致了坦桑尼亚农业生产的偏差，产量大幅度降低，不仅难以满足本国人民的基本粮食供应，也减少了农产品的出口和外汇的增加，给国家经济带来严重的困难。

自1967年实施"乌贾马村社"政策后，人口快速迁徙和聚集，城镇化速度也随之加快。伴随着人口的流动和迁徙，大量人口涌进城市，城市规模也不断扩大。根据统计数据，1967年坦桑尼亚城市人口为677784人，到1975年乌贾马村社化运动基本完成时，城市人口为1146200人，②短短8年时间，城市人口几乎翻了一番。然而城市的基础设施和社会服务难以满足快速增加的城市人口，反而加重了城市的负担。

自1977年以后，"乌贾马"村社化运动虽然基本结束，但是社会主义计划经济的理念和模式已经深入坦桑尼亚的经济发展之中，这种不尊重客观经济规律的发展模式给坦桑尼亚的城市和广大的农村地区都带来了严重的发展困境。

发生在20世纪70年代末坦桑尼亚与乌干达的战争加速了国家经济状况的恶化。1973—1974年和1979—1980年两次中东地区的局部战争引发的石油危机，导致了国际石油价格的大幅度上涨，尤其是第二次石油价格上涨对坦桑尼亚经济的影响最为严重。油价在1979年开始暴涨，从每桶13美元猛增至1980年的34美元，给本就脆弱的坦桑尼亚带来了巨大的经济负担。③ 1981年7月，时任坦桑尼亚中央银行的行长在东部和南部非洲国家央行联合会的一次国际会议上，坦言1973—1974年和1979—1980年两次石油价格上涨给国家工业发展带

---

① ［英］马丁·梅雷迪思：《非洲国——五十年独立史》，亚明译，北京：世界知识出版社，2011年，第235—236页。
② Andrew Coulson, *Tanzania: A Political Economy*, Oxford: Oxford University Press, 2013, p.134.
③ *Bulletin of Tanzania affairs*, Issued by the Britain-Tanzania Society, May/June 1991, p.14.

来巨大负面影响,工业品价格平均每年上涨 3%到 5%,政府却对此无能为力。[1]

国家自 20 世纪 70 年代中期以后逐渐陷入严重的发展困境,GDP 增长率从《阿鲁沙宣言》之前年均 6.2%下降到之后 10 年的年均 5%。[2] 人均 GDP 增长率更是从 1961—1967 年间的 3.7%下降到"乌贾马"社会主义运动时期的 0.07%。1978—1984 年,经济增长率又经历了大幅度的下降,年均增长率只有 0.5%。[3] 1983 年 3 月,尼雷尔总统在访问荷兰时的演讲中,谈到坦桑尼亚现状时,直言不讳:"像几乎所有的非洲国家一样,坦桑尼亚现在正深陷于经济困境之中。"[4]最严重的是 20 世纪 80 年代前半期,这一时期被称为经济停滞期,这一阶段年均实际 GDP 增长率只有 0.8%,并且多数年份和多个主要经济领域都为负增长。(具体数据见表 1)

表 1 坦桑尼亚部分宏观经济指数(1973—1984 年)

	1973—79	1980	1981	1982	1983	1984
GDP(%)	4.6	3.1	−2.6	1.9	−0.7	0.6
农业(%)	3.6	47	−8.0	−59	−0.9	1.4
制造业和采矿业(%)	49	−15.8	−16.9	−26.0	−4.0	−5.0
其他(%)	5.4	6.2	3.7	4.0	−0.3	0.7

来源:IMF Staff Report,1984.

确立社会主义发展方向的坦桑尼亚,却没有带来预期中的经济发展,反而在进入 70 年代以后,逐步显露出一系列发展问题,70 年代中期以后,一直到 80 年代中期,逐步陷入严重的经济困境。而此时,苏东剧变与苏联解体,国际上社会主义力量受到重创,而此时蔓延整个非洲大陆的经济危机,迫使非洲 30 多个国家先后被迫接受国际货币基金组织和世界银行的结构调整计划,非洲大陆的经济结构调整浪潮也加快了坦桑尼亚走上经济结构调整道路的步伐。

---

[1] *Economic and Operations Report*, Dar es Salaam: Bank of Tanzania, June 1982, p.44.
[2] World Bank, *Tanzania at the Turn of the Century, Backgrounds and Statistics*, Washington DC: The World Bank, 2002.
[3] Godwin D. Mjema and Godwin E. Kaganda, *Socio-Economic Development in Tanzania: A Multidisciplinary Perspective*, Dar es Salaam: University of Dar es Salaam Press, 2014, p.16.
[4] [坦桑]朱利叶斯·尼雷尔:《尼雷尔文选第四卷:自由与解放 1974—1999》,谷吉梅、廖雷朝、徐红新、苏章海译,沐涛译校,上海:华东师范大学出版社,2015 年 8 月,第 126 页。

二、尼雷尔的隐退与姆维尼的上台

坦桑尼亚已经到了必须要进行经济调整和改革的地步了,改革的触发点就是1985年尼雷尔的引退与第二任总统姆维尼的上台。从1961年担任坦噶尼喀总统,1964年继续担任坦桑尼亚联合共和国总统到1985年主动辞去总统职务,尼雷尔担任总统长达24年,其中1985年至1990年继续担任执政党革命党主席。

面对20世纪70年代末80年代初国家出现的经济危机,尼雷尔坦言自己是有责任的,并坦言"乌贾马"社会主义建设出现了失误。经济最困难的70年代末的时候,国际货币基金组织和世界银行就向坦桑尼亚提出了提供援助和贷款的计划,但是却附加有条件,要求坦桑尼亚必须接受他们提出的经济结构调整方案,尼雷尔对这些强加的条款非常不满,认为这些条款是对"经济、政治和社会的稳定造成不可逆转的破坏的协议"①,"接受国际货币基金组织的条款的社会代价就是经常会爆发暴乱,警察或是军队就会把矛头指向民众。"②

其实,接受国际货币基金组织的经济调整方案,也就意味着完全放弃尼雷尔的社会主义发展理念和模式,实行以自由化和市场化为特征的资本主义发展方式。这是对尼雷尔执政的彻底否认,面对自己亲自创立并坚持多年的信条和理念,1990年,尼雷尔在辞去革命党主席的告别演讲中公开讲:"有三个条件保证了我们这个国家的统一和安宁,一直到现在,即斯瓦希里语、《阿鲁沙宣言》和一党制体制"。③ 而坦桑尼亚的经济已经到了崩溃的边缘,再不调整,可能会面临国家动荡和战乱的局面。尼雷尔无法自己否认自己。因此,尼雷尔选择了引退,让后继者推行改革调整。

尼雷尔的主动辞职引退,一方面有迫于当前国内经济形势和国际组织方面的压力,但是更多地还是因为尼雷尔本人的个人品格。

基于对国家稳定和前途的深远考虑,在尼雷尔执政的最后一个时期,他主持

---

① [坦桑]朱利叶斯·尼雷尔:《尼雷尔文选第四卷:自由与解放1974—1999》,谷吉梅、廖雷朝、徐红新、苏章海译,沐涛译校,上海:华东师范大学出版社,2015年8月,第132页。
② [坦桑]朱利叶斯·尼雷尔:《尼雷尔文选第四卷:自由与解放1974—1999》,谷吉梅、廖雷朝、徐红新、苏章海译,沐涛译校,上海:华东师范大学出版社,2015年8月,第133页。
③ *The Bulletin of Tanzania Affairs*, no. 36, 1990.

了坦桑尼亚宪法的改革。1981年,国家成立宪法审查委员会,提出国家宪法修正案提案,提交全国执行委员会大会,经过反复讨论,终于在1984年通过新的宪法修正案。新修正的宪法,明确了总统的权力,并且一定程度上削减了总统的部分权力,扩大了国会的权力,并规定总统连任不能超过两个五年任期。

到1985年初,尼雷尔主动提出不再参加总统竞选,面对全国人民对自己的信任,尤其是一大批人劝说和挽留自己继续担任总统时,尼雷尔说:"无论一个领导人多么好、多么有能力,但是他的能力总会随着年龄的增长而逐渐降低,最终会倾向于依靠旧势力和过时的理念治理国家,无法考虑周全,无法很好地履行责任,无法应对世界快速发展而带来的新需求和新环境。因此,我们不能让在任的总统自己决定他什么时候离开办公室或者领导机构。"[1]

尼雷尔以高瞻远瞩的视野为坦桑尼亚政治领域的健康和稳定发展做出了重大贡献,为此后坦桑尼亚政治层面的稳定、权力的顺利交接以及经济的调整改革都奠定了坚实的基础,也标志着国家领导体制的健康化和体制化发展。

然而,1985年尼雷尔的引退并不意味着国家权力就可以顺利交接到一个会主张改革的领导人手中。1985年的大选充满了不确定性。根据规定,总统候选人是通过秘密投票的方式确定的,首先由革命党中央委员会召开一个秘密会议,会议上大家推选可以胜任总统竞选的提名人选,其次通过秘密投票,确定候选人资格,最后通过资格审查。当时中央委员会重点考虑的候选人有三个,一个是时任坦桑尼亚副总统、桑给巴尔总统、革命党副主席的阿里·哈桑·姆维尼(Ali Hassan Mwinyi),一个是时任坦桑尼亚政府总理、革命党国防安全委员会书记的萨利姆·艾哈迈德·萨利姆(Salim Ahmed Salim),最后一个是坦桑尼亚前任政府总理拉西迪·姆佛梅·卡瓦瓦(Rashidi Mfaume Kawawa)。

这三个人中,卡瓦瓦的竞争力最小,竞选的时候,已经不担任主要领导职务,加上他主推计划经济发展模式,与坦桑尼亚现阶段经济发展趋势相去甚远,所以支持的人比较少。因此,主要竞争者就是姆维尼和萨利姆之间。就尼雷尔而言,他最支持的人是萨利姆,萨利姆不仅是自己的亲密助手,而且作为主要负责外交工作的人,与国际组织和国际社会对话多,更有利于与国际组织谈判,寻求国际社会的援助和贷款。而尼雷尔与姆维尼的关系一般,而且姆维尼在主政桑给巴

---

[1] Pius Msekwa, 50 Years of Independence: *A Concise Political History of Tanzania*, Dar es Salaam: NyambariNyangwine Publishers, 2013, pp. 131–132.

尔期间已经多少表现出倾向于推行自由贸易政策,有要放弃社会主义道路的考虑,尼雷尔担心姆维尼上台后,会全盘否定自己的乌贾马社会主义政策。但是当时桑给巴尔陷于严重的经济和政治危机之中,要求改革的声音非常大,尤其是时任桑给巴尔总统的琼布极力主张"三个政府"①结构的政治改革,更加剧了桑给巴尔与大陆的紧张关系,甚至有一部分人极力鼓吹桑给巴尔的独立,这一点给尼雷尔很大的压力。尼雷尔从国家统一的大局考虑,不得不更多地考虑来自桑给巴尔方面的声音。

1984年姆维尼担任桑给巴尔临时总统之后,从统一的大局考虑问题,马上进行社会和经济政策调整。他一上台就向桑给巴尔人民保证会尽最大的努力保证人民的权利和自由。② 姆维尼推行自由贸易政策,大量提高出口,农产品价格提高,农民的收入增加,为了确保粮食供应,出口收入的一半用来购买粮食。当时桑给巴尔的丁香产量下降,姆维尼就多方面鼓励发展旅游业和捕鱼业。在政治方面,姆维尼批准公民享有言论自由、迁徙自由、结社自由和信仰自由,并极力打击桑给巴尔内部的分裂势力,维护国家的统一。③ 这样的改革不仅让桑给巴尔人民看到了希望,也让处在经济困境中的大陆人民增加了对姆维尼的期待。

在这样的情形下,尼雷尔也逐渐转向支持姆维尼,最终党内统一了意见,革命党中央委员会确定姆维尼为最后唯一的候选人参加1985年的总统选举。1985年10月,姆维尼获得了92.2%的选票,成功当选坦桑尼亚联合共和国第二任总统,坦桑尼亚开启了姆维尼执政的时代。

三、姆维尼的经济结构调整思想

从1986年上台,1990年第二次总统大选成功连任,一直到1995年退休卸任,姆维尼一共主政坦桑尼亚长达十年之久。这十年,坦桑尼亚逐渐从尼雷尔时期"乌贾马"社会主义的计划经济发展方式转变为以"自由化"和"私有化"为特征的市场经济发展模式,在几乎没有任何动荡的和平环境中完成了经济调整,平稳

---

① 由目前的中央和桑给巴尔两个政府结构变为中央、坦噶尼喀和桑给巴尔三个政府结构。
② *The Story of Julius Nyerere*, *Africa's Elder Statesman*, Lanseria: A Bailey's African Archives Production, 1998, p. 286.
③ Ibid., p. 286.

地过渡到多党制的政治体制。是哪些思想使得姆维尼在经济结构调整的同时还能保持国家的稳定和发展呢？

（一）避免意识形态领域的争论

这一时期，东欧剧变和苏联解体，冷战格局结束，国际民主化浪潮席卷全球，世界范围内，尤其是原来社会主义阵营内的经济和社会改革普遍开始，而且绝大多数国家已经开始或者完成了向市场经济的转变，此时如果开始对旧的社会主义批判比向市场经济转变要困难得多。[①] 国内各阶层对未来的发展方向也处在迷茫和徘徊之中。因此从 1985 年至 1989 年苏东剧变之前，坦桑尼亚国内关于经济思想上的改革呼声还很低。从 1989 年到 1991 年，苏联的解体给坦桑尼亚国内的人民带来了巨大的思想冲击，人们开始怀疑社会主义制度是否还适合坦桑尼亚。

1992 年 12 月，革命党全国代表大会召开，这次大会是在国际国内局势发生巨大变革的情况下召开的。此次大会明显受中国"中国特色社会主义"口号的影响，革命党当时也喊出了一个新口号，叫"当前形势下的乌贾马实施"，颇有一种"坦桑尼亚特色的社会主义"意味。大会首先对前一阶段国内经济调整和发展的情况进行了总结，并对今后经济发展的方向指明了方向。会议起草并通过了一份重要文件《革命党 90 年代的政策目标》[②]。这份文件首先明确肯定，国家当前的发展并没有放弃"乌贾马"，但是根据现实，重新对"乌贾马"的发展目标做了说明："我们必须清楚地认识到，乌贾马政策和自力更生原则不是旨在平分财产。这项政策的目标是为了增加国家的财富，从而达到每个人根据自己的贡献来获取公平的财富分配。"[③]看了这样的解释，大家就不用纠结经济调整过程中采用什么样的经济手段和措施，而是把大家的注意力转移到如何增加国家的财富和个人的财富这个目标上来了。

紧接着，文件就新的社会和经济政策做出了具体说明："90 年代的乌贾马和自力更生的目标是要确保人民自己拥有和经营国家经济；或者依靠他们自身的

[①] Opening Speech by H. E. President Ali Hassan Mwinyi to the 8th National Economic Policy Workshop, 30th November 1992, Dar es Salaam.

[②] Mwelekeowa Sera za CCM miakaya Tisini, Chama Cha Mapinduzi, 1990.

[③] Pius Msekwa, 50 Years of Independence: A Concise Political History of Tanzania, Dar es Salaam: NyambariNyangwine Publishers, 2013, p. 123.

能力,或者是他们的独立合作社;或者是成千上百的人民通过购买国有或合资企业的股份。通过这样的方式,经济的一大部分将会被人民自己拥有和控制,如此就是给了他们自己机会去提升自己的生活标准。"①

特别是在这份文件的第28条中,明确提出"革命党决定把私营经济放在工作的一线,以促进商品和服务的生产"②。此决定明显地为市场经济的引进打开了大门。

文件正式肯定了"私有化"和"自由化"的经济经营方式,虽然还是在"乌贾马"名义下,但实质内容已经与之前社会主义时期的"公有制"和"国有化"完全不同了,而且鼓励人民为了追求幸福生活、提高生活标准而采用私营经济。自此,国家第一次从官方文件中确立了市场经济发展方式,私营经济的社会作用得到确认。

这项新的文件有效地转变了执政党旧的"乌贾马"社会主义的意识形态,并且给执政党正式确立了市场经济的方向。姆维尼很巧妙地避免了人们关于意识形态和生产力属性的争论,他从不公开表明自己支持资本主义或者支持社会主义,他把全国人民的注意力都放在如何通过自己的经营和努力获取财富,而不是把时间和精力都放在无休止的争论之中。这一点是值得肯定的。

(二)"自由化"和"私有化"为特征

从姆维尼1984年担任桑给巴尔总统之时开始,姆维尼的经济调整就明显显露出"自由化"和"私有化"的特征。担任坦桑尼亚总统之后,在国际货币基金组织的干预下,制定了三年《经济恢复计划》,这个经济调整的计划,完全按照西方资本主义国家"自由化"和"私有化"的市场经济标准进行改革。

1967年《阿鲁沙宣言》中,明确对革命党领导干部的行为规范和道德纪律有明确的规定,尤其规定领导干部不得持有公司的股份,不得在私有企业任职,不得有两份或两份以上的工资收入,不得出租自己的房屋。然而,从1967年《阿鲁沙宣言》颁布之后,明明是对领导干部的经济限制却扩大到全体党员和公职人员。根据市场经济的发展需要,这样的经济限制明显与自由化和市场化严重不符,为了

---

① Pius Msekwa, 50 *Years of Independence*: *A Concise Political History of Tanzania*, Dar es Salaam: NyambariNyangwine Publishers, 2013, p.123.
② Ibid, p.124.

纠正这一错误,1991年2月,革命党在桑给巴尔召开全国执行委员会大会。

关于1991年的这次桑给巴尔会议,目前见到不少学者和专家的论著中有这样的表述,认为在这次会议上,革命党正式放弃了《阿鲁沙宣言》中的"乌贾马"社会主义和自力更生的原则,正式确立了资本主义的发展方向。可以明确地说,这是对这次会议真实内容的错误理解,桑给巴尔这次会议根本就没有讨论"乌贾马"政策和自力更生原则。实际上,一直到姆维尼1995年任期结束退休,官方也从来没有明确提出《阿鲁沙宣言》失效。

实际上,这次会议真正做的是修正了革命党宪法的部分规定,通过了一个决议,即1991年《桑给巴尔宣言》,根据宣言,"经过广泛地讨论,全国执行委员会做出决定,澄清党的宪法关于普通党员遵守领导法则的要求",明确《阿鲁沙宣言》中有关领导人的行为规范只适应于领导,基层党员不受此约束。后面明确"党员现在有权参与私营经济活动,可以获得不止一份的收入,可以购买股份,可以在私营公司里担任领导,可以建造房屋"①。

革命党的总书记霍勒思·科林巴(HoraceKolimba)后来解释党员规范的变化时说道,"目前执政党所做的就是顺应趋势,为党员和全体坦桑尼亚人民过上繁荣的生活创造条件。"②《桑给巴尔宣言》的颁布极大地解放了束缚人们从事私营经济的手脚,鼓励了更多的个人力量加入了经济活动中去,同时也减轻了政府机构和国有企业的压力。"自由化"和"私有化"的市场经济给了更多人创造财富和增加收入的机会。

执政后的姆维尼对20世纪60年代以来《阿鲁沙宣言》所确立的国有化政策和"乌贾马"村社化运动进行了根本性改革,在执政的十年中,逐步建立起以市场经济为基础,以"市场化"和"自由化"为特征的经济模式。这十年,商业、资本、贸易、竞争逐渐兴起。而政府对市场经济中的经营活动几乎不做任何干预,全部都交给市场,姆维尼也因其自由放任的管理风格而被冠以"鲁可萨"③的外号。

(三)经济调整与政治改革同步推进

20世纪80年代末90年代初,东欧和苏联社会主义的崩溃给世界带来了巨

---

① *The Zanzibar Declaration*, Bulletin of Tanzanian affairs, Issued by the Britain-Tanzania Society, NO 39 MAY/JUNE 1991.
② *Bulletin of Tanzanian affairs*, Issued by the Britain-Tanzania Society, NO 39 MAY/JUNE 1991,p. 13.
③ "鲁可萨"来源于斯瓦希里语"Ruksa",意思为"批准、许可"。这个外号是在坦桑尼亚采访当地的经济学者和历史学者而得知的,不少坦桑尼亚普通民众也认可对姆维尼的这个称呼。

大的经济和政治问题,世界范围内的变革正在加速。① 随着当时民主化浪潮席卷全球,非洲的不少国家也发生了动荡,民众呼吁和要求进行政治改革,当时坦桑尼亚国内对政治体制的改革呼声也随之高涨。欧美等资本主义国家更是抓紧机会,以经济援助和贷款为筹码,迫使非洲国家进行改革,并在改革过程中给予积极指导。②

1989年东欧社会主义国家发生的动荡让同为社会主义的坦桑尼亚非常谨慎。1990年2月,革命党全国执行委员会召开大会,对这一时期国际上,尤其是东欧社会主义国家发生的重大事件进行了讨论,最后,大会做出两个重要的决定:第一,根据对全球政治环境的判断,认定坦桑尼亚的变革是难以避免的;第二,决定发起全国性的大讨论。③

1990年10月,姆维尼在第二次总统大选中获胜,成功连任,同时,他也接任尼雷尔担任革命党主席。11月,姆维尼在国会上的演讲中宣布,将会任命一个总统委员会,调查和咨询坦桑尼亚人民是否同意和接受坦桑尼亚多党制的改革。1991年2月,由坦桑尼亚首席大法官弗朗西斯·尼亚拉里(Francis Nyalali)为主席的总统委员会开始了调查工作。经过长达半年多的调查,1991年11月,调查结果显示,80%的坦桑尼亚人对多党制改革说"不",只有20%的人同意改革。但是尼亚拉里委员会依据国际民主化的浪潮,从维护坦桑尼亚政局稳定和缓和因经济困境带来的社会矛盾,最终给出的提案是,建议坦桑尼亚推行多党制政治体制。

1992年4月30日,关于多党制的宪法修正讨论会在国会举行,经过一周的激烈讨论,1992年5月7日,国会正式通过了宪法修正案。根据法律规定,自1992年7月1日起,坦桑尼亚宪法修正案正式生效,④也就意味着,从这一天开始,坦桑尼亚联合共和国正式成为多党制国家。同一天,《政党法》和《政党注册法》也开始正式实施。

为了增强革命党的竞争力,姆维尼接任党主席之后对革命党也进行了改革。

---

① M. S. D. Bagachwa & A. V. Y. Mbelle, *Economic Policy under a Multiparty System in Tanzania*, Dar es Salaam: Dar-Es-Salaam University Press, p. 1.

② 徐济明、谈世中:《当代非洲政治变革》,北京:社会经济出版社,1998年,第38页。

③ R. S, Mukandala, S. S. Mushi & C. Rubagumya, *People's Representatives: Theory and Practice of Parliamentary Democracy in Tanzania*, Kampala: Foundation Publishers Ltd, 2004, p. 185.

④ Pius Msekwa, 50 *Years of Independence: A Concise Political History of Tanzania*, Dar es Salaam: NyambariNyangwine Publishers, 2013, pp. 144–145.

早在1977年革命党成立之时,就有规定,凡申请加入革命党的人,都必须参加三个月的课程培训,俗称党课。多党制施行后,不少想加入革命党的人会因为要参加培训课,并且要自己支付课程费,这对普通民众的经济压力还是很大的。因此姆维尼取消了这一规定。同时为了精简人员,提高行政效率,姆维尼还削减了一部分党内的公务人员。

姆维尼在1992年参加第八届全国经济政策工作坊的开幕式上谈及政治改革和经济调整之间的关系时说:"我们必须承认和平与安全是经济发展的前提条件,国家有职责建立健全商业公平规范的游戏规则,这些职责需要国家来做,无论是一党制还是多党制。"[1]

经济政策的巨大变化必然会引发社会的不稳定因素,而姆维尼充分利用了这一形势,他不是"堵",而是主动"疏"。在他的主导下,国家紧扣经济调整的主线,不把时间浪费在社会主义还是资本主义道路的选择问题上,而是巧妙地避免争论,并且积极引导国家政治向民主化方向发展。1992年,国家以法律的形式确立了多党制体制,正式结束了长达30多年的一党制政体制,推动坦桑尼亚的民主化发展。这一做法,很好地缓解了国内各派的斗争势力,维护了国家的稳定和统一,为进一步推进经济结构调整奠定了很好的制度基础和环境基础。

四、自由市场经济制度的确立

坦桑尼亚经济最困难的1981年,革命党于当年12月在达累斯萨拉姆召开了一次全国执行委员会大会,会上一致通过了《1981年革命党行动纲领》,新的行动纲领在其前言里言简意赅地阐明了制定的背景:

"全国执行委员会决定制定这份行动纲领是在对当前政治、社会和经济发展领域的现状经过仔细考虑和评估的。我们必须清楚,当下急需做的就是把我们发展计划里存在的问题阐释清楚,制定新的指标更清楚地纠正最终结果实施策略中的问题。"[2]

---

[1] *Opening Speech by H. E. President Ali Hassan Mwinyi to the 8th National Economic Policy Workshop*, 30th November 1992, Dar es Salaam.

[2] *The CCM Guidelines of 1981*, July 1, 1982, Filed under Business & the Economy, Issue 15, Politics, https://www.tzaffairs.org/1982/07/mwongozo-the-ccm-guidelines-of-1981/. Lastreviewedon2016 - 10 - 07.

这份行动纲领是革命党自1977年成立以来颁布的一份具有重要影响的文件,文件分为四个部分,第一部分主要是对执政党过去表现的深入调查,包括革命党的前身坦盟和非洲设拉子党时期;第二部分则坦率地承认党在近20年的执政中,在经济管理上犯的错误和存在的缺点,并鼓励党内自我批评,寻找问题的根源和解决的方案;第三部分详细分析了在自力更生原则下建设社会主义经济的方法,讨论了长期以来在社会和经济发展中采用的各领域发展的指标,并且重新强调了乌贾马经济的发展,指出要给予农业发展最大和最有远见的优先权;第四部分提出为了党的长远发展,有关执政党的意识形态方面的组织管理也要加强。[1]

这一时期,执政党和政府对当前经济发展的困境和主要问题进行了比较全面的分析,认识到经济管理上存在错误和缺点,需要改正。但是在第三、第四部分分析困境的深入原因时,并没有切中要害,没有看到"乌贾马"社会主义体制本身存在的问题,没有看到经济危机的背后其实是制度的问题,而不是管理层面的。行动纲领是执政党着力尝试扭转当前困境的一次重要努力,但是由于依然在固守"乌贾马"社会主义的基础上进行调整,显然不会有根本性的好转,因此,这次尝试注定是失败的。

其实到这里我们就可以看出来,在尼雷尔政府执政下,当政者是很难摆脱先前已有的意识形态方面的条条框框,那么经济改革到当前的困难状况下,很难继续推进下去,迫切需要政治层面先行一步。其实,这个转机就是尼雷尔的自愿辞职引退。

到1985年下半年总统大选之前,坦桑尼亚在外援方面的窘境已经非常突出。由于坦桑尼亚政府无力偿还之前巨额的贷款利息,美国国际发展署已经着手终止继续向坦桑尼亚提供援助和贷款。其他援助国见此情形也纷纷缩减向坦桑尼亚贷款和援助的额度。这一时期出口锐减,外汇储蓄一度濒临为零,当时很多必要的进口都面临打击。到12月,坦桑尼亚的石油燃料几乎消耗殆尽。获取国际货币基金组织提供的债务减免信用额度成为结束这场危机的唯一途径。[2]

1985年11月,刚刚当选总统的姆维尼任命来自乞力马扎罗地区的姆苏亚

---

[1] Pius Msekwa, 50 *Years of Independence*: *A Concise Political History of Tanzania*, Dar es Salaam: NyambariNyangwine Publishers, 2013, p. 125.
[2] Rodger Yeager, *Tanzania*: *An African Experiment*, London: Westview Press, 1986, p. 96.

(CleopaD. Msuya)担任新政府的财政部长。这位新部长一上台,就表现出了很强的个人能力,具有很强的改革精神。以姆苏亚为团长的谈判代表团立即恢复了与国际货币基金组织的对话和协商,[1]为了早日争取到国际货币基金组织的援助和贷款,姆维尼努力调整坦桑尼亚国内的各项政策方针,旨在使坦桑尼亚符合国际货币基金组织可以与其签署协议的标准。1986年6月,依据之前在桑给巴尔实行经济调整的经验,姆维尼首先与国际货币基金组织签署了一份备用协定,将坦桑尼亚货币贬值,由原来的1美元等值于17坦桑尼亚先令贬为40先令,贬值率为58%;取消进口限制;提高食品与出口农产品的生产价格。[2] 这些经济调整措施的先行实施,一定程度上缓解了国内经济恶化的趋势,也符合国际货币基金组织的要求。

1986年8月,经过近一年的协商和谈判,坦桑尼亚最终同国际货币基金组织达成了正式的协议,接受了双方拟定的结构调整和财政金融稳定的措施。很快,坦桑尼亚获得了国际货币基金组织提供的援助国家经济复兴计划的结构调整贷款,首批9000万美元的贷款极大地缓解了坦桑尼亚的经济危机。此时,世界银行和西方国家也对给坦桑尼亚提供援助表现出了积极的态度,1986年11月,世界银行给予坦桑尼亚1.3亿美元结构调整贷款,英国也于当年落实了8.1亿坦桑尼亚先令的援助项目,80年代后期,坦桑尼亚迎来了援助高峰。[3] 但是,坦桑尼亚政府的经济自主权开始受到严重的破坏,坦桑尼亚不得不接受改革路线。[4]

从1986年开始,姆维尼政府开始实施为期三年的《经济恢复计划(1986/1987—1988/1989)》。[5] 该计划着重对坦桑尼亚现存的经济结构进行调整,调整的主要目标是:1. 出台恰当的鼓励生产的法规,优化市场结构和提供农业生产所需的足够资源来提高粮食作物和经济作物的出口量;2. 修复严重损坏的物质

---

[1] Sebastian Edwards, *Toxic aid: Economic collapse and recovery in Tanzania*, Oxford: Oxford University Press, 2014, p. 124.
[2] Andrew Coulson, *Tanzania: A Political Economy*, Oxford: Oxford University Press, 2013, p. 4.
[3] Hans Falck, *Aid and Economic Performance: The Case of Tanzania*, Lund: Lund University Press, 1997, p. 27.
[4] Arne Bigsten, Anders Danielson, *Tanzania: Is the Ugly Ducking Finally Growing Up?* Goteborg: NordiskaAfrikainstitntet, 2001, p. 20.
[5] D. Bols、N. Luvanga and J. Shitundu, *Economic Management in Tanzania*, Dar es Salaam: TEMA Publishers Company Ltd., 1997, p. 1.

性基础设施,直接促进生产活动;3. 优先拨付外汇给部分工业部门和企业,提高工业的生产率,从20%—30%提高到60%—70%;4、实行稳健的财政、货币和贸易政策,恢复国内和国际的财政收支平衡。[①]

根据这些经济恢复的目标,坦桑尼亚政府在国际货币基金组织和世界银行的指导下,又制定了一系列政策和措施。首先,大幅度贬值先令,通过货币贬值来增加出口和吸引外资,而且根据要求,汇率与国际市场挂钩,国际和国内的商品和服务价格依据其自身价值和市场需求制定,实行自由浮动。其次,提高农产品收购价格,鼓励农业生产,开放粮食市场,《经济恢复计划》启动的第一年,政府就上调主要经济作物和粮食作物的收购价格,分别上调30%—80%和5%—10%。第三,实行贸易自由和开放政策,鼓励外来资本和私人资本在坦桑尼亚的投资。第四,减少财政赤字,取消政府对国有企业的财政补贴,对国有企业进行大规模改革,以出售、合资、承包、出卖股权等方式,促进国有企业的私有化。

表2 坦桑尼亚汇率变动表(1985—1995)

年份	1985	1986	1987	1988	1989	1990	1991	1992	1993	1994	1995
汇率	16	52	84	125	192	197	234	335	480	532	558

Source: Bank of Tanzania, several quarterly Economic Bulletins.
注:此表根据坦桑尼亚中央银行公布的部分年度经济公报统计制作而成。表中汇率即1美元可以兑换的坦桑尼亚先令数额。

第一个三年《经济恢复计划》的实施取得了明显的效果,70年代末80年代初的经济恶化趋势得到了一定程度的遏制。从1986年开始,经济发展开始明显好转,尤其是工业生产方面。1980—1984年间,工业增长率低至年均-5%,负增长,而经过第一个三年计划,1985—1989年工业增长率超过2.3%,[②]从调整前的负增长到调整后的2.3%,工业明显取得比较大的发展。1986—1989年经济年均增长率为5%,较1980—1985年的年均2%有很大提升;而通货膨胀率也从1980—1985年的年均30%下降到1986—1989年的年均10%。[③] 于是姆维尼

[①] S. M. Wangwe, *Economic Reforms and Poverty Alleviation in Tanzania*, Dar es Salaam: Economic and Social Research Foundation, 1996, pp. 3 - 4.
[②] Ibrahim J. Werrema, *After 50 Years*, *The Promised Land Is Still Too Far*! 1961 - 2011, Dar es Salaam: MkukinaNyota Publishers Ltd, 2012, p. 20.
[③] S. M. Wangwe, *Economic Reforms and Poverty Alleviation in Tanzania*, Dar es Salaam: Economic and Social Research Foundation, 1996, p. 4.

又连续实行了两个三年《经济恢复计划》,即 1989/1990—1991/1992 三年计划和 1992/1993—1994/1995 三年计划。

鉴于东欧和苏联中央集权式的计划经济的失败经验,姆维尼更加坚定国家经济和社会的转型与改革,他高度认可市场经济的发展模式,并且认为"政府的作用就是为人民发挥积极主动性提供有力的环境和条件。"[①]经过三个三年《经济恢复计划》的实施,坦桑尼亚经济逐渐确立起以自由化和市场化为主要特征的市场经济模式,在外汇与贸易、农业、国有企业和工矿业、银行与金融业等各个方面都有显著的发展,旧的"乌贾马"社会主义计划经济逐渐被抛弃,一种更加开放和自由的经济模式开始在坦桑尼亚活跃起来。

实行《经济恢复计划》的坦桑尼亚很快就获得了国际组织和西方社会的贷款和捐助,通过一系列调整计划和方案的实施,坦桑尼亚的经济开始复苏并出现好转。1986 年到 1995 年是姆维尼主政的十年,这十年对于坦桑尼亚而言,具有极其重要的意义。这十年,坦桑尼亚经济领域全面从计划经济体制转向市场经济体制,明显以"市场化"和"私有化"为主要调整方向,通过对外汇、进出口贸易、农业、国有企业、银行与金融业等主要经济部门的结构调整,逐步在坦桑尼亚确立了市场经济体制。

五、结语

十年的经济结构调整,内容非常复杂,本文也只是就主要发展趋势和内容做出梳理,并就一些关键问题做出分析。经济结构调整已经过去 30 多年了,今天我们回过头来看,应该怎样审视和评价这一历史活动呢?

首先,我们不可否认,1986 年开始的经济结构调整有其历史必然性。我们把目光从坦桑尼亚暂时先跳出来,放到整个非洲大陆来看。20 世纪 70 年代后期,广大的非洲地区,尤其在撒哈拉以南的非洲地区,绝大多数国家普遍都陷入经济发展的困境,这一情况不仅引起了非洲统一组织等"自己人"的注意,也引起了国际组织和西方社会的注意。多方纷纷给出分析,并开出"药方"。虽然多方意见不一,但是都认可此时的非洲需要"改革"和"调整"。不仅如此,20 世纪 70

---

① M. S. D. Bagachwa & A. V. Y. Mbelle, *Economic Policy under a Multiparty System in Tanzania*, Dar es Salaam: Dar-Es-Salaam University Press, p. 3.

年代中期，尼雷尔就发表讲话，明确当时国家的经济发展存在很多弊端，也尝试进行一定程度的调整，不过他带有明显局限性的调整失败了。因此，进入到20世纪80年代，面临严重的经济危机，坦桑尼亚不得不选择"调整与变革"。所以我们说，处在非洲经济结构调整浪潮中的坦桑尼亚，有其结构调整的历史必然性。

其次，我们也应该看到坦桑尼亚的经济结构调整具有明显的被迫性。根据非洲统一组织的观点，《拉各斯行动计划》中明确提出要依靠非洲自身的力量，加强合作，共同度过危机。而体现国际货币基金组织和世界银行观点的《伯格报告》却坚持让非洲国家进行经济结构调整，并且以是否提供贷款和援助为由逼迫广大的非洲国家。而此时危机重重和负债累累的坦桑尼亚和其他接受调整方案的非洲国家一样，无力抵抗，只能被迫接受《经济调整计划》。先后30多个国家的经济结构调整方案几乎如出一辙，调整初期，大部分国家的经济发展都有明显的改善，可这种不分国别、不依据具体国情的调整方案注定会产生很多弊端，这也为坦桑尼亚经济结构调整过程中产生的一些负面问题埋下了伏笔，同时这也是广大的撒哈拉以南非洲国家经历过经济结构调整后依然没有持续发展的主要原因之一。

再次，我们要客观地看待和评价坦桑尼亚这十年所经历的经济结构调整。我们无法简单地用"成功"或者"失败"来定性。十年的经济结构调整，为坦桑尼亚确立了适应现代社会发展的市场经济制度，为坦桑尼亚的经济发展引进了市场机制，促进了资源的合理配置，增强了经济活力，优化了产业结构，在较短的时间内缓解了严重的经济危机，维护了国家的统一与稳定。然而，我们也要看到经济结构调整是在国际组织和西方社会的"强迫"下开出的一剂"猛药"，见效快，但是副作用也大。竞争机制的引入，使得社会上所有的活动都以经济效益为参照标准和奋斗目标，而坦桑尼亚并没有很好的经济发展基础和体制机制基础，因此，经济恢复的同时，一系列问题也随之浮出水面，并向恶性趋势发展。严重依赖外援、贪腐问题突出、贫富差距加大、社会公平缺失、治安问题等一系列问题也不可避免地成为了今天坦桑尼亚经济可持续发展的桎梏。

最后，我们还要把坦桑尼亚的经济结构调整放在非洲经济结构调整的浪潮中来看。20世纪80年代初，只有少数几个非洲国家按照国际货币基金组织和世界银行提出的结构调整方案开始了经济调整，到80年代中后期，就已经有20多个非洲国家接受了经济结构调整，至20世纪90年代初，参加经济结构调整的国家已经达到 30 多个,而且绝大多数国家集中在撒哈拉以南非洲,并且经济结构调整的措施也基本一致,都是采取国营企业私有化、汇率和价格体制改革、贸易自由化和资本自由流动[1]等措施。面对国情迥异的非洲各国,一张统一的"药方"能否治愈他们的经济顽疾吗?1994 年,世界银行对实施结构调整的 29 个非洲国家进行了调研,结论显示,有 6 国经济明显改善,9 国有较小改善,11 国比过去情况更糟糕。[2] 对比这些国家,坦桑尼亚属于经济明显改善的,因此,其结构调整比较成功。再从经济结构调整的国内环境来看,坦桑尼亚政局稳定,对市场经济的接受度较高,普通民众较为积极地参与到结构调整中去,这些都是坦桑尼亚结构调整的主要特点,也是其优势所在。

1995 年,姆维尼的总统任期虽然结束了,但是继任的总统姆卡帕(Benjamin William Mkapa)依然继承了未完成的经济结构调整。这场经济结构调整是坦桑尼亚现代化路上的一个过渡期,为后续的经济改革作了重要的铺垫。

从今天的眼光往回看,确实有很多经验教训需要我们的总结:第一,经济政策的调整必须以改善人民生活、促进生产力发展为目标;第二,经济政策的制定必须依据本国国情,坚持独立自主,减少对外依赖;第三,加大对教育、高新科技等方面的投入,坚持人才强国战略,减少优秀人才外流。这些经验不仅仅是坦桑尼亚一国需要吸收和借鉴的,更是广大的非洲国家,尤其是撒哈拉以南非洲国家需要加以注意的。我们坚信,在通往现代化的道路上,起步晚、基础薄弱的非洲国家一定可以追赶上来。

---

[1] 舒运国、刘伟才:《20 世纪非洲经济史》,杭州:浙江人民出版社,2013 年,第 136 页。
[2] 同上书,第 138 页。

研究生论坛

南非对气候变化的关切和中南合作

胡皎玮

摘要：随着南非工业化和现代化的进程逐年加快,解决环境问题的紧迫性对南非愈发凸显。本文将对南非当前的气候变化问题、主要应对举措和中南在该领域的已有合作作出概述,以期为南非的今后发展和中南合作提供参考。

关键词：国际关系　中非关系　气候变化　南非

作者简介：胡皎玮,上海师范大学非洲研究中心硕士研究生

作为近年来持续升温的全球性问题,气候变化不仅直接关系到人类的存亡与生存环境,更间接引发了以能源为主的资源紧张,间接涉及了政治、经济等多个领域,导致了国际关系的复杂化。南非是非洲工业化程度最高的发展中国家,既饱受气候变化的影响,也推动了气候变化的治理。据全球气候模拟系统的数据显示,在以2000年为基准点的过去近半个世纪中,南非的气温增长了1℃—3℃,降雨量下降了约5%—10%,南非的西部地区在夏秋季的每日温度呈不断上升的趋势,洪涝等灾害的发生也明显更为频繁。[1] 应对气候变化,于南非刻不容缓。

一、气候变化对南非的影响

南非是撒哈拉以南非洲经济最发达的国家,但也是个多灾多难的国家。气

---

[1] South Africa：*Initial National Communication under the United Nations Framework Convention on Climate Change*, Oct 2000. http://unfccc.int/resource/docs/natc/zafnc01.pdf.

候变化对南非的影响主要落在生态、经济、民生、社会治理等多个领域,但也不限于此。

(一) 生态危机和自然灾害

1980—2008 年间,在造成非洲经济损失最大的 10 次自然灾害中,南非占 3 次,类型覆盖旱灾、洪水和暴风雨。[①] 气候变化对南非的负面影响非常直观。

第一,气温升高。南非当前的升温速度正领先于世界上多数国家,因此未来将更早显示出温室效应的负面性。到 2050 年,南非沿海地区的温度将升高 1℃—2℃,内陆将升温 2℃—3℃。到 2100 年,南非沿海将升温 3℃—4℃,相对应的内陆更将达到 6℃—7℃的增温值。[②] 如前文所述,《史登报告》曾预测全球将于 2100 年前实现 5℃—6℃的增温值。[③] 显然,南非将面临的气温升高将远超全球平均值。

第二,水资源愈发紧张。其一,自然水资源获取难。2014 年,全球降水量近 1033 毫米[④],而南非当年的降水量为 495 毫米,在当年可考的 180 个国家中排位 142,不足世界首位哥伦比亚年降水量(3240 毫米)的 15.3%。[⑤] 据南非供水与卫生部的官方数据(图 1),南非的地表水显然在最近五年中显示出总体下降的趋势;同时根据供水与卫生部的推测(图 2),水资源在今后的持续下降将仍是主要趋势。[⑥] 其二,地表(水分)蒸发快。地表水分蒸发过快的几大显性迹象,除了地表温度、海洋温度等的上升,还有旱灾,同时也给南非的淡水资源存储量造成了极大的威胁。其三,刚性需求大。南非的水资源现状,可谓"需求刚性、外供无力"。2015 年,自顾不暇的南非政府完全停止了对邻国博茨瓦纳的供水。此外,南非曾

[①] PreventionWeb: *Africa-Disaster Statistics*. http://www.preventionweb.net/english/countries/statistics/index_region.php,资料获取时间:2016 年 6 月 15 日。

[②] The Government of the Republic of South Africa: *National Climate Change Response (Green Paper)*, 2010.

[③] Stern Review: *The Economics of Climate Change*, Oct 2006. http://webarchive.nationalarchives.gov.uk/20080910140413/http://www.hm-treasury.gov.uk/independent_reviews/stern_review_economics_climate_change/stern_review_report.cfm [2006-10-30].

[④] NOAA National Centers for Environmental Information, State of the Climate: *Global Analysis for Annual 2014*, Jan 2015. https://www.ncdc.noaa.gov/sotc/global/201413.

[⑤] The World Bank, http://www.worldbank.org,资料获取时间:2016 年 6 月 22 日。

[⑥] Department of Water & Sanitation, Republic of South Africa: *National Integrated Water Information System*, last updated in Nov 2017. http://niwis.dwa.gov.za/niwis2/SurfaceWaterStorage,资料获取时间:2016 年 6 月 22 日。

多年向邻国莱索托购买其卡界水坝附近的淡水资源,然而曾经水资源充沛的莱索托在当时也仅有向南非几个大城市(如约翰内斯堡、普利托利亚等)提供稳定水源的能力。随着全球变暖现象的愈发迅速,干旱同样席卷了莱索托,甚至有住在边境的莱索托国民越境去南非购买进口自本国的水。这不仅严重影响了莱索托固有的发展战略,同时也迫使南非不得不反思为满足巨大刚需的水源获取方式。

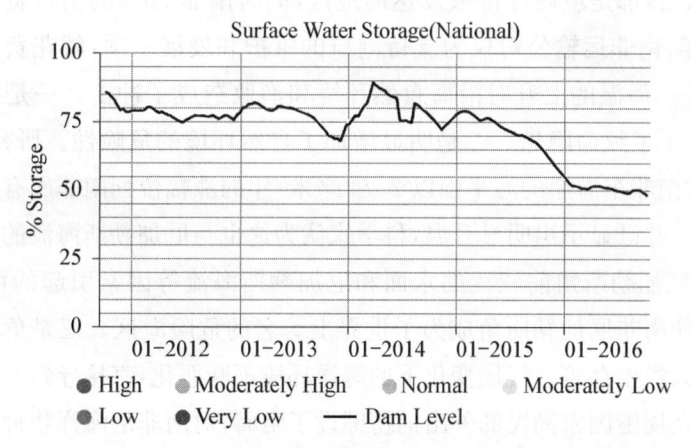

图1 过去五年的南非地表水存储量(2012年1月至2016年1月)

资料来源:南非供水与卫生部(链接:http://niwis.dwa.gov.za/niwis2/SurfaceWaterStorage)

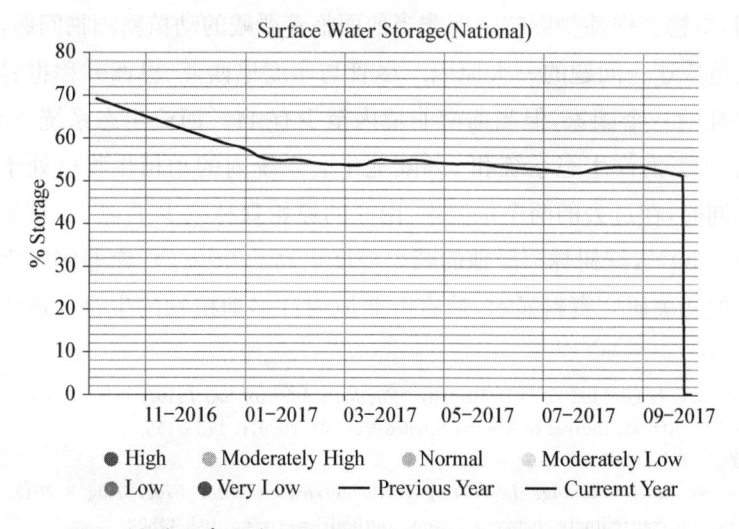

图2 南非地表水存储量预测(2016年11月至2017年9月)

资料来源:南非供水与卫生部(链接:http://niwis.dwa.gov.za/niwis2/SurfaceWaterStorage)

第三,沿海发展受迫。其一,海平面的上升不仅给沿海地区的经济发展和当地居民的生存带来了胁迫,更危及观光旅游业的发展。南非西海岸的海平面平均以 1.87 毫米/年的速度上升(1959—2006),南海岸海平面的年平均升幅为 1.48 毫米/年(1957—2006),东海岸 2.74 毫米/年(1979—2006)。[1] 2008 年及 2009 年的洪水对南非夸祖鲁-纳塔尔省造成了严重的海岸侵蚀。当前,南非有八个沿海城市,都是境内经济最发达的地区,同时南非 98% 的出口贸易借助航运。2009 年,南非运输公司仅为支持港口的维护和发展一项,就花费了 194 亿兰特。[2] 其二,海温的上升对沿海自然环境和渔业造成了冲击。一是对海洋生物的存活埋下了致命隐患。二是明显增加了自然环境的危险性。研究表明,位于亚热带的南非东海岸的海平面以 2.74 毫米/年的涨幅位列南非所有海岸海平面涨幅首位,并已显示出明显升温,科学家认为这也与厄加勒斯海流的变暖和扩张有关。[3] 厄加勒斯角前较浅的水面和厄加勒斯海流等因素引起的可高达 30 米的巨浪,使南非厄加勒斯角成为了世界上著名的危险海区。三是危及沿海区域的物种、人类生存等。气候变化下的海洋环境不断恶化,直接导致海洋生物减少,为南非及周围国家渔民的外出捕捞铺设了阻碍,对南非的海洋物种多样性和渔业等与海洋息息相关的经济部门的发展有弊无利。此外,海水向内陆侵袭所导致的土地盐碱化,进一步危害沿海地区的土壤环境,使农作物等植物难以生长存活。

第四,生物多样性受影响。南非当前面临着严峻的动植物濒临问题,而气候变化正是造成这一问题的一大原因。尽管与印度尼西亚、巴西并称世界上最具生物多样性的三个国家,但当前南非境内至少有 44% 河流生态系统、23% 河口生态系统、12% 海洋生态系统和 5% 陆地生态系统内的动植生物已处于严重濒危状态。同时,在过去的两个世纪中,南非的原始森林减少了 46%,草原牧场减少了 60%—80%,红树林沼泽地的减少程度更高达 90%。[4] 南非国家生物多样性研究所的相关研究资料显示,适宜南非境内许多动植物的生存区域将在不久

---

[1] A A Mather, G G Garland & D D Stretch: "*Southern African Sea Levels: Corrections, Influences and Trends*", African Journal of Marine Science Vol. 31, 2009, p. 145 – 156.

[2] 此为当时(2009 年)的名义价格。

[3] Nicola James: *Climate Change Is Hitting South Africa's Coastal Fish*, Aug 3 2015. http://theconversation.com/climate-change-is-hitting-south-africas-coastal-fish-44802.

[4] The Government of the Republic of South Africa: *National Climate Change Response (Green Paper)*, 2010.

的将来减少 55% 的面积,其中南非西部是境内最受威胁的地区。[1] 当前,南非仅面临濒临的动物物种就达数百种,国鸟蓝鹤也位列濒临物种的行列,仅自由省北部、林坡坡省等可考的蓝鹤数量在过去三十年就减少了 90%,南非约 65% 的海洋和沿海生物区正对气候变化日益显示出敏感性。

(二)经济与发展

在联合国国际减灾策略组织、美国国际发展署和灾难和传染病学研究中心联合发布的《2015 年世界灾难统计数据》中,南非在 2015 年全球因自然灾害而蒙受经济损失的国家中排名第八,损失高达 2 千亿美元。[2]

1. 农业和食品安全

南非的西部地区是其境内最为饱受厄尔尼诺现象负面效应的区域,旱灾严重影响农业发展,进而扩大食品安全问题乃至全国。2004 年,南非多处爆发旱灾,约 1500 万居民受灾。仅 2013 年一年南非境内就多次并持续地发生旱灾。在南非西北省和自由邦省发生的旱灾,再次对农业造成巨大冲击,影响波及整个南非境内。由于两个省负责种植生产南非一半以上的玉米,旱灾使玉米产量连续多月下调,大幅提高了当年的玉米价格,导致了农产品市场的秩序混乱。有媒体称,西北省在 2013 年 9 月所经历的旱灾,创下了该省此前 80 年来的新纪录,就连政府的经济补助都显得微乎其微。[3] 2015 年,南非西北省再次遭遇重大旱灾,不仅农业再次受创,更导致大量家禽、牲畜或病,或死于饥渴和高温。除了即刻见效的旱灾,水源缺失、土地盐碱化等因素也从各方面对农业的长远发展埋下隐患,直接或间接地影响国民生存与生活水平,严重妨碍当地经济和社会发展。

2. 制造业、现代化和城市化

气候变化对制造业、现代化和城市化所造成的影响,更多通过水资源的获取。制造业的滞后,直接影响现代化目标的实现,对城市化发展造成阻力。就在

---

[1] South African National Biodiversity Institute: *Climate Change Adaptation Division*, Last updated on 29 May 2015. http://www.sanbi.org/biodiversity-science/state-biodiversity/climate-change-and-bioadaptation-division.

[2] The United Nations Office for Disaster Risk Reduction & United States Agency for International Development: 2015 *Disasters in Numbers*, Jan 25 2016. http://www.unisdr.org/we/inform/publications/47804.

[3] eNews Channel Africa: *North West Suffers Worst Drought in 80 Years*, Dec 5 2013. http://www.enca.com/south-africa/north-west-suffers-worst-drought-80-years.

2016年10月,南非合作治理和传统事务部副部长安德烈·奈尔(Andries Nel)在国际减灾日纪念活动上引用慈善家茱蒂丝·罗丁(Judith Rodin)的著作,称"城市化"和"气候变化"是与"全球化"并列的当今世界面对的三大"分裂问题"。[1] 气候变化对南非制造业、现代化和城市化推进过程中的最大阻碍可从两个角度审视,一是微观上资源的分配问题,二是宏观上发展与减排的二元平衡问题。

3. 观光旅游业

观光旅游业作为南非的诸多特长之一,始终是南非重要的经济部门,旅游业对劳动力市场的贡献高达8.33%。2012年,南非旅游局公布了2009年本国高达1894亿兰特[2]的旅游收入,占南非当年GDP总量的7.9%。同时南非旅游局提出将大力发展旅游业,实现到2020年旅游收入增长到4990亿兰特[3]并跻身全球最受欢迎旅游点前二十名的目标。[4] 气候变化显然将会成为南非政府实现旅游业发展目标的巨大阻碍。据南非旅游业现状,除公事出差外,文化了解、生态(动植物)观赏、体育观摩、冒险体验等是当前境外游客选择南非为目的地的重要因素。[5] 冒险体验作为南非吸引观光客的一大亮点,如前文提到的厄加勒斯角区域、好望角区域等,每年都会吸引大量对南非自然风景有兴趣也乐于冒险的游客。但这些危险区域一旦海浪过度冲击地面,引起自然灾难,将不但危及游客生命,更对南非的观光旅游业造成短期内难以恢复的巨大损失,甚至重创国家形象。

(三) 民生与健康

从医学和社会学的角度,气候变化对南非当地人口的生命安全、民生福祉有着直接和间接的威胁。

1. 安全与生命

气候变化对南非当地人口的安全和生命造成了巨大的隐患。相关统计数据

---

[1] Deputy Minister Andries Nel: *Commemoration of 2016 International Day for Disaster Reduction*, Oct 13 2016. http://www.gov.za/speeches/international-day-disaster-reduction-2016-13-oct-2016-0000.

[2] 此处为当时(2009年)的名义价格。

[3] 此处为当时(2009年)的名义价格。

[4] The Republic of South Africa: *National Tourism Sector Strategy*, 2011.

[5] Brand South Africa: *South Africa's Tourism Industry*, Dec 11 2012. http://www.southafrica.info/business/economy/sectors/tourism-overview.htm#.WAEemcnUpBi.

显示,南非在2015年受自然灾害影响人口最大的国家中位列第十位,受灾人数达270万,是前十位中继埃塞俄比亚(第三位)后的第二个非洲国家。[1] 在2010年12月发生于南非境内的洪水事故中,当地遇难者过百,逾8400万当地人口被迫紧急迁徙,重点灾区逾33处。[2] 洪涝水灾是对南非生命及安全造成影响最迅速且巨大的自然灾害之一,除此以外南非还受到旱灾、暴风雨、地震、飓风等侵袭,而这些灾害除却南非本身的地理因素,实际上和气候变化也有着千丝万缕的联系。除了对南非造成难以复原、周而复始的经济损失,气候变化更通过自然灾害对当地人口造成了最"迅速"、最惨重、最大覆盖面的破坏,不仅殃及大量无辜生命,更给幸存者留下了巨大的心理阴影。

2. 亚健康与传染病

全球变暖为细菌、病毒的增生、繁殖及变异提供了便利的环境,南非作为全球增温效应最明显、受到气候变化影响最大的地区之一,当地居民的健康乃至生命因此受到了威胁。

首先,气候变化使亚健康成为常态。当前,南非拥有近40%的农村人口,其中相当一部分处于极贫状态。此外城市中也有部分人口的生活条件并不理想,一些非法建造或简陋的居住设施对恶劣天气的抵抗极为薄弱,而全球变暖引起的气候变化使极端天气的发生越来越反复频繁、难以预测。暴雨、飓风、极寒[3]将对生活条件较差、营养较落后的这一人群在健康上产生直接影响。同时,在条件落后的郊野、城中村等,水资源紧缺、卫生条件落后和食品安全危机,使当地居民更直接地暴露在亚健康和疾病的风险面前。

其次,全球变暖严重加剧了传染病的发病率,尤其水和食源性传染病。统计表明,在那些拥有较为完善的水源和食物供应系统、排污系统的国家,水和食源性传染病的病发率相对较低。[4] 例如,高温与暴雨使疟疾的传播更

---

[1] The United Nations Office for Disaster Risk Reduction & United States Agency for International Development: 2015 *Disasters in Numbers*, Jan 25 2016. http://www.unisdr.org/we/inform/publications/47804.

[2] David Smith: "*South Africa Flood Death Toll Rises as Government Declares 33 Disaster Zones*", The Guardian, Jan 24 2011.

[3] Jenny Griffin: The Impact of Climate Change on South Africa, http://www.climateemergencyinstitute.com/cc_s_africa_griffin.html, 2012-04-03.

[4] Ichiro Kurane: "*The Effect of Global Warming on Infectious Diseases*", Osong Public Health and Research Perspectives, Volume 1, Issue 1, Dec 2010.

为迅速。[1] 南非夸祖鲁-纳塔尔省是疟疾重灾区，占到全国疟疾病例的半数以上[2]；同时，夸祖鲁-纳塔尔省也是医学研究点明指出在南非境内综合各类传染病的重灾区，如在气温、土壤类型、降雨等因素的驱使下，钩虫病的流行同样对当地人造成巨大危害[3]。另一个不容忽视的传染病是艾滋病。据世界卫生组织，每 1000 个南非人中至少有 31 位感染艾滋病，这一数据使南非在艾滋病感染比例中位列全球第三，尼日利亚以 49.5‰ 占首，印度以 37.1‰ 紧随其后。[4] 再据世卫组织 2015 年的数据，在全世界 15—49 岁的中青年人口中，非洲以 4.4% 的艾滋病感染率位居各大洲首位，远高于全球感染率的 0.8%，排名第二的美洲以 0.5% 遥居第二。[5] 尼日利亚、南非等非洲艾滋病大国显然是全非洲 4.4% 艾滋病高感染率的主力贡献者。同时，世卫组织现已证实艾滋病与疟疾间微妙的"双向关系"，即艾滋病病毒能激发潜藏在人体内未识别且未治疗的疟疾病毒，而这部分疟疾病毒反之又能无形中增加艾滋病病毒的病毒载量。[6] 显然，对于疟疾、艾滋病等这些早已严重威胁到南非乃至非洲当地人口健康甚至生命的疾病，气候变化无疑是雪上加霜。而这些在南非肆意传播的疾病不仅正以惊人的速度吞噬当地人的生命，更在残酷扼杀当地的（青壮年）劳动力，对当地的健康水平、家庭幸福、社会氛围、经济发展都造成影响。

3. 贫困与差距

气候变化引起的一系列问题，包括自然灾害、食品安全、水资源短缺、农业衰退、制造业不景气、亚健康与疾病传播等，最终都将对当地社会的经济发展和人民的生活水平造成负面影响。从 2000 年高达 65% 的贫困率跌至 2010

---

[1] Jenny Griffin: The Impact of Climate Change on South Africa, http://www.climateemergencyinstitute.com/cc_s_africa_griffin.html, 2012-04-03.

[2] M. H. Craig, I. Kleinschmidt, J. B. Nawn, D. Le Sueur and B. L. Sharp: "*Exploring 30 Years of Malaria Case Data in Kwazulu-Natal, South Africa: Part I. The Impact of Climatic Factors*", Topical Medicine & International Health (Volume 9, Issue 12), Dec 2014, pp. 1247-1257.

[3] UNEP & UNAIDS: Climate Change and AIDS: A Joint Working Paper, http://data.unaids.org/pub/BaseDocument/2008/20081223_unep_unaids_joint_working_paper_on_cca_en.pdf, 2008-12-23.

[4] WHO: Disease and injury country estimates (2008), http://www.who.int/healthinfo/global_burden_disease/estimates_country/en/, Geneva: WHO, April 2011.

[5] WHO: Adult HIV prevalaence (15-49), 2015, http://www.who.int/gho/hiv/hiv_013.jpg, Geneva: WHO, 2016.

[6] WHO. Malaria and HIV interactions and their implications for public health policy. Geneva: WHO, 2004.

年的40%,从2000年76%的儿童贫困率跌至2010年的50%,[①]显然南非政府为消除贫困做了一系列的长期努力。尽管南非的贫困率一路呈下跌趋势,到2014年甚至成功降到39%,但这数字并未从本质上改变贫困于南非迫在眉睫的事实。同时,以当前城市基本设施仍有待完善为前提,在解决农村及郊区的食品安全、卫生条件、水电供应、医疗条件等皆与南非固有发展及气候变化息息相关的问题之前,气候变化已经开始对当地居民显示出的负面效应,将加重南非当局缩小贫富差距的任务,加大南非实现联合国千年发展目标的难度。

(四)迁徙、移民与社会治理

气候变化将拉升南非国家和地方政府面对快速涌进的外来人口的监管难度和管理成本,加快一系列社会治理问题的到来。气候变化在总体上对经济较不发达、基础建设较为薄弱、抗灾系统及能力较为欠缺的地区有更大的负面影响。由此可推出两个结论:第一,南非农村受到气候变化的影响大过城市,非洲贫困国家受到的影响远大于发展较快的国家。第二,若不采取有效的应对措施,气候变化将使经济较为落后的地区进一步发展滞后,与较发达地区的贫富差距、生态环境差距不断扩大。因此可大胆推断,气候变化将可能间接推动外来人口加速涌入的进程,具体可能形成农村人口向城市发展、境外(以非法移民为主)向南非境内发展的这两个人口流入方向。从而,将提高政府的社会治理成本,和缩小国家各省市间贫富差异的难度。

二、南非应对气候变化的政策与举措

在气候变化的处理应对和管理防范方面,南非走在非洲各国前列。以一系列政府政策和具体举措为依托,从政府到企业,从民间组织到教育机构,南非社会各界在过去的三十年中主要在缓解温室效应、适应气候变化、提升应对能力、开展社会宣传和公共教育四大方面作出了不懈努力。

[①] SAHRC & UNICEF: Poverty Traps and Social Exclusion Among Children in South Africa 2014: A Report to the South African Human Rights Commission, 2014. http://www.gov.za/sites/www.gov.za/files/poverty_childrens.pdf.

(一) 多举措缓解温室效应

多角度大幅降低碳排放对环境的影响,是南非当前缓解温室效应最主要的举措。据毕马威相关报告,南非在全球最积极降低碳排放的国家中位列第 13 名。[①] 为达成至 2030 年二氧化碳排放量减少 34%、2050 年减少 42% 的目标,南非主要通过推动节能减排、发展绿色经济和扩大森林碳汇以缓解温室效应。

1. 积极推动节能减排

法律手段设限和监管。国家监管为主、社会监督为辅。通过立法进行全民约束,明确职责义务。南非是最早具有空气污染应对意识的非洲国家之一,早在 1965 年就颁布了《大气污染防治法案》。但直到 1998 年南非颁布了《国家环境管理法案》,才为本国后续环境法的制定提供了基本框架。2004 年,南非颁布了《空气质量法案》[②],在次年的政府公告[③]中就相关问题(尤其对产生大气排放物的行为活动、排放许可等)作出了具体的罗列、定义和解释,较笼统地提出了相关行为与处罚的联系。由此,基于《国家环境管理法案》《空气质量法案》《生物多样性法案》《保护地区法案》《国家水资源法案》《矿产和石油资源开发法案》等法案条例,南非正在逐步完善本国的环境法,以从更高层面下达到对每一位公民的约束。2015 年 6 月,南非发布了最新的《国家环境管理法修订草案》[④],就相关变动和问题进行解释。根据南非宪法规定,生态环境保护是各级政府的必尽职责。因此除了环境事务部、旅游部外,南非的农业部、林业部、能源部、供水与卫生部等部门都设有环保监督职能部门。在通过法律实行监管和约束的同时,这些部门在制定和执行国家环保标准方面协调行动、相互监督,形成了严密的环保机制。[⑤] 而政策的颁布和法律法规的完善,正是南非政府监管部门工作开展的基本依据。同时,南非积极打通社会监督渠道,加强全民依法监督的参与模式。

---

① Lester M: "*Carbon Tax must be explained to laymen*", Business Day Live, May 19 2013.
② The Government of the Republic of South Africa: *National Environment Management Air Quality Act*, 2004.
③ The Government of the Republic of South Africa: *Government Gazette of National Environment Management Air Quality Act*, 2005.
④ The Government of the Republic of South Africa: *National Environmental Management Laws Amendment Bill*, 2015.
⑤ 《南非建立健全生态环境保护机制》,新浪网,2008 年 12 月 16 日。http://finance.sina.com.cn/roll/20081216/08242574929.shtml.

行政手段规划和介入。主要由顶层设计规划与目标,由上至下垂直推动节能减排战略的制定落实。2005年3月,南非政府发布了《国家能源有效利用战略》,提出到2015年要提高12%的全国能源总利用率。其中,到2015年应达到工业和矿业、商业和公共建筑、住宅、公共运输四个部门的能源需求分别减少15%、15%、10%、9%,发电附加载荷减少15%。①国家战略出台后,南非国家电力公司同时也是南非最大的二氧化碳排放企业制定了相应的能源需求战略,主要城市也相继拟定了能源有效利用战略。南非32个主要能耗企业与矿业能源部、国家电力公司签订了能源效率准则,承诺共同实现相应的节能减排目标。②

经济手段调控和激励。其一,税收调节是南非计划推动节能减排最重要的经济措施,其中以碳税为关键点。2010年12月,南非发布了《减少温室气体排放——碳税方案》讨论稿③,就南非全面开征二氧化碳排放税向社会各界征求意见。其二,南非现已引入可再生能源上网电价制度,用经济手段激励社会各界参与"更绿色"的消费和运作模式,提高不同人群和组织在国家节能减排计划中的参与度。

2. 发展绿色经济

为助力绿色产业和低碳能源、可再生能源的发展,南非政府正在推出越来越多的措施,如"可再生能源保护价格""可再生能源财政补贴计划""可再生能源市场转化工程""可再生能源凭证交易""南非风能工程"等。④ 总体上,主要从以下两方面着手。

开发和使用清洁能源。过去,煤炭是南非能源消费的主要组成部分,约70%的能源供应来自煤炭,南非电力供应的九成以上来自煤炭发电。⑤ 为了推动可再生能源的开发,南非政府于2002年批准了可再生能源白皮书,并制定了

---

① Government of South Africa: *Energy Efficiency Strategy of the Republic of South Africa*, Mar 2015.
② 大卫·莫尼埃、杨立华、徐国庆:《南非大力发展清洁能源、环保与信息通信产业》,《中国社会科学报》,2011年4月19日。
③ Department of National Treasury, Republic of South Africa: "*Discussion Paper For Public Comment: Reducing Greenhouse Gas Emissions: The Carbon Tax Option*", Dec 2015. http://www.treasury.gov.za/public%20comments/Discussion%20Paper%20Carbon%20Taxes%2081210.pdf.
④ 李建民:《南非倾力打造绿色经济模式》,新华网,2011年3月30日。http://news.xinhuanet.com/world/2011-03/30/c_121245629.htm。
⑤ 《天然气才是南非的能源答案,天然气发电将更有利于节能环保》,北极星电力网,2011年11月2日。http://news.bjx.com.cn/html/20111102/320207.shtml。

可再生能源发展战略,其中包括生物燃料、风力发电、水利发电、潮汐发电、太阳能发电开发等项目,战略的落实从筹备雏型到初具规模经历了漫长的过程。2011年,南非能源部公布了《综合资源规划》,确立了全国清洁能源使用的具体分配,计划每年建设约300兆瓦的大规模光伏电站,到2019年实现国家风力发电能力达到4500兆瓦。2014年,南非成为撒哈拉以南非洲第一个安装近1GW光伏电站的国家。[1] 自1971年起,南非规划完成了嘎瑞普坝、因古拉除能计划、德拉肯堡储能计划等储水储能、水力发电项目十余项。2002年起,南非设计启动了达令风电场、古达风电场、西里风电场、金谷风场等大型风能发电场及相关设施,已有和在建项目现近四十个。2011年8月,南非启动了可再生能源独立电力采购计划,进一步扩大了对储能型光热发电的关注和投资。2015年起,南非不断加大对浓缩太阳能的研究和对太阳能发电项目的开发力度,括博克坡特光热电站、红石太阳能火力发电站在内的现有及在建项目达七个。可再生能源、清洁能源和低碳能源的使用大幅降低了传统煤炭发电造成的碳排放量。

推动和发展绿色产业。第一,助力绿色旅游业,打造绿色生态旅游区。一方面,南非大力保护原有生态区域,禁止工业开发和任何形式的破坏,以"生态旅游"作为亮点对外宣传,促进绿色旅游业的蓬勃发展。南非仅现有国家公园就达20个,占地730平方公里,约南非国土面积的6%。另一方面,南非着力修复已受污染的地区,将当地改造为未来绿色生态旅游区的一部分。如2008年,南非德班市政府在该市最大的露天垃圾场与城市居住区间创新建设"绿色缓冲区"以改善周围的空气、土壤、水等环境质量,并预计至2038年在缓冲区内植树逾50万棵以提高环保能力,同时开发成生态旅游区,对当地经济提供绿色活力。[2] 第二,助力绿色建筑业,支持绿色的城市规划和建设。一方面,南非积极完善绿色建筑评价体系"绿色之星",针对办公建筑、商业中心、多单元住宅、公共建筑和教育建筑进行评价,推动本国绿色建筑的设计和建设。[3] 另一方面,南非积极启动各类项目,鼓励普通公众在日常生活中也能成为推动绿色经济的一员。如南非

---

[1] International Energy Agency-Photovoltaic Power Systems Programme: *Snapshot of Global PV 1992-2014*, Mar 30 2015. http://www.iea-pvps.org/fileadmin/dam/public/report/technical/PVPS_report_-_A_Snapshot_of_Global_PV_-_1992-2014.pdf.

[2] 聂云:《南非德班打造"绿色缓冲区"》,新华网,2012年4月24日。http://news.xinhuanet.com/world/2012-04/24/c_111833553.htm.

[3] 刘彬、林常青、李小阳:《中国与南非绿色建筑评价体系对比研究》,《工程建设标准化》,2015年第8期。

绿色建筑委员会于 2016 年 10 月启动的"用投资去节省"运动。作为全球能源的重要消耗者,家庭居室建筑的能源消耗约占全球总量的 30%。南非在该运动中通过对人居建筑的改造和环保产品的投入大幅地降低了家庭能耗,单电力能源一项就使每户家庭平均每月的用电量减少了 40%,推动了绿色建筑的发展。①第三,绿色运输业。2010 年 9 月,南非开始对全国私人用车购买者征收二氧化碳排放税,具体根据所购车辆的排量等级起征 0.0%—4.1%不等的废气排放税。② 南非不仅鼓励小排量汽车的使用,还积极探索"零排放"电动汽车的可行性。2013 年,南非国家电力公司与日产汽车开启了一项针对电动汽车为期三年的研究项目,③旨在尽快将零排放运输工具引入南非。

3. 扩大森林碳汇

植树造林利于吸收二氧化碳,并可起到降尘的作用,因此也是南非政府缓解温室效应的举措之一。南非境内现有商业林逾 130 万公顷,首都约翰内斯堡是世界上人造林面积最大的城市之一,约有 1000 万棵人工种植的树木。同时,南非政府正在实行绿色屋顶计划和大型社区绿化等相关活动。④ 作为《联合国气候变化框架公约》第 17 次缔约方会议的主办城市,德班近年也在创新探索城市绿化的扩大路径。但就南非全国层面而言,扩大森林碳汇、增加人工造林的力度仍远不及其他国家。受到国家财政有限、水资源紧张等因素的局限,南非林业部门所能获得的财政支持不仅明显不如其他部门机构,也显然受到更少的关注。首先,由于造林耗费大量水源,南非自 1972 年始终采用造林许可制度来控制造林,这大为减少了南非境内可自由造林的区域。其次,来自经济、自然灾害(如干旱)等方面的负面影响,使造林计划的实施更易半路夭折。如 1994 年,南非政府批准了 100 万公顷土地用于造林,但最后仅 40%的土地种上了树,旱灾等因素使造林计划不得不提前终止、宣告失败。⑤ 有学者认为,既缺乏政府的公共财政支持,又不得私人机构赞助,是南非林业当前面

---

① 侯丽:《"绿色建筑"催生经济新机会》,《中国社会科学报》,2016 年 10 月 26 日。
② "South Africa's New Vehicle Emissions Tax", SA Car Fan, Sept 1 2010. http://www.sacarfan.co.za/2010/09/south-africas-new-vehicle-emissions-tax/.
③ "Eskom to Study Electric Cars", Media Club South Africa, Jun 19 2013. http://www.mediaclubsouthafrica.com/tech/3385-eskom-to-study-electric-cars.
④ 米勒·马托拉:《森林法万事俱备,只待 COP17 峰会开幕》,中国种苗网,2011 年 11 月 10 日。http://www.zgzm.com.cn/news/detail.asp?id=11751。
⑤ 中国林业网:《林业政策》。http://www.forestry.gov.cn/portal/main/map/sjly/SouthAfrica/web/southafrica04.html。

临发展困境的最大因素,①足够且稳定的发展资金使南非的人工造林实际数量远远落后于其他国家。

(二) 多领域适应气候变化

1. 生态和资源评估

为了进一步了解气候变化以便适应相关影响,包括政府、智库、高校、非政府组织等南非社会各界都积极地从各领域展开了专业研究。

一是生态评估。评估对象主要覆盖对空气、森林(以林业为主)、海域(包括沿海等)等自然环境。其一,空气。2010年,南非环境事务部指导成立了南非空气质量信息系统,该系统用以监测和报告境内大气排放物(包括温室气体)的情况及来源,信息数据及相关研究报告、期刊、出版物以网站为平台向公众公布。②其二,森林(林业为主)。2015年5月,南非环境事务部发布了《南非国家陆地碳汇评估报告》,对植树造林、森林修复、湿地、农业实践、城市绿化等境内碳汇作出了专业评估,③是南非该领域的第一份政府官方的综合评估报告。2016年3月,南非环境事务部又发布了《南非农业、林业及其他土地利用部门的温室气体排放量基准发展报告》,提到了这些土地利用部门在二氧化碳的排放上的作用,深入对以林业为首的土地部门对二氧化碳的吸收作了相关研究。④ 其三,海域(包括沿海)。1951年,南非海洋生物学研究协会⑤的成立标志着南非对海洋资源的科学研究进入一个新的领域,该协会同时以提升公众的海洋保护意识为使命。同年,协会成立了南非海洋研究所,成为南非海域生态环境的重要监测评估机构,其工作范围涵括渔业评估(尤其甲壳类动物、鱼类)、海洋生物多样性评估、西印度洋珊瑚礁生态系统评估、资源政策/规划/发展管理、沿海区域的可持续发展及

---

① Tsholofelo Motaung: *Review of Forest Plantation Funding in South Africa*, March 2015. https://scholar. sun. ac. za/bitstream/handle/10019. 1/97471/motaung_review_2015. pdf;sequence=3.

② Department of Environmental Affairs, Republic of South Africa: South African Air Quality Information System. http://www. saaqis. org. za/.

③ Department of Environmental Affairs, Republic of South Africa: *South African National Terrestrial Carbon Sinks Assessment*, May 2015.

④ Department of Environmental Affairs, Republic of South Africa: *Towards the Development of a GHG Emissions Baseline for the Agriculture, Forestry and Other Land Use (AFOLU) Sector in South Africa*, Mar 2016. https://www. environment. gov. za/sites/default/files/docs/afolu_research_report. pdf.

⑤ The South African Association for Marine Biological Research: www. seaworld. org. za/saambr.

管理、海洋保护区评估、资源动态建模和使用、资源使用的长期监测、海洋资源利用情况的社会经济学评估、水族馆与水产养殖咨询支持等。① 该所科研评估工作一为政府制定气候变化的适应政策提供了实时、全面的数据和信息,二为沿海地区的经济发展提供了专业指向标,三为南非社会防御因海洋生态环境恶化而导致的潜在灾害作出了一定的贡献。

二是资源评估(以水为主)。1971 年,南非成立了水研究委员会,该委员会致力于推动高校智库对水资源的评估研究。2006 年,南非统计局发布了《自然资源报告:最新水资源概况》,对南非当时的水资源分布情况、各行各业用水情况都作出了统计和评价。② 2013 年,南非统计局发布了《2013 年南非电力、燃气和水力供应行业概况》,除了对电力和燃气行业的经济运作情况作出统计,报告对当年水资源的储备情况和其在各行各业的使用量及经济增长作用进行了评估。③

此外,高校、智库等科研人员也就南非生态情况从不同角度作出了评估和研究。如,2013 年,比勒托利亚大学的雅克布·勒华(Jacobus J. Le Roux)发表了《南非水蚀风险评估:方案框架建议》,就气候变化引起的海平面上涨对南非多个海域土壤的侵蚀情况进行了案例研究和评估。④ 1999 年,来自比勒陀利亚大学地质科学中心和环境学院的费尔班克(H. K. Fairbanks)和南非科学工业研究委员会的罗伯特·朔勒(Robert J. Scholes)撰写了《南非气候变化的国别研究:人工林业的脆弱与适应评估》。⑤ 2014 年,商业林研究所的史蒂芬·多维博士(Dr. Steven B Dovey)发表了《南非商业人造林的当前碳库评估报告》,就当时南非商业人造林的所处方位等相关信息作出了梳理,并对商业人造林在吸碳降

---

① The Oceanographic Research Institute:http://www.seaworld.org.za/ori.
② Statistics South Africa:*Natural Resource Accounts:Updated Water Accounts for South Africa*,Dec 2006. http://www.statssa.gov.za/publications/D0405/D04052000.pdf.
③ Statistics South Africa:*Electricity, Gas and Water Supply Industry*,2013,Oct 5 2013. http://www.statssa.gov.za/?page_id=1854&PPN=Report-41-01-02.
④ Jacobus J. Le Roux:*Water Erosion Risk Assessment In South Africa:a Proposed Methodological Framework*,2013. http://101.96.10.63/repository.up.ac.za/bitstream/handle/2263/37169/LeRoux_Water_2013.pdf?sequence=1.
⑤ H. K. Fairbanks,Robert J. Scholes:*South African Country Study on Climate Change:Vulnerability and Adaptation Assessment for Plantation Forestry*,May 1999. http://rava.qsens.net/themes/forestry/peer-reviewed-publications/South%20African%20Country%20Study%20on%20Climate%20Change%20Vulnerability%20and%20%20Adaptation%20Assessment%20for%20Plantation%20Forestry.pdf/at_download/file.

尘等方面的积极作用给予了肯定。① 2015年,斯泰伦博斯大学的楚勒费罗·沐汤(Tsholofelo Motaung)在其《回顾南非人工造林资金提供》一文中对南非当前的林业尤其人工林发展现状进行了论述,并呼吁政府和私人机构向南非林业投以更多的关注和资金,以提升适应并缓解气候变化的能力,②等等。

2. 物种研究和保护

为尽可能降低气候变化对南非生物多样性的负面影响,南非开展了积极的物种研究和保护行动,大致可分为立法保护、圈地管理、监测研究三个方面。

第一,立法保护。国家层面,南非颁布了《国家环境管理法案》《保护区法案》《生物多样性法案》《国家公园法案》《国家湖泊法案》《海洋生物资源法案》《世界遗产公约法》等,同时由环境事务部、旅游部、水和卫生部、林业部等共同加强对自然保护区的管理,对保护区内的动植物等生物、水资源、森林资源等都起到了很好的保护作用。而省市级层面,许多省市政府也根据当地情况相应地颁布了相关法律条文,如夸祖鲁-纳塔尔省的《夸祖鲁-纳塔尔省自然保护管理法》等。

第二,圈地管理。南非根据不同的土地性质和用途,将动物栖息地等生物集中区域所在土地划分为国家、省级、区域或私人的自然保护区类型。其中,国家公园是保护区的重要组成部分。南非当前仅国家级公园就达20座,起到了保护生物资源和绿色旅游观光的双重积极作用。保护区的设立不仅使珍贵和濒危的野生动植物从生存、繁衍、发展等层面受到了保护,生态退化的栖息地得以逐步恢复,文化和历史古迹得到保留,③更在与之相配套的国家科研中心的监测下从某种程度上减轻了原本可能受到的气候变化负面影响,大幅远离了因人为因素而可能造成的物种灭绝。

第三,监测研究。2004年,南非颁布了《生物多样性法案》,由此南非国家生物多样性研究所在这一驱使下建立。该研究所由环境事务部领导,在提供政策建议和支持、政策工具研发、为其他部门和法律提供生物多样性政策建议等方面扮演了重要角色。此外,通过开展国家空间生物多样性评估,南非积极地对境内

---

① Department of Environmental Affairs, Republic of South Africa: *Dr. Steven B Dovey*: *Current Carbon Stock Estimation Capability for South African Commercial Forest Plantations*, 2014. https://www.environment.gov.za/sites/default/files/reports/carbonstocks_report2015_southafrica.pdf.
② Tsholofelo Motaung: *Review of Forest Plantation Funding in South Africa*, Mar 2015. https://scholar.sun.ac.za/bitstream/handle/10019.1/97471/motaung_review_2015.pdf;sequence=3.
③ 王毅花、胡德夫、葛兴芳:《南非野生动物的保护概况》,《黑龙江畜牧兽医》,2013年第15期,第35—36页。

陆地、淡水和海洋系统内的生物多样性(尤其物种的显存数量和分布情况)进行了监测和评估,以保障进一步保护措施的制定和落实。此外,南非作为政府间生物多样性和生态系统服务平台的踊跃参与方,通过参与主题性评估(如土壤退化和修复评估、生物多样性评估、生态系统评估等)、专题会议及区域会议等项目活动,与国际共享信息知识,从更专业的角度对本国生物多样性及生态系统现状进行研究评估,直接推动了本国政策的制定。[①]

3. 卫生和疾病控制

为降低气候变化对国民提升生活水平和维持卫生健康的负面作用,南非主要从以下三方面帮助国民更好地适应,以减少气候变化的相关附带影响。

第一,提高居住环境和满足基本生存需求。为改善南非人民尤其贫困人群的居住环境,南非政府近年陆续出资改造贫民窟生活环境,改善周遭水源与电力的获取以满足基本生存和清洁需求,该举对贫困人群提升生活质量以加强疾病对抗能力有着重要的意义。此外,南非政府尤其将重点放在"水资源"的获取上,以保障公民清洁卫生条件。1998年,德班成为南非第一个颁布《免费基本获水政策》的南非城市,[②]该政策于2001年成为南非的国家性政策,使每位南非公民每月都能获取至少6千升用以基本生存需求的水。此后,《基本卫生白皮书》的颁布更标志着南非公民用以基本生存和清洁卫生的用水需求得到国家支持。居住环境的改善和清洁需求的保障,有利于降低当地居民尤其贫困群体获染水和食源性传染病的几率。

二是改善卫生水平和医疗设施。从医学角度提升国民健康和免疫,打造更先进的医疗系统从而完善国民医疗保障,增强公民的卫生和健康常识。南非近年来逐渐扩大医院建设和设施升级力度,如2014年国家层面决定在未来五年内新建至少213个新诊所、43个新医院,提升870个现有诊所,并加大医学队伍的建设培养。[③] 医疗系统的完善,不仅提升了国民基本健康水平,保障了基本的医疗权利,还有助于帮助国民应对因气候变化而直接或间接引起的身体不适。

[①] Department of Environmental Affairs, Republic of South Africa: *Intergovernmental Platform on Biodiversity and Ecosystem Services* (*IPBES*), Aug 13 2016. https://www.environment.gov.za/projectsprogrammes/ipbes.

[②] Mary Galvin: *Evolving Rights: South Africa's Free Basic Water Policy*, Jul 6 2012. www.blueplanetproject.net/index.php/evolving-rights-south-africas-free-basic-water-policy/.

[③] "*SA to Get 213 New Clinics, 43 New Hospitals*", SA News: Feb 18 2014. http://www.sanews.gov.za/south-africa/sa-get-213-new-clinics-43-new-hospitals.

三是加强疾病防范控制。为减小气候变化对疾病传播和病毒变种的助长，南非成立了国家传染病研究所、南非区域性全球疾病监测中心、南非艾滋病疫苗研发所、艾滋病病毒疫苗伦理小组等科研机构，以降低多发疾病在人群中的传染率为首要目标，积极开展监测统计、预防治疗、疫苗及药物研发、国际合作、公众教育等工作。

（三）多角度提升应对能力

增强气候变化应对能力，南非主要从提高监测研究和风险预警水平着手，具体从政策机制的完善、科学技术的发展和气象灾害的监测预警三个角度切入。总体上，通过科技策略完善自身应对系统，服务策略提升社会抗灾能力。

1. 政策法律与工作机制

政策法律和工作机制的完善，是提升气候变化应对能力的基石。为提升气候变化的应对能力，南非首先从全国最高层面宏观着手，先以制定出台相关政策和法律为起点，后配以工作机制的完善对前者进行具体落实。南非的灾难管理立法始终走在世界前列，最为人称道的是其较为完整发达的（灾难管理）制度架构。[①]《气象法》《灾害管理法》和《国家灾害管理政策框架》三部法案政策的先后出台，为南非日后灾难管理的具体开展提供了参考、奠定了基础。

2001年，南非出台了《气象法》，由此成立了南非气象局，由环境事务部指导。南非气象局的服务分为公众服务（免费）和商业服务（付费），其中作为该局主要工作的公众服务包括一般性天气预报、严重天气（灾害）预警及建议、季节性气象信息（基于农业从业者和南非农业部的需求）和海洋预报。[②] 南非气象局在南非应对气候变化的过程中，扮演了重要的灾害预警角色，尤其为农业等气候依赖性较强行业的从业者提供了重要决策信息，尽可能降低气候变化所造成的经济损失。

2002年，南非颁布了《灾害管理法》，不仅对气候变化、灾难、减少灾难、灾难评估等概念作出了具体定义，还就全国级、省级、市级灾难给出了划分和界定，并

---

① Vermaak, J. & Van Niekerk, D. 2004, "Disaster risk reduction initiatives in South Africa", Development Southern Africa, vol. 21, NO. 3, pp. 555 - 574.

② Department of Environmental Affairs, Republic of South Africa: South African Weather Service (SAWS). https://www.environment.gov.za/statutorybodies/saws, 资料获取时间：2016年8月23日。

就灾难后的操作处理包括志愿者等事宜进行了要求和解释。[①]《灾害管理法》是南非关于灾害风险管理的首部专门法案,就此将提高灾害管理能力放到了气候变化综合应对能力的重要位置。

2005年,《国家灾害管理政策框架》的出台标志着南非灾害管理设计的明朗化和具体化。《框架》提出了四个工作关键点:灾害风险的整合制度能力、(灾害风险的)评估、(灾害风险的)降低、回应和修复。为保障这四个关键点的落实,南非在《框架》中罗列了三项具体行为:一要做好信息管理和沟通交流,二要推动教育、培训、公众认知和研究(知识管理),三要为灾害风险管理提供充足的运作资金。[②]

2010年,南非就志愿者问题对《灾害管理法》(2002年)进行了补充,以《灾害管理志愿者法规》为题单独成立一章纳入原《灾害管理法》,其中就志愿者的资质、招募、团队组成、培训、服务记录、穿着服饰、实用工具等一一作出了详细的解释。[③]《灾害管理志愿者法规》是对由前三部政策法案(《气象法》《灾害管理法》和《国家灾害管理政策框架》)所构成的南非灾害管理总框架的进一步完善,由此南非的灾害管理从事前预警到事后处理,就法律制度而言,具备了完整的结构、具体的工作机制和详尽的行动参考,从根本上保障了南非气候变化综合应对系统的可行性,使其有法可依、有人可为、有道可循。

2. 科技与研发支撑

科学技术是应对气候变化的关键,发展科技是一项具有前瞻性的工作。南非提升气候变化应对能力的技术需求跨越多个行业和领域,包括农业、林业、卫生健康、防灾减灾、可持续土地和森林管理、水资源管理利用、清洁能源的利用发展、气象监测预报等,这些科技需求的实现不仅有赖于技术发展和人才配备,同时需要充沛而大量的资金支持。[④] 南非对科技发展的高度重视可从两个方面进行探察:一是对本国研发的支持力度,二是对国际技术合作的频繁参与。其中,技术的提升转移和研发创新是最主要的两个具体做法。

[①] Acts Online: *Disaster Management Act*, 2002 (*Act No. 57 of 2002*). http://www.acts.co.za/disaster-management-act-2002/disaster_management_act__2002.

[②] South African National Disaster Management Center: *National Disaster Management Framework*, 2005, http://www.ndmc.gov.za/portals/0//WebDocuments/Guidelines/DM/1_2_4.htm.

[③] Acts Online: *Disaster Management Act*, 2002 (*Act No. 57 of 2002*), 2002. http://www.acts.co.za/disaster-management-act-2002/disaster_management_act__2002.

[④] 刘云、辛秉清、陈雄:《发展中国家气候变化技术需求与转移机制研究》,《科研管理》,2016年第37期,第18—26页。

其一,南非大力推动本国环境领域的科技发展和创新利用。首先,为从顶层设计构建框架,南非特别成立了气候变化部际委员会,由环境事务部、科技部、旅游部、农业部、供水与卫生部、林业部和能源部共同主持。此外,南非还通过"竞争基金""部门合作基金"等项目帮助企业完善技术发展,从而得以采取更环保的运作方式或提高自身的创新能力来提升行业竞争力。[1] 其次,南非大力推动知识产权和专利制度的完善,为科技研发和创新创业提供动力。据一份报告称,仅1980—2009年的近30年间,在非洲大陆的所有关于气候变化适应技术的产权专利中,就有高达84%的成果来自南非。南非在风力发电、太阳能发电、水力发电、生物能源、潮汐发电、核能、能源储存等几乎所有领域都对非洲清洁能源的开发利用作出了极为显著且各排名皆首位的贡献。[2] 南非先进的技术和研发水平不仅提高了自身的气候变化应对能力,更惠及整个非洲。再者,南非于2009年成立了碳捕获与碳封存中心,以就如何处理多余的二氧化碳和控制碳排进行深入而集中的研究,并计划到2020年可以投入应用碳捕获和碳封存技术。南非本国科技发展的具体操作不仅考虑到全国宏观层面,还根据局部地区的战略发展规划进行了微观层面的调适。如,针对作为农业重地的西开普省,南非开普敦大学与西开普省的农业部门、环境事务部门、发展规划部门共同策划了"环境适应性智能农业项目",以确定该地区的长期战略和协调方案为目标,将气候—智能农业和基于农业的绿色经济发展作为智能计划的两大内容,如对葡萄酒庄园安装节能设备和可再生能源发电系统、使用卫星图像帮助果农掌握气象信息并提高灌溉效率等做法,促进了可缓解气候变化相关技术的创新和技术转移,切实提高了西开普省农业部门的气候变化适应能力。[3]

其二,南非是国际合作的积极参与者和受益者,是与非洲外部国家进行气候变化项目合作最频繁、最多的非洲国家。通过大量的国际合作,南非不仅获得了用以投资建设节能减排、气象监测预警等系统设备的资金,还得到了相关的技术。2011年,南非政府与国际能源署签订协议,双方将在未来就围绕可持续能

---

[1] Department of Environmental Affairs and Tourism, Republic of South Africa: *Country Report-Fourteenth Session of the United Nations Commission on Sustainable Development*, Sept 2005. http://www.un.org/esa/agenda21/natlinfo/countr/safrica/atmosphere.pdf.

[2] UNEP & EPO: *Patents and Clean Energy Technologies in Africa*, 2013. http://documents.epo.org/projects/babylon/eponet.nsf/0/f87537c7cbb85344c1257b24005e7119/$FILE/patents_clean_energy_technologies_in_Africa_en.pdf.

[3] 姚晓丹:《科研助南非农业应对气候变化》,《中国社会科学报》,2016年1月31日。

源进行合作,具体涉及可再生能源的管理、相关数据的收集分析、培训与能力建设、碳的捕获与储存技术、能源科技等领域,[1]对南非发展科学技术和提升管理水平具有重要作用。此外,南非还与许多以欧美为首的发达国家的政府与企业在政策探索、科学技术、人才培养、监测管理等领域开展了积极的合作。(1)与美国。南非与美国在清洁能源的开发和利用上开展了相当多的合作,美国——尤其奥巴马执政期间——与南非进行了相当多的技术共享。在美国贸易发展署的支持下,南非开展了"绿色开普敦"太阳能电池板、离岸油气田等项目。同时,美国国际开发署通过"非洲基础设施项目",与南非共同开展了清洁电力项目"独立电力生产商的咨询服务、支持能源部项目"。[2][3] 2009年9月,美国参与了帮助南非降低核动力系统成本、提高安全性和防扩散能力的相关项目。2009年10月,美国太阳能热发电公司 eSolar 给予了南非清洁能源解决方案公司在撒哈拉以南非洲七个国家的技术代理和分配权。此外,美国还帮助南非在潮汐能等清洁能源的开发上作出突破。[4] (2)与德国。南非与德国自1998年签署环境合作相关合约[5],2013年开启南非德国能源伙伴关系[6]。2015年,南非在德国经济合作发展部的支持下建立了南非再生能源技术中心。作为南非在该领域的首个技术机构,该中心承担了南非技术人员(包括高端人才)的培训工作,为南非推动节能减排提供了专业人才,同时也为南非在能源领域应对气候变化作出了贡献。(3)与丹麦。南非与丹麦在政策制定上开展了大量合作,如关于南非已有建筑能源利用率的政策的发展,此外丹麦还派出了本国专家参与南非《国家能源效率宣传策略》的制定,为南非今后的气候变化应对提供了支持,提升了南非政府乃至普通大众对气候变化的认知程度和应对能力。此外,丹麦还主要通过

---

[1] IISD: *IEA*, *South Africa to Cooperate on Sustainable Energy*, Jul 28 2011. http://sdg.iisd.org/news/iea-south-africa-to-cooperate-on-sustainable-energy/? rdr=africasd.iisd.org.

[2] USAID: *Africa Infrastructure Program Projects*, April 2010. http://pdf.usaid.gov/pdf_docs/PDACP534.pdf.

[3] 张永宏等:《中非低碳发展合作战略背景研究》,世界知识出版社,2014年,第168—187页。

[4] 张永宏等:《中非低碳发展合作战略背景研究》,世界知识出版社,2014年,第168—187页。

[5] Department of Environmental Affairs, Republic of South Africa: *Environmental Cooperation Programme Between South Africa and Germany*. https://www.environment.gov.za/projectsprogrammes/donorfunded/sagermany_cooperation.

[6] German Information Centre Africa: *Germany and South Africa: Partners in Development*, Aug 27 2014. http://www.gicafrica.diplo.de/Vertretung/suedafrika-dz/en/__pr/__CountryP/South-Africa/04-Development-Cooperation.html.

科学技术的共享,提高了南非缓解气候变化、控制碳排及环境污染程度的能力。如,南非与丹麦于 2011 年 10 月签署了就开发再生能源和提高能源利用率的合作备忘录,此后南非能源部与丹麦气候、能源和建筑部又进一步启动相关项目,将丹麦的先进技术引入南非的高碳排行业,推动南非加快低碳转型。丹麦不仅为南非的能源领域和电力部门(其中相当一部分是通过与南非国家电力公司所开展的合作)提供了更先进的技术,更推动了南非风力发电场的建设。[①]

此外,南非还与英国就风能的利用进行了合作,接受了西班牙的技术建造 5 万千瓦聚焦太阳能电站,与印度开展了新能源技术合作,与俄罗斯就核能利用进行了合作,在中国的支持下开展光伏电站建设,等等。

3. 气象监测与灾害管理

随着气候变化所引起的天气反复多变和灾害愈发频繁严重,南非的公民安全和健康、经济发展、社会稳定等所受到的潜在威胁愈发不容忽视。因此,提高气象监测和灾害管理水平,尤其预警能力,成为了南非气候变化应对能力最为直观的组成部分。南非灾害管理政策的具体涉及范围,上至全国层面宏观的综合性应对与调控,下至社区层面的灾害勘测和风险监控、社区磋商程序及相关培训。[②] 其气象监测与灾害管理,主要由南非环境事务部牵头指导,南非气象局和南非灾害管理中心两个机构负责具体落实。

为了从国家层面提升对气候变化的勘测水平,南非气象局于 2010 年 3 月耗费 2.4 亿兰特[③],用以投资升级雷达组网。此举不仅在技术上进行了革新,也计划为南非用以气象监测的雷达组网增添 18 座新雷达,并在建成后对共计 18 座雷达系统进行整合投用。时任南非环境事务部部长布耶瓦·宋吉卡(Buyelwa Sonjica)提出,南非未来的气象服务将进一步重视社区与城市的实际需求,要做好早期预警系统和灾害管理的升级完善:一要提升对洪水、火灾等灾害的监控能力;二要为农业等极度依赖气候变化的行业部门提供便利,追求实现更精准的

---

① Ministry of Foreign Affairs of Denmark: *Denmark in South Africa: Climate and Energy Cooperation*, 2016. http://sydafrika.um.dk/en/about-south-africa/climate-and-energy-cooperation/.
② International Federation of Red Cross and Red Crescent Societies: *Disasters in Africa-The Case for Legal Preparedness*, 2011. http://www.ifrc.org/PageFiles/93896/Disasters%20in%20Africa_2011.pdf.
③ 此处为当时(2010 年)的名义价格。

中、长期的气候及天气信息服务;三要为人类的航空和海洋行为提供实时同步信息,做好短期预测;四要将气象服务的未来研究方向与水资源部门、基础建设部门、城市规划管理部门和科学技术的发展紧密结合。①

为了在与"旱灾"的博弈中尽可能地掌握主动权,南非气象局特别设立了旱灾(和洪水)监测台,通过对降雨量及其他指标的长期监测来对即将降临的旱灾(和洪水)进行推断和预警,②并对外提供往年旱灾信息,以便社会各界及时反应。此外,作为国际气象组织的成员,南非气象局也与欧洲气象卫星开发组织、南非航空协会等保持着紧密合作。其中,南非航空协会的工作专长于预警服务、数值天气预报、气候变化研究、空气质量和大气监控研究、科学和社会影响研究、技术发展等领域。③

为了掌握对海洋系统实时变化的主动权、完善对其及相关灾害(如洪涝、海啸等)的监测,2011年2月,南非正式开始了海洋观察与监测浮标的投用。该浮标是海洋监测预警系统"南非国家海洋与海岸监测系统"的根基组成部分,对沿海地区尤其居民的安危有着尤其关键的预警作用。长远来看,该装置还将为保护海洋与海岸系统生态环境作出重要的科研贡献,帮助南非尽可能地抵御气候变化所带来的负面影响。④

此外,南非的气象监测和灾害管理不局限于以增强国家(长远)气候变化应对能力的"对公"领域,更涉及具体的民间参与,尤其对民间开展经济行为的辅助。如上文所述的南非于2014年落地开展的"环境适应性智能农业项目",从受到气候变化影响最为直接且迅速的农业部门入手进行气象监测与灾害预测,主导了针对当地农业和气候变化的监测、数据和知识的管理与分享,并为战略性研

---

① Department of Environmental Affairs, Republic of South Africa: *Minister Buyelwa Sonjica's Speech on the Occasion of the Launch of the South African Weather Service (SAWS) Weather Radar Network*, Mar 29 2010. https://www.environment.gov.za/speech/sonjica_southafricanweatherservice_radarnetworklaunch.

② World Meteorological Organization: *Drought Monitoring and Early Warning: Concepts, Progress and Future Challenges*, 2006. http://www.wamis.org/agm/pubs/brochures/WMO1006e.pdf.

③ Department of Environmental Affairs, Republic of South Africa: *South African Weather Service (SAWS)*. https://www.environment.gov.za/statutorybodies/saws.

④ Department of Environmental Affairs, Republic of South Africa: *Deputy Minister Rejoice Mabudafhasi Addresses Launch of the Ocean Observation and Monitoring Buoy, Tsitsikamma, Eastern Cape*, Feb 25 2011. https://www.environment.gov.za/speech/mabudafhasi_oceanobservation_monitoringbouy_tsitsokamma.

究提供了基础。①

（四）多主题开展公共教育

1. 基础知识和科普宣传

为使关于气候变化的普及性教育深入社会，面向民间基层尤其青年儿童，南非作出了大量努力。

其一，政府引导，将中小学学龄儿童作为重要抓手，将基础环保知识编入教育计划，通过学习大纲、竞赛等活动项目熏陶培养南非儿童从小具备环保意识。首先，南非政府从课堂教育入手，坚决将环保教育纳入全国学校课程，促使本国公民从小意识到减缓气候变化的重要性和紧迫性。② 其次，南非发起系列倡议等课外活动，鼓励青少年儿童就气候变化的相关内容作深入研究和探讨。如2010年9月，南非环境事务部在比勒托利亚发起了羚羊（保护）绿色学校倡议，该环保项目以当地城市的学龄儿童为目标受众，旨在鼓励当地青少年儿童从气候变化等相关话题出发，集中就生物多样性保护议题进行调查和探讨。③ 再者，南非通过国家级、省级等竞赛活动，通过更丰富的宣传教育手段对学龄儿童进行认知深化和创造力开发。如2016年南非国家艺术大赛以"手中未来：助力'绿蝎子'保护地球"为主题，旨在提升南非国民关于人类行为对环境影响的认知程度。该届大赛的小学组比试主要涉及三项内容：绿（生物多样性/自然保护）、蓝（海洋/海岸）、棕（污染/废物）。全国约五百名小学生参加比赛，以人类对环境的正、负面影响为内容作画。通过新闻媒体（包括线上新媒体），南非在赛后就比赛结果与作品展示进行了积极的宣传，进一步扩大环保主题的社会公众认知度和比赛本身的社会影响力。④

其二，政府指导教育机构、社会组织为二级传播主体，向学生、相关社会团

---

① Stephanie Midgley, South Africa: *"How One Region Is Planning Ahead to Help Farmers Cope With Climate Change"*, All Africa, Jan 26 2016. http://allafrica.com/stories/201601280399.html.

② 郭倩：《综述：非洲大陆承受气候变化之痛》，新华网，2011年12月1日。http://news.xinhuanet.com/world/2011-12/01/c_111210099.htm.

③ Department of Environmental Affairs, Republic of South Africa: *Deputy Minister of Environmental Affairs, Rejoice Mabudafhasi, Launches Green Initiative for Gauteng Schools*, Sept 29 2010. https://www.environment.gov.za/mediastatement/mabudafhasi_greeninitiative_launch.

④ Department of Environmental Affairs, Republic of South Africa: *EMI School Art competition*, 2016. https://www.environment.gov.za/projectsprogrammes/emiaschoolartcompetition.

体、一般大众进行公众教育。在多数以政府为主体或引导下所开展的系列公众教育活动中,南非环境事务部几乎起到了决定性的作用。2012年,南非环境事务部将价值2850万兰特[①]的南非环境教育中心(其前身为南非生物多样性中心)交由林坡坡大学管理,以促进对林坡坡省当地学校、相关方、居民和普通大众就不断更新的自然环境知识的普及性教育。[②] 此外,前文提到的一些拥有政府背景的社会组织和机构部门也其上级部门的指导下,在气候变化知识的民间科普和公众意识唤起上起到了重要作用,如南非国家生物多样性研究所、南非空气质量信息系统、南非海洋生物学研究协会、南非海洋研究所、南非国家生物多样性研究所,等等。这些拥有政府背景的社会组织和政府部门的附属机构通过民间活动的组织、会议论坛的举办、期刊报告的发布、与高校等的合作,从各自领域向南非社会进行普及性甚至专业性的知识共享和学术引导。

其三,非政府组织等社会组织自主参与社会公众科普宣传。南非的非政府组织发展在非洲始终处于较为领先的地位,甚至相当多以全非洲为服务对象的非政府组织都创立于南非、以南非为办公总部。如环境检测小组、环境监测组织、非洲地球生命组织、环境正义网络论坛、非洲可持续发展助力小组、温室计划、基础小组、非洲可持续能源组织等非政府组织和平台都在争取环境正义和传播可持续发展理念的公众教育上起到了不容忽视的作用,其中相当一部分组织甚至无形中承担了作为政府和民间的中介人,推动了环境政策的制定。

2. 倡导全民绿色理念

南非对全民绿色理念的呼吁大致可分为两个组成部分:一是"绿色生活"理念的推动,面向全民(尤其成年人群),旨在借助成人力量推动全社会的绿色发展;二是"绿色校园"的打造和呼吁,主要针对少年儿童,以教育和启迪为主要手段,旨在从小培养南非(年轻)公民具备绿色意识。

其一,推动"绿色生活"。多年来,南非积极推动社区公众对"绿色生活"具有更全面的认识。南非对公民所进行的"绿色号召"包括"绿色居家""绿色办公""绿色出行""绿色购物""绿色旅行"等方面。通过一系列有针对的宣传活动,南非从具体的"绿色行为"出发,组织举办了如2016年7月的绿色出

---

① 此处为当时(2012年)的名义价格。
② Department of Environmental Affairs, Republic of South Africa: *R 28, 5 Million Science Education Centre for the University of Limpopo*, Aug 17 2012. https://www.environment.gov.za/content/mabudafhasi_sciencecentre_handover.

行项目①等全民活动。在政府的号召下,南非的绿色产业蓬勃发展,境内推动绿色生活理念落地的商机开始出现,形成政府、企业、高校、社会组织等多元推动的态势。如网站"可持续在线商店"(Sustainable.co.za)②的建立,为南非人民购买绿色生活居家电器、产品等提供了便捷。

其二,助力"绿色校园"的运作,培养南非少年儿童从小具备环保知识。政府牵头赞助本国中小学建立拥有"绿色教学环境",鼓励南非少年儿童从小学习生活在绿色环境中,培养其绿色意识。近年,南非政府自发或联合其他机构组织(如联合国工业发展组织)向本国中小学捐赠节能环保的教学生活设施,包括安装太阳能热水器、节能灯、屋顶太阳能电池板等节能设备和以太阳能和风能发电为主的组合装置,受益方截至当前包括维拉卡茨博士小学、阿丁维勒小学等。③

3. 孵化培育青年人才

除了对大众进行科普和号召、对低龄学生进行基础教育,南非还积极鼓励青年人才进入与应对气候变化相关的领域。为此,南非政府开展了多个项目对有志于此的青年人才提供技能培训、就业指导、信息公开、咨询辅导等服务。

其一,培养社会环保意识,提升全民创新觉悟。自2001年起,南非每年举办"绿色城市大赛",面向全南非公民,旨在激发全民参与都市环保治理的积极性。④

其二,为青年人才日后进入环保等相关行业工作进行引导。2010年,南非提出了"环境领域技能方案",成为全国整体环境行业的第一个人才培养项目。环境领域培养方案为青年人才提供相关的技能要求、行业需求、行业趋势等信息,从实际角度出发为青年未来进入相关领域提供便利和指导。⑤

其三,为培养行业青年高级人才提供途径。2013年8月,南非环境事务部

---

① Department of Environmental Affairs, Republic of South Africa: *Deputy Minister Launches the Non-Motorised Transportation Project*, Jul 3 2016. https://www.environment.gov.za/mediarelease/thomson_nonmotorisedtransportation.

② Sustainable.co.za: http://www.sustainable.co.za,资料获取时间:2016年9月13日。

③ Department of Environmental Affairs, Republic of South Africa: *Environmental Affairs in Partnership with UNIDO, Hands Over Energy Efficient Classroom in Groutville, KwaZulu-Natal*, Mar 25 2014. https://www.environment.gov.za/mediarelease/classroom_energyefficiency_unido.

④ Department of Environmental Affairs, Republic of South Africa: *Greenest Municipality Competition* (GMC). https://www.environment.gov.za/projectsprogrammes/gmc.

⑤ Department of Environmental Affairs, Republic of South Africa: *Environmental Sector Skills Plan* (ESKP), 2016. https://www.environment.gov.za/documents/strategicdocuments/environmentsector_skillsplan.

与南非国家生物多样性研究所合作启动了"绿色工作"项目。在培养高级人才具有相关工作技能的同时,该项目还致力于培养青年人才在生物多样性相关领域的工作领导力。[1] "绿色工作"在本领域为南非培养了至少 800 名青年人才,其中逾 260 位已获终身雇佣。[2] 同年 9 月,南非推动了"青年环境服务"这一项目的运作和发展。该项目旨在通过一系列具体的训练和实践项目,立足于推动南非环境领域和青年人才个人的"双线发展",为南非环境领域(尤其将来有志向该领域发展)的青年提供切实可行的知识与技能提升机会。该项目的具体运作横跨南非九省,每个省份每年招纳 100 名青年人才,并为其提供长达三年的培训。期间,青年学员将协助参与一系列环境领域中具体的工作,包括废物管理、生物多样性管理、外来植物入侵管理、森林修复、社区与学校的环境教育等,以此达到提升个人技能及知识储备、积累相关工作经验并加强未来就业竞争力的目标。[3]

综上,南非在抗击应对气候变化上走在整个非洲大陆的前列。以法律和政策的制定为核心统筹,以科学和技术的发展为根本力量,以政府和社会监督为制约框架,以社会共识和人才培养为关键要素,将缓解温室效应、适应气候变化、提升应对能力、开展社会宣传和公共教育作为工作开展的四个重要方向。

三、中南气候变化合作

独脚难行,孤掌难鸣,单一国家的力量是有限的。南非和中国同为发展中国家,面临类似的环境问题,有共同的利益诉求,同样存在发展与减排的平衡问题,对国际协议的达成与否起着相同的作用。因此,南非与中国在气候变化方面开展合作,一符合全球共同应对气候变化的趋势,二响应了全球对尤其中、南等发展中国家联手共同推进气候变化应对议程的诉求,三有利于推动提升中南两国各自的综合国力,四有利于推动中南乃至中非友谊的长远发展。

---

[1] Department of Environmental Affairs, Republic of South Africa: *Environmental Sector Skills Plan for South Africa*, Jun 2010. http://www.gov.za/sites/www.gov.za/files/environmentalsector_skillsplanfor_southafricaab.pdf.
[2] SANBI: *Groen Sebenza Programme-Growing Our Future*, Aug 17 2015. http://www.sanbi.org/human-capital-development/groen-sebenza.
[3] Department of Environmental Affairs, Republic of South Africa: *Deputy Minister Rejoice Mabudafhasi to launch the Youth Environmental Service Programme*, Sept 18 2013. https://www.environment.gov.za/mediarelease/mabudafhasi_yesprogramme.

(一) 中南在全球层面的合作

2000年4月,中南两国签署《中华人民共和国与南非共和国关于伙伴关系的比勒陀利亚宣言》,双方承诺遵从五项基本原则,建设更紧密和牢固的伙伴关系,其中第四条即"加强在国际事务中的磋商与合作"。作为负责的新兴大国,关于气候变化,中南双方在全球层面始终以"为发展中国家发声"为首要宗旨,搭载多个合作机制作为平台,积极探索思考以本国为首的发展中国家的利益诉求,在诸多重要的国际场合统一声音,通过与发达国家进行谈判、参与国际决策的制定,缩小发展中国家和发达国家间的不虞之隙和利益鸿沟,从而保障发展中国家在气候变化全球治理参与过程中的核心利益。

1. 全球责任和义务分担是合作背景

中南双方在全球层面基于气候变化议题而进行合作的根本原因是,发达国家和发展中国家作为两大主要阵营,在全球治理框架下就各自应承担的责任和义务存在巨大分歧,具体表现在减排任务的分配、资金的支持、技术的共享等方面。尽管世界各国就"区别责任问题"始终相持不下,部分发达国家清楚地意识到,全球气候治理的开启离不开发展中国家的配合。英国前环境部部长格里格·巴克(Greg Barker)在任职期间的某次会议发言上特别点名提到"中国、美国和其他'金砖四国'成员国家(巴西、南非、印度)",表示这几个国家的态度将对全球就气候变化的应对达成一致起到关键作用。[1]

在国际范围内,中南气候变化合作具有多重战略意义。其一,有助于引导发达国家了解发展中国家在该领域的真实需求,一定程度消除双方间的误解,缩小双方在用以应对气候变化的能力、资金、技术等方面的鸿沟。其二,为发展中国家谋求切实利益,为彼此制定应对方案争取充足的时间,互助寻求开发和保护的平衡点。其三,推动发达国家和发展中国家就具体应对方案减少分歧、达成一致,从大方向上推动全球气候治理的进程。其四,通过在气候变化问题上为发展中国家发声,由局部到整体地提升发展中国家的国际地位和话语权。其五,以相同的目标为基础进行协商交流,增进发展中国家彼此间的联系和友谊,推动国际关系的良性发展。

---

[1] Fiona Harvey: "World Headed for Irreversible Climate Change in Five Years, IEA Warns", The Guardian, Nov 9 2011.

2. 代表发展中国家利益是根本宗旨

为帮助包括自己在内的发展中国家阵营争取到尽可能大的利益，提高完成减排目标的实际可行性，中国和南非不仅以独立国家为单位同时向国际发声，更借助基础四国、金砖五国、南南合作等机制为平台，增强发展中国家在国际上的谈判力量。坚持"代表发展中国家利益"为参与国际谈判的原则，中国和南非主要依托"G77＋中国"和"基础四国"两个重要机制开展相关合作。"G77＋中国"表示中国、南非和其他发展中国家结伴抱团，而"基础四国"则表示中国和南非（及印度、巴西）代表发展中国家的中间力量争取利益和国际话语权。

首先，通过"G77＋中国"和"基础四国"，中国和南非在历届联合国气候变化大会上施展了卓越的国际协调力量，保障了一系列基本原则的落实。尤其"基础四国"，最初正是于2009年哥本哈根气候大会前夕成立的气候谈判集团。同时，哥本哈根大会也正是发达国家与发展中国家就"区别责任"争执最为激烈的一次国际大会，中南凭借基础四国机制在协调维持谈判进行及协议的最终定稿上起到了决定性作用。尤其在"丹麦文件"事件的冲击下，以G77为首的多数发展中国家拒绝继续谈判以示抗议，最后由中国、南非等基础四国劝说促使G77等代表回到会场。在以中国、南非为首的基础四国的奋力抢救下，与美国在一场关键性闭门会谈后由这五个国家共同调适立场，最终勉强推动达成了不具法律约束力的《哥本哈根协议》。尽管该协议就其法律效力（尤其发达国家在其中的责任不明）遭到世界批评，但其出台的不易程度使时任法国总统沙克吉也同意"这个协议不完美，但已是最好的可能结果。"①中国和南非在会议全程保持与其他发展中国家、集团的协商，坚持做阵营中的一员而非"总代表"。然而，美国却在最后时间"代表"欧盟、英国等发达国家并在未通气的前提下直接与基础四国进行对协议的修改和定稿，引起了以英国为首的发达国家的不满。显然，中国和南非（及基础四国等）在国际上扮演了至关重要且出色有力的协调角色，团结一致，为发展中国家争取了机会和共同利益。2015年巴黎大会期间，中国和南非借基础四国的机制，和另两个成员国（巴西和印度）进行密集沟通，为以基础四国为首的发展中国家争取利益。大会期间，南非代表"G77＋中国"、中国代表基础四国等

---

① 哥本哈根协议：《气候峰会的残缺结局》，新浪网，2009年12月21日。http://finance.sina.com.cn/stock/t/20091221/01233153496.shtml。

都联合其他发展中国家提出了新文本与《公约》"共同但有区别的责任"这一基本原则脱钩、发展中国家在减排减缓上缺乏（发达国家的）足够支持、融资转移的法律保障和透明度、发达国家所供资金的统计口径等问题。① 此外，以中南为首的基础四国还团结了俄罗斯等其他发展中国家，与法国的缔约方就南南合作、谈判重点、资金问题等进行会谈。事后，南非正面肯定了与中国的立场协调。② 中国和南非在巴黎大会上代表发展中国家积极发声，帮助解决了透明度问题，推动了关于行动和支持的强化透明度框架的设立，使发达国家的资金和技术共享更具可行性。

其次，中国和南非积极参与基础四国就气候变化开展的会议和活动，在四方会谈中起到引导性的关键作用，凸显了发展中国家阵营的智慧和核心力量。至2016年10月，中国、南非、巴西和印度已举行了二十三次气候变化部长级会议。多年来，基础四国通过该平台就共同应对气候变化的行动方案、国际立场表态、四国内部环保项目合作、智库交流平台等议题进行了积极的沟通商讨，通过信息交流共享、协调各自立场、团结发声机制，不仅提升了基础四国整体的气候变化应对能力，同时为各国在未来的国际谈判中争取了有利地位。2015年巴黎大会期间，基础四国也共同举行新闻发布会，发表联合声明。

此外，中国和南非还积极参与"金砖五国"机制，推动金砖国家环境部长会议等活动项目的开展，带头推进地区低碳合作。2013年，中国和南非参与推动了金砖五国签署《第三届金砖国家农业部长会议联合宣言》，旨在降低气候变化对农业和食品安全的消极影响。③ 2015年，中国和南非与其他金砖三国参与推动创立了金砖国家开发银行，该行致力于满足成员国国内的基础设施建设和可持续发展的需求。④ 该开发性金融机构为发展中国家南南合作的进一步实施开辟了新的渠道，有助于开启金砖国家在资源开发领域的合作新模式，推动绿色能源项目的落实。

---

① 冯迪凡：《巴黎气候大会彻夜冲刺，资金承诺成最大悬疑》，一财网，2015年12月10日。http://www.yicai.com/news/4723986.html。
② 冯迪凡：《巴黎气候大会彻夜冲刺，资金承诺成最大悬疑》，一财网，2015年12月10日。http://www.yicai.com/news/4723986.html。
③ 陈波：《金砖五国或开辟气候合作新通道》，中国气候变化信息网，2014年7月29日。http://www.ccchina.gov.cn/Detail.aspx?newsId=47520。
④ 周蕊：《金砖国家新开发银行批准中国又一绿色能源项目》，中国气候变化信息网，2016年11月23日。http://www.ccchina.gov.cn/Detail.aspx?newsId=65073。

综上，中南在国际层面的主要合作成果总结有六项：一是团结发展中国家的力量，二是保障"共同但有区别的责任"这一基本原则的切实实现，三是提升发展中国家在全球气候治理方面的综合谈判能力及国际话语权，四是积极为发展中国家向发达国家争取充沛的资金和技术用以应对气候变化，五是在发达国家和其他发展中国家中起到协调疏通的作用，六是推动发展中国家的绿色建设和可持续发展。

3. 多方立场的协调统一是首要问题

当前，中南合作在国际层面的最大困难是立场协调，其根本是利益追求的差异。其中既涉及内部因素，也存在外部环境的变动。中南在国际谈判上的合作要取得进一步成效，一要做好发展中国家的内部立场协调，二要站在发展中国家的角度上，根据外部环境的现实情况找准基点，随时调整面向发达国家的谈判策略。

第一，中南如何团结引导发展中国家减少彼此的立场分歧，尤其团结基础四国、金砖五国的立场一致，从而与发达国家进行谈判。数量上，发展中国家远超发达国家，但发展中国家各自的发展情况存在明显差距。要团结广大发展中国家，中国和南非往往通过"基础四国"、"G77＋中国"等机制为依托进行合作，并代表发展中国家阵营参与国际谈判。然而，作为发展中国家核心的基础四国内部同样存在立场差异，甚至直接涉及气候谈判的关键问题（表1）。根据表1，中国和南非显然在谈判模式、减缓长期目标、排放权利标准等问题上存在巨大分歧，尤其对"减缓长期目标"的立场将影响中国和南非在引导基础四国乃至发展中国家时的团结程度。因此，在实施开展针对发达国家的国际谈判合作之前，中国和南非首先应当协调彼此立场，提高基础四国这一谈判主力的内部一致性，做好发展中国家阵营的总体协调工作。

第二，在协调好发展中国家立场的前提下，如何与以发达国家为首的其他国家进行谈判。相比发展中国家在气候变化议题上存在实施目标和策略的不同，发达国家内部实际上有着更大的立场差异。总体积极应对气候变化并鼓励全球共同合作的发达国家以英国、法国、德国、丹麦等欧洲国家为主，对参与全球共同应对气候变化曾表示怀疑态度或犹豫的发达国家如退出《京都议定书》的加拿大等，而作为金砖五国之一的俄罗斯也在不同层面对气候变化持有一定的消极态度。关于对气候变化全球治理进程影响最大的发达国家暨碳排大国——美国，尽管该国在上一届政府即奥巴马（Barack Obama）政府的推动下签署了《巴黎协

表1 基础四国在各气候谈判关键问题上的立场差异[①]

	中国	南非	印度	巴西
谈判模式	坚决维护"双轨制"及"二分法"	对双轨变一轨并不十分坚持	坚决维护"双轨制"及"二分法"	对双轨变一轨并不十分坚持,而是顺势而为
2015年协议	不接受让发展中排放大国接受强制性量化减排目标,具体形式由最终内容决定	适用于全体缔约方的且包含承诺、目标和行动的议定书	也许会支持"形式合适"的具有法律约束力的减排目标	支持2020年后达成具有法律约束力的减排协议,支持"自上而下"量化减排
适应气候变化	减缓和适应均是应对气候变化的重要方面,必须平衡考虑	对非洲国家而言适应更为紧迫,联合国应成立适应委员会	在全球讨论减排时,也必须包括全球适应气候变化的方案	减缓和适应同等重要
减缓长期目标	不赞同到2050年在1990年基础上全球排放减半	支持到2050年在1990年基础上全球排放减半	不赞同到2050年在1990年基础上全球排放减半	不赞同到2050年在1990年基础上全球排放减半
排放权利标准	历史累计排放	无	人均排放	历史累计排放
2020年国家目标	实现单位国内生产总值二氧化碳排放强度比2005年下降40%至45%	比BAU偏离34%,到2025年比BAU偏离42%	实现单位国内生产总值二氧化碳排放强度比2005年下降20%至25%	总排放量比预期将减少36.1%至38.9%的排放量
2020年后目标及排放峰值	2030年左右二氧化碳排放达到峰值且将努力早日达峰	尚未提出	尚未提出	尚未提出

定》,但刚于2017年1月就任的美国现任总统唐纳德·特朗普(Donald Trump)将为未来5—10年美国的态度留下最大悬念。早在特朗普参加总统竞选时即对

[①] 柴麒敏、田川、高翔、徐华清:《基础四国合作机制和低碳发展模式比较研究》,《经济社会体制比较》,2015年第3期。

气候变化问题始终公开表示否定,上任后更任命著名的气候变化怀疑论者斯科特·普鲁特(Scott Pruitt)为美国国家环境保护局局长。[①] 2017年6月1日,特朗普正式宣布退出《巴黎协定》。美国在气候变化问题上总体否定的态度,将加大中国与南非等国代表发展中国家与发达国家实施谈判的难度,尤其在资金、技术、应对能力的获取和共享上。

(二)中南在非洲层面的合作

在非洲层面,南非和中国以推动非洲在气候变化问题上的区域一体化为主要目标,将中非合作论坛作为主要合作平台,不仅携手推动了相关文件的出台,协调了中国、南非和其他非洲国家间的立场,还推动了非洲内部项目的落实。

1. 推动"多赢局面"的区域发展是主要原因

中国是世界上最大的发展中国家,南非即是发展中国家阵营的大国,亦是非洲国家的代表,而非洲是世界上发展中国家最集中的大陆。因此,在非洲大陆内部,中南气候变化合作带有更明显的落地性和实质性,文件政策的制定往往衔接了切实的后续行动并具体到个别项目。

这一层面上,中南合作具有以下重要意义。其一,以气象变化为切入点,有助于推进非洲一体化进程,帮助非洲更有目标、更有方向地应对气候变化,加快非洲作为一个整体的绿色发展步伐。其二,缩减分歧、求同存异、整合意见、协调方案,有利于推动非洲作为第三世界重镇内部的团结一致,挖掘增强发展中国家阵营在国际谈判等场合的集体力量。其三,加强非洲各国的气候变化应对水平、减小其受到气候变化的负面影响,从而促进非洲大陆的整体发展,改善南非发展的周边环境,为日后南非与非洲其他国家、中国与非洲国家间的经贸等合作往来扎实基础。其四,展现南非和中国的外交实力,凸显两国作为发展中国家主要代表的大国责任和区域地位,提升双方的在非影响力和国际形象。其五,借气候变化议题加强中南、中非、南非与非洲其他国家间的合作,推动政治互信和民间友好,为多边友谊的长远发展添砖加瓦。

[①] Chris Mooney, Brady Dennis and Steven Mufson: "*Trump Names Scott Pruitt, Oklahoma Attorney General Suing EPA on Climate Change, to Head the EPA*", The Washington Post, Dec 8 2016. https://www.washingtonpost.com/news/energy-environment/wp/2016/12/07/trump-names-scott-pruitt-oklahoma-attorney-general-suing-epa-on-climate-change-to-head-the-epa/.

2. 借中非合作机制扩大合作是重要手段

中非合作论坛是中南在非洲层面进行合作的主要平台。南非作为非洲国家代表,始终在中非关系中起到协调非洲各国利益、整合各国意见的领袖作用。自2000年中非合作论坛于北京成立,至今已召开六届部长级会议。十六年来,气候变化问题愈发得到中非双方的重视,环境问题以不同的形式和程度在第一、二届部长级会议中即被提出,最初如从资源和能源开发的角度。[①] 而在中非合作论坛第一届部长级会议上,中国即在纲领性文件中承诺将与非洲"在所有有关环境管理的领域进行合作"。[②] 到了2006年第三届会议,在中非磋商合作机制不断完善的基础上,环境保护作为一个独立章节被首次提出。[③] 2009年第四届部长级会议上,中国加大了与非洲国家在气候变化领域的合作力度,《沙姆沙伊赫行动计划》的发布明确了2010—2012年间的中非项目合作计划,如为非洲国家援助100个沼气、太阳能、小水电等小型清洁能源项目和小型打井供水项目(最后实际落实清洁能源项目105个[④]),为非洲国家提供相关领域的人力资源培训、举办相关研修项目、加强环境监测领域合作、帮助提高非洲荒漠化地区的综合治理和监测水平、分享抗灾经验等[⑤],以期提高非洲国家应对、减缓和适应气候变化的能力。从2012年第五届到2015年第六届部长级会议的计划成果和具体实施效果来看,自中非合作论坛机制创建以来,双方就气候变化问题正呈现出合作程度愈发深入、探索性愈发加强、覆盖面愈发拓宽的总体趋势。2015年的约堡峰会暨第六届部长会议,是当前中南在中非层面开展气候变化合作的最高峰。

2015年12月,中非合作论坛约翰内斯堡峰会暨第六届部长级会议在约翰内斯堡召开,由南非和中国共同主办。该届峰会是中非在气候变化上开展合作的一次重大突破,就中非双方未来三年在相关领域和行动项目上的深化合作作

[①] 中非合作论坛:《亚的斯亚贝巴行动计划(2004—2006年)》,2003年,http://www.fmprc.gov.cn/zflt/chn/ltda/bjfhbzjhy/hywj32009/t584788.htm,资料获取时间:2016年10月18日。

[②] 中非合作论坛:《中非经济和社会发展合作纲领》,2000年,http://www.fmprc.gov.cn/zflt/chn/ltda/dyjbzjhy/hywj12009/t155561.htm,资料获取时间:2016年10月20日。

[③] 中非合作论坛:《北京行动计划(2007—2009年)》,2006年,http://www.focac.org/chn/ltda/bjfhbzjhy/hywj32009/t584788.htm,资料获取时间:2016年10月27日。

[④] 中非合作论坛:《中非合作论坛第四届部长级会议后续行动落实情况》,2012年,http://www.fmprc.gov.cn/zflt/chn/ltda/dwjbzzjh/t952537.htm,资料获取时间:2016年10月27日。

[⑤] 中非合作论坛:《沙姆沙伊赫行动计划(2010—2012年)》,2009年,http://www.fmprc.gov.cn/zflt/chn/dsjbzjhy/bzhyhywj/t626385.htm,资料获取时间:2016年10月27日。

出了进一步的明确和承诺。作为首届在非洲大陆举行的中非峰会,选址约堡,一彰显了中国对南非战略合作地位的重视,二显示了南非对和中国在非洲层面开展全方位合作、和中国一起推进非洲一体化发展的雄心壮志和认可支持,三体现了中南紧密的合作关系和友谊纽带。峰会开幕式上,中国国家主席习近平表示中方愿同非方在今后重点实施"十大合作计划"。作为十大计划之一,中非绿色发展合作计划将直接围绕气候变化问题开展节能减排技术、清洁能源等相关项目,而中非工业化、农业现代化、基础设施、公共卫生等合作计划将通过辅助建设,提高当地社会的综合发展水准,在顾及多方位发展的同时,直接或间接地提高当地对气候变化的防范抵御能力,尽可能减小气候变化潜在的负面影响。为确保"十大合作计划"的顺利实施,中方将提供总额 600 亿美元的资金对项目建设进行支持。此外,峰会上中国还发布了《中非合作论坛—约翰内斯堡行动计划(2016—2018 年)》。着重针对环境保护和应对气候变化,中国将与非洲在以下领域开展深层次合作。一是计划在"中国南南环境合作—绿色使者计划"框架下推出"中非绿色使者计划",设立中非环境合作中心,开展中非绿色技术创新项目;二是将共同推进"中非联合研究中心"项目建设,具体合作领域将涉及生物多样性保护、荒漠化防治、森林可持续经营、现代农业示范等;三是计划共同加强非洲水资源管理和废弃矿山的修复,从根本问题入手,减小气候变化对非洲的负面作用;四是将实现与非洲国家的环境监测合作,继续与非洲共享中国-巴西地球资源卫星数据,帮助非洲国家开展土地利用、气象监测、环境保护等工作;五是加强与非洲在气候变化领域的政策对话,不断完善中非的磋商和协作机制,加强与非洲国家在气候变化监测、减少危机和脆弱性、加强恢复能力、提高适应力、能力建设、技术转移、提供监管和实施资金等方面的合作;六是与非洲建立多层次的减灾救灾合作对话机制,在灾后反应及重建、风险评估、灾害预防、重建教育等板块与非洲扩大交流;七是应非洲国家要求,中国将在非洲的灾害应急期间为后者提供基于空间技术的灾害应急快速制图服务,帮助非洲国家尽早脱离因气候变化而导致的自然灾害,尽可能将损失降到最低。同时,中国还承诺将与非洲开展环境友好型技术合作,在生态环境保护、环境管理、污染防治等领域加大对非洲的培训力度,支持非洲实施 100 个清洁能源和野生动植物保护项目、环境友好型农业项目和智慧型城市建设项目,不懈推动中非绿色金融对话与合作,积极探索中非间政府与社会资本环境的合作模式。此外,中国还将与非洲在能源和自然资源的开发利用、海洋监测管理、野生动植物与环境保护、医疗与公共卫生等方面不断深化合作。[①]为保障峰会的圆满召开、峰会成果的有效落实和中非关系的顺利进行,早在 2013 年南非就已设立中非合作论坛事务协调官等职与中方高管(如外交部部长等)频繁协调磋商,以满足与中国保持对话沟通的需要,表现出了南非对中非论坛这一中非集体对话平台的高度重视。

3. 正视差异和统筹规划是燃眉之急

随着中南在非洲层面的气候变化合作日益频繁,双方今后的首要挑战将是如何协调非洲各国利益、合理统筹合作内容、公平分配合作资源和精准分层管理模式。该挑战的根源是非洲各国参差不同的基本国情,非洲各国发展的基础、速度和理念各不相同,导致各自在气候变化应对能力和需求上差异悬殊。因此,今后中南双方应对以下三个方面的矛盾保持警醒:一是求同存异的难度,尤以非洲整体的区域一体化和局部的次区域一体化间的利益矛盾为首;二是潜在的"代表国"与"被代表国"间可能造成的误解和基本情况的巨大差异,尤其是如何利用南非作为非洲国家"领袖"及唯一来自非洲的金砖国家的影响力,起到团结统一其余非洲国家的正面作用,避免潜在的冲突和意见分裂;三是顾及发展两端的个体,尤其处于发展情况最两极的国家对绿色发展的认识及支持程度、执行意愿和相关需求、可用以支持绿色发展的固有资金及其他条件等。中南双方必须继续将防范处理好非洲内部的意见分裂作为首要任务,协调不同点面的差异。此外,随着中非合作的日益升温和非洲国际地位的总体上升,国际舆论环境趋势的复杂化、发展中新兴国家间本身的竞争与协调等问题也将为中南在非洲层面的合作带来新的思考和挑战。[②]

(三) 中南在双边层面的合作

在双边合作层面,南非和中国以平等互利为原则,开展了一系列实质的项目。而中国也以"授人之鱼,不如授人之渔"为合作的基本理念,在政府的大力支持下,在气候变化方面与南非通过开展多元项目的方式进行合作互助。

1. 互惠共赢是长远打算

南非和中国既是非亚大国,也是世界新兴国家;中南模式不仅是中非合作的

[①] 中非合作论坛:《中非合作论坛——约翰内斯堡行动计划(2016—2018 年)》,2015 年,资料获取时间:2016 年 11 月 10 日。
[②] 张忠祥:《金砖国家与非洲合作:中国的战略选择》,《国际关系研究》,2015 年第 2 期,第 26—29 页。

成功案例和精髓所在,也是中非关系的风向标。南非和中国现已建立了全面战略伙伴关系,其中既有两国友谊邦交历史发展的必然性,也有互利互惠的利益驱使。

中南就气候变化开展务实的双边合作,具有举足轻重的深远意义。其一,中南间的气候变化相关合作将直接推动南非和中国更好地应对气候变化,尤其助力南非可持续发展。其二,有利于帮助南非和中国双方积累环保处理经验和方式方法,从实质上进一步推动双方参与全球气候变化治理,加强彼此在国际合作上的认同和默契。其三,助力提升中南双边关系,深化政治互信,推动更深层次、更广范围的交流磋商和务实合作。其四,气候变化合作将改善中南双方的投资合作环境,对双方民间经贸合作、文化交流等起到强化的激励作用。其五,有助于展现中南友好,提升中国的国际形象,积极应对外界的负面言论,引导外界对中南乃至中非关系的舆论客观。其六,借机体现中国的国家软实力,传播平等互利价值观。

2. "政策掌舵,项目多线"的金字塔合作模式

当前,中国和南非在气候变化方面的双边合作,涉及城市布局和基础设施的规划建设、清洁能源的开发利用、农业林业的保护和发展、海洋经济的拓展及海洋生态系统管理、人才培训和学术交流等等,具体的文件签署和项目落实在特点上都具有一定的针对性和务实性。南非当前已成为中国产业海外投资的优先目的地,因此中国与南非所开展的合作不仅局限于政府层面,还深入到企业贸易、高校交流,等等。中南双边合作总体呈现出"金字塔形"的合作模式。

一是以"创新、协调、绿色、开放、共享"为发展理念的政府间综合及专门性文件在总体统筹上发挥的根本性战略指导作用,即金字塔顶。于 2006 年签署的《中华人民共和国和南非共和国关于深化战略伙伴关系的合作纲要》涉及了与减缓气候变化有关的绿色发展合作相关计划,中南双方就在可再生能源、清洁技术、农业技术等领域进行合作达成一致,是为中南气候变化合作的开端之一。[①] 2010 年 8 月,《中华人民共和国和南非共和国关于建立全面战略伙伴关系的北京宣言》的签署确立了中南两国全面战略伙伴关系的正式建立,双方在绿色产业领域的合作正式步入正轨。根据《北京宣言》,一是将绿色经济定义为中南间的

---

① 新华网:《中华人民共和国和南非共和国关于深化战略伙伴关系的合作纲要(摘要)》,2006 年 6 月 22 日。http://news.xinhuanet.com/newscenter/2006-06/22/content_4734022.htm。

关键产业之一,其中尤其涉及可再生能源和可再生技术设备及零部件的行业合作,将贸易投资和技术支持列作开展合作的主要方式;二是鼓励中南能源企业增加在化石能源、可再生能源、核能、能效和能源基础设施等能源相关领域开展务实合作的力度;三是根据此前签订的《中华人民共和国政府和南非共和国政府科技合作协定》,扩大双方在新能源与可再生能源、环境、空间技术等领域的合作与交流,加强相关领域的科学研究与开发能力建设、技术创新、技术转让和科技部门的技能转让;四要积极推动中南双方建立应对气候变化伙伴关系,巩固加强双边交流对话,加强双方在国际谈判中的立场协调。[1] 其次,通过《关于林业合作的谅解备忘录》《关于水资源合作的谅解备忘录》《关于海洋与海岸带领域合作的谅解备忘录》《中国—南非海洋科技合作规划 2015 年—2020 年》《中华人民共和国和南非共和国 5—10 年合作战略规划 2015—2024》等文件的签订及中南海洋领域合作联委会等机构的设立,中南双方在森林资源管理、水资源管理、海洋经济发展、海洋观测管理等领域的经验交流、技术共享、合作科研、基础设施共建和能力培训等合作板块达到了新的高度,为南非从具体行业部门切入、有的放矢地应对气候变化增加了有力筹码。

二是以清洁能源、绿色发展模式等为主的具体项目在双方政府领导推动下的建设落实。项目落实的(中方)主体既有政府作引导监管,也有民间企业等组织作主导参与,但政府在政策乃至财政上的支持(尤其中国)仍然是诸多大型中南合作项目得以策划落实的重要基石,也为私企等民间项目的开展指引了方向。第一,依托国企,由中国政府主导的大型基础设施建设工程,开启了两国关键领域国企的合作模式。近年来,中国国家电网公司和南非国家电力公司在电力基础设施建设领域不断加大合作力度。2015 年 12 月,双方签署了《中国国家电网公司与南非国家电力公司战略合作备忘录》,进一步加快巩固智能电网等先进技术在南非的推广应用,促进两国电力技术经验交流,加强电力装备产能合作。[2] 不仅推进了南非清洁能源的使用,并且在一定程度上填补了南非在快速工业化、城市化和现代化进程中的电力缺口,缓解了南非的用电紧张。第二,依托产业园区模式,深化绿色经济、清洁能源等产能合作。2016 年 5 月,在中南两国政府的

---

[1] 新华网:《中华人民共和国和南非共和国关于建立全面战略伙伴关系的北京宣言》,2010 年 8 月 24 日。http://news.xinhuanet.com/2010-08/24/c_12480341.htm。
[2] 朱怡:《中国国家电网与南非电力公司启动战略合作》,《中国电力报》,2015 年 12 月 7 日。

支持下,南非中国经济贸易促进委员会与南非各省政府共同规划了在南非境内逾 20000 公顷产业园区的开发运行,其中与南非自由省政府签署了 3000 公顷产业园区的开发协议,具体服务领域涉及农业开发、太阳能开发、高科技产业园区的开发等,相当部分的产业园区自设计规划起就采用到了顺应自然、绿色环保的理念。[①] 第三,依托"政+(民)企"联合模式,中国企业深入清洁能源等领域。2010 年 8 月,中南签署了《中华人民共和国政府与南非共和国政府关于能源领域合作的谅解备忘录》,正式成立了国家双边委员会框架下的能源分委会,进一步探索了双方在核电、风能、太阳能、新能源、电网、油气等领域的合作潜能,并相应地扩大了项目规模。会后签署的可再生能源协议,对双方政府、企业、高校科研机构等多方协作的模式进行了创新。仅依托该次合作而得到具体落实的协议就包括龙源公司、中非基金和南非穆力洛可再生能源公司成立风电合资公司的股东协议,中国清华太阳能公司、南非中央能源基金、南非开普敦半岛科技大学及南非山杜卡投资公司在南非共同发展太阳能水加热设备制造厂的合资协议,以及中国皇明太阳能公司与南非工业发展公司关于设立太阳能合资公司的谅解备忘录。[②] 第四,中国大型民营企业奋斗实干,积极助推南非绿色发展事业。在双方政府政策的支持下,尤其中方绿色发展合作计划的鼓舞和组织下,相当数量的中国企业将先进的技术和有竞争力的产品服务引入了南非。如,青岛海信集团于 2012 年向南非家电产业园一期投资 2.5 亿兰特[③],用以建设生产绿色环保节能冰箱和智能 3D 高清电视等高端环保产品,率先引入欧洲的能耗和环保标准,推动了南非生活方式的绿色化。[④] 2016 年 12 月,格林美股份有限公司在德班市与夸祖鲁-纳塔尔省贸易与投资委签署了《中非循环经济产业园项目战略合作备忘录》,项目内容:面向全球,以先进技术与装备为依托、以清洁生产与环保化处理为主线,以南非资源和全球资源为基础,建立工业生产配套的绿色处理和循环利用系统,实施配套的环境治理工程和供电供水供气等公用工程,形成废物处理、材料再造、废物综合利用的完整循环经济产业链,打

---

① 和讯网:《中国—南非产业园筑巢引凤》,2016 年 5 月 12 日。http://news.hexun.com/2016-05-12/183831463.html。
② 朱轩彤:《南非电力危机与中国——南非可再生能源合作》,《风能》,2011 年第 4 期,第 32—33 页。
③ 此处为当时(2012 年)的名义价格。
④ 《海信大举增资南非,新建家电工业园》,《中国日报》,2012 年 7 月 31 日。http://www.chinadaily.com.cn/hqgj/fzlm/2012-07-31/content_6596045.html。

造世界一流的循环经济产业园区和中非循环经济发展的典型园区。①

三是在农业、医疗、人才等方面与南非合作，帮助南非适应气候变化所带来的负面影响。首先在农业方面，作为2006年中非合作论坛北京峰会推出的八项援非举措之一，中国于2009年10月在南非自由州省哈瑞普出资3000万人民币成立南非农业技术示范中心，通过推广中国先进的淡水养殖经验、丰富当地人民的食物结构并致力改善当地的食物安全和脱贫问题，旨在缓解气候变化对南非农业的冲击。其次在医疗方面，2015年中南双方签署《中华人民共和国政府与南非共和国政府关于公共卫生和医学科学谅解备忘录》，旨在加强在传统医学等领域的合作和交流，在公共卫生、生物医学研究、初级卫生保健和家庭医学、医疗服务质量和行医标准、传统医学、院前急救、艾滋病和结核病治疗，以及卫生人力资源开发等领域加强合作和交流。② 2015年，中国药学家屠呦呦因发现青蒿素而获诺贝尔医学奖，为南非乃至非洲的抗疟事业作出了巨大贡献，也直接推动了中南在医疗方面的合作，在气候变化导致疟疾传播日益加剧的背景下，此抗疟新法的发现大幅提高了南非乃至非洲人民的医疗水平。同时，中国还为南非引进了作为本国优势的中医药学术交流、诊疗产品服务等，如中国北京中医药大学和南非医学研究理事会于2012年在开普敦签署的中医药合作协议，通过中国中医药专家的技术输出和南非中医药资源，进行学术、人员等交流③；又如北京同仁堂国药有限公司在南非比勒陀利亚、约翰内斯堡、德班三市拥有五家分店，向当地民众提供中医诊疗、中成药和中药饮品销售等特色服务。④ 此外，中国近年来还就派出医疗团队、援建医院、学术交流等方面与南非开展了长期而频繁的合作，助力南非提高气候变化应对能力。

除了上述领域，中国正计划发射国内首颗全球二氧化碳监测科学实验卫星，

---

① 新浪财经：《格林美：关于签署中非循环经济产业园项目战略合作备忘录的公告》，2016年12月16日。http://money.finance.sina.com.cn/corp/view/vCB_AllBulletinDetail.php?stockid=002340&id=2933301。
② 丁洋：《中国与南非签署卫生备忘录双方将在传统医学等领域加强合作交流》，中国中医药网，2015年12月11日。http://www.cntcm.com.cn/2015-12/11/content_9563.htm。
③ 新华网：《中国加强与南非在中医药领域的合作》，2012年8月15日。http://news.xinhuanet.com/world/2012-08/15/c_112730629.htm。
④ 央视网：《商务部：积极推动落实中非"十大合作计划"》，2016年12月9日。http://news.cctv.com/2016/12/09/ARTIpKHNQsQ9Ewi3d0g7KFLZ161209.shtml。

此举将使其成为全球继美国、日本之后的第三个拥有碳卫星的国家[①],使中国在今后能够更直观、全面、便捷地对全球气候变化动态作出实时监测和分析,这也势必将在日后有利于中南气候变化合作的深层次开展。

3. 中南的未来需要全社会参与

尽管中国和南非当前在气候变化方面的合作高频且内容多元,但仍面临不少需在今后逐一克服的问题。总的来说,可以从以下几个方面进行进一步的思考、探索和提高。

一是诉求冲突。诉求之差将首先成为中南双方以"一致声音"参与国际事务的阻碍。中南双方在应对气候变化的许多态度和理念上显然有所出入(表1),其根本原因主要是基本国情,主要表现在工业化、现代化和城镇化程度的指标上。因此今后如何互相支持对方的经济发展以缩小发展上的差异,协调双方的意见与立场,通过"发展"来缩小"分歧",以推动双方在气候变化理念上的靠拢,将成为中南合作在不久的将来亟需解决的首要问题之一。

二是科技瓶颈。无论是缓解、适应还是提高气候变化的应对能力,都离不开先进的科学技术和人才储备。在某种程度上,科技瓶颈即"发展"与"环保"的取舍平衡。与欧美、日本等发达国家相比,中国和南非毕竟尚未成为绿色大国,因此在双方开展气候变化合作的过程中应积极克服技术瓶颈,不断提高科研能力,以求不断扩大彼此的合作深度与广度。

三是民间合作的必要。当前中南合作较多停留在政府层面,中国企业在社会形象、公关宣传等方面的能力向来有待提高,而中国非政府组织的发展也始终在总体上较欧美国家有追赶的空间。中南合作不应仅仅停留在政府及企业项目上,更应本着讲好中国故事、传播好中国理念的美好愿望,让合作真正地深入南非民间。中国政府有责任结合好软实力和绿色发展理念,中国企业应在社会责任上负起更深远的担当,中国的非政府组织、高校等团体机构应扮演好中国绿色理念核心的传播角色。

随着国际形势不稳定性和复杂性的不断增强,南非与中国气候变化合作的机遇和挑战将共存于更为丰富的形式之中。虽然气候变化问题本身是多变的,其内里关系错综复杂、不能一夜解决,但它并非无解之题。从另一个角度来看,

---

① 新浪:《我国首颗碳卫星:监测分析全球气候变化》,2016年12月19日。http://weather.news.sina.com.cn/news/s/2016-12-19/doc-ifxytkcf8094631.shtml。

气候变化正是中南甚至全球团结协作的契机。然而一旦涉及各国具体利益,则往往很难达成完全的一致或对立。因此,南非和中国应比以往任何时候都更认识到彼此作为命运共同体、利益共同体的高度重要性,坚决秉持紧密团结的合作理念,主动寻求应对国际形势随时转变的多种备选方案,尽快将战略合作规划的制定摆到议程上来。无论中南或是其他多边合作,都应尽量在分歧中创造共识,在矛盾中思索共性,在博弈中争取谅解,在冲突中营造包容,这本就是政治开明、社会进步、人类进化的必经之路。

中国对非援助与"安哥拉模式"初探

刘大卫

摘要：对外援助是中国外交的重要内容。2002年安哥拉内战结束后该国经济凋敝,安哥拉有着丰富的石油资源,但是缺少资金、技术和人才的支持。在这种情况下,中国于2004年开始了对安哥拉的一揽子援助,使得"安哥拉模式"应运而生。

"安哥拉模式"的内涵是资源换取基础设施,具体做法是以安哥拉未来开采的石油为担保,中国给予安哥拉贷款,帮助其建设经济发展所需的基础设施。中国和安哥拉前后签署了两期总额45亿美元的协议,"安哥拉模式"的项目超过100个,涉及电力、供水、卫生、教育、通信和公共工程等领域。"安哥拉模式"使得安哥拉拥有了自主发展能力,改善了安哥拉人民的民生状况,继而保障了安哥拉的社会稳定。

关键词：中国对非援助 "安哥拉模式"

作者简介：刘大卫,上海师范大学非洲研究中心硕士

进入21世纪以来,随着中国发展进程的加快与日益融入全球体系及中国经济规模与总量的上升,中国与外部世界形成了互动依存的关系,中国与非洲发展中国家的援助合作关系的结构与性质也发生了相应的变化。

中国对非洲的援助不只是单纯的援助,更是涵盖了经贸合作的多个方面。不仅规模大,增长速度还快。中非经贸合作模式是一种以制度为依托,以国家权力为保障而形成的规范性契约类合作模式,在同一时期基于共同的经济和政治利益需求,是在政府政策支持和影响下,以企业行为为主体的平等互利的新型经贸合作模式。[1] 其中影响最大的是"安哥拉模式",该模式最早是由学者瓦因

---

[1] 张宇炎:《中国对"安哥拉模式"管理政策变化分析》,《国际观察》2012年第1期,第78—82页。

(Vine)提出的,他认为这样一种资源换基础设施的援助模式并不是在历史上头一次出现,中国在非洲大陆上广泛地实践了这一合作内容,他认为这是一种卓有成效的模式。① "安哥拉模式"的实施始于2004年,中安两国通过"以资源换取基础设施"的模式进行合作。该模式对两国政治经济关系的发展起到了积极的促进作用,而且构成了对传统西方国家援助模式的补充,拓宽了对非洲援助的定义。

本文通过回顾新中国援助非洲的历史及政策演变,以此阐述中国对非援助的特点、模式及理念诉求。本文论述了"安哥拉模式"的合作背景、特点和成效,同时探讨了"安哥拉模式"的积极影响和不足因素。结语部分指出"安哥拉模式"是中国对非洲援助的合理成果,并且提出了新形势下针对"安哥拉模式"问题的解决对策及建议。

国内关于中国和安哥拉关系的研究:北京大学的刘海方从双边政治、双边经贸及科教文卫研究了中安关系并认为中国对安哥拉的早期援助是中国于2004年开展的"安哥拉模式"的合作先例。② 上海国际问题研究院的杨纪伟研究了安哥拉国家自民族独立以来的发展政策演变,分析了安人运掌权后安哥拉政府1977年后的对外政策的发展,认为安哥拉政府在内战独立后具有对西方国家谋求改善关系及对中国进一步发展两国关系的意向。③ 张兴玉研究了安哥拉在2002年内战结束后的经济发展情况和安哥拉政府采取的恢复经济发展的政策措施。

国外研究安哥拉和中国的双边关系及援助情况:安哥拉战略研究中心于2008年举办了国际研讨会,围绕"中国:一个珍贵的合作伙伴,尽管还存在争议"这一论题展开了研讨。在华盛顿的国际战略研究中心于2007年举办的会议上,英国的坎波斯(Indra Campos)从政治、金融、贸易、投资及资源等方面分析了中国和安哥拉的关系,认为安哥拉接受中国的援助能够解决国内的经济贫困和地缘政治问题,同时还指出了中国移民给安哥拉造成的冲击。④ 伦敦大学东方和

---

① Vine Campos, "China and India in Angola", *The Rise of China and India in Africa*, London: Zed Books, 2010, p.162.
② 刘海方:《安哥拉内战后的发展与中安合作反思》,《外交评论》2011年第2期,第66—67页。
③ 杨纪伟:《"发展——安全关联"视角下的非洲发展道路选择:尼日利亚、安哥拉和苏丹的比较研究》,《上海国际问题研究院论文》,2013年,第13页。
④ Indra Campos, *China and Angola*, Pambazuka Press, 2012, p.94.

非洲研究学院的杰克逊(Steven F Jackson)研究了安哥拉的外交史,从 1961 年安哥拉独立运动到 1983 年中国和安哥拉建立外交关系到 2002 年安哥拉结束内战的历史阶段,认为安哥拉和中国同为第三世界国家都有过被殖民的经历,两国建交后频繁派遣高级官员互访加深了两国的政治互信。在需要资金建设国家的情况下,安哥拉选择了中国。这表明安哥拉看到了中国援助非洲的巨大影响和中国自身的建设成果,"安哥拉模式"的促成主要是因为安哥拉对中国抱有期待。[1]

一、新中国援助非洲的政策演变

国际援助是当今世界国家间交往合作的一种基本形态,是现代世界国际关系相互依存的必然结果。当今国家与国家集团,各种国际关系行为体都或多或少地卷入了全球性的国际援助体系,在其中扮演不同角色,发挥不同功能。[2]

对外援助是中国对外关系的重要方面。自新中国成立以来,中国一直在坚持探寻自主性的国家民族发展道路,并寻求在此基础上与广大的发展中国家、南方国家或第三世界国家的合作,积极推进世界和平与发展。经过长期实践,中国坚持在南南合作的框架下开展对发展中国家的援助,逐渐形成了具有特色的对外援助理念、原则与政策体系。

(一) 从无偿援助到互利互惠

新中国无偿援助非洲国家有以下特点:首先,中国对非援助过分强调意识形态,强调从世界革命的角度开展对外援助工作,在一定程度上忽视了非洲国家的实际所需。第二,中国在援助方式上往往采用"大包大揽"与"输血式"的援助,确实做到了回应受援国的要求,但是没有增强受援国自主发展的能力。第三,中国对非援助规模过大,与国内经济发展水平不相称,对国内经济建设造成了影

---

[1] Steven. F. Jackson, *China's third world policy: Angola and Mozambique*, China Quarterly, 1995, pp. 388 – 422.
[2] 刘鸿武、黄海波:《中国对外援助与国际责任的战略研究》,北京:中国社会科学出版社,2013 年,第 68 页。

响。随着中国国内各方面发展的需要,援助非洲超出了中国的承受能力。在这样的情况下,中国对非援助从内容到形式急需改变。

中国之前对非洲的无偿援助是出于中国自身的责任与道义感。较之西方国家的援助,八项原则"不附带任何条件、绝不要求任何特权"的理念得到了非洲国家的认同。此后,中国对非援助始终贯彻这一大政方针,仅作出了微调。八项原则提出后,中国向非洲国家提供了农业、工业、交通运输、文化卫生和体育等多方面的援助,从数量和范围上远远超过了以往的无偿援助。进入80年代后中非贸易在8亿—12亿美元之间,1980年中非贸易额中的出口占到了进口的两倍。1989年中非贸易额降到了11.7亿美元,这一时期的中国对非洲出口不断增长,进口持续下降,中国对非洲的贸易顺差变大。另外,中非贸易额在中国对外贸易总额中所占的比重出现了下降的趋势,从1964年的4.5%下降到1979年的2.8%,再降到了1989年的1.05%。中非贸易的发展出现了不利于非洲的局面。

表1 1950—1985年中非货物贸易额(单位:万美元)

年份	贸易总额	出口额	进口额	中国贸易顺差额	占中国对外贸易总额比重
1950	1214	892	322	570	1.07%
1955	3474	706	2768	−2062	1.59%
1960	11057	3384	7673	−4289	2.9%
1965	24673	12449	12224	225	5.81%
1970	17721	11200	6521	4677	3.86%
1975	67126	44739	22387	22352	4.54%
1980	113103	74703	38400	36303	2.58%
1985	62848	41940	20908	21032	0.91%
1990	166451	129691	36760	92931	1.44%

资料来源:根据中国国家统计年鉴整理,http://www.stats.gov.cn/tjsj/ndsj/2015/indexch.htm。

1984年提出四项原则之前,中国是以无偿援助的方式向非洲国家提供成套的项目与设备;之后,中国开始采用了贸易的方式与非洲国家进行了经济交换合作。在经过这一调整后,中国将对非援助的规模制定在了与自身国家总体实力能承受的水平上。中国在经历了援助规模先是大规模支出而后量力而出的变化后,避免了过度的支出,同时积累了一定的经济实力,平衡了对非援助与国内的各项需求。中国政府在互利共赢的原则上继续深化了对非贸易体制的改革,中国的外贸战略从进口替代转向了出口导向。中国外经贸部(现商务部)提出了"市场多元化""以质取胜""大经贸"和"科技兴贸"四大外贸发展战略。中国开展了支持非洲国家发展经济的努力,拓宽了贸易渠道,增加了从非洲的进口,使中非贸易进入了互利互惠阶段。

(二) 从双边援助到双边与多边援助相结合

中国原先对非援助的方式主要是以双边形式进行的,由政府单方面向受援国提供资金、物资和技术等,缺乏灵活性。这种援助方式程序简短、速度快捷,具有针对性,管理效率相对较高,提升了非洲受援国经济建设和社会的发展。然而,进入了90年代后,随着全球化的加深以及非洲区域一体化的加强,国际上出现了国家之外的超国家非政府的多边援助机构与组织,非洲联盟的成立也开启了非洲一体化的大门。中国在当时并不是世界多边发展援助机制中的一员。

中国开展多边援助的最大举动是提议成立一个旨在与非洲国家开展合作的多边机构框架,旨在帮助中国在非洲开展活动。中国倡议建立了中非合作论坛,第一次会议于2000年10月在北京召开。中非合作论坛在中国和非洲国家之间轮流举办,核心议题是援助、经济发展、贸易、投资与政治伙伴关系。[1] 2003年,召开了第二届部长级会议的同时,举行了首届中非企业家大会,目的在于推动中非双方企业家之间的直接交流和合作。2005年,中非商会成立,2006年的第三届中非合作论坛北京峰会上中国国家主席胡锦涛宣布成立中非发展基金,启动基金为50亿美元,鼓励中国人在非洲投资。这届峰会上共有48个非洲国家的1700名代表到北京参加会议,包括41名国家元首。2009年11月第四届中非合作论坛在埃及召开,旨在对2006年北京峰会上所达成共识的实施情况进行评估,并且中国承诺向非洲提供100亿美元优惠性贷款,免除非洲中的重债穷国和最不发达国家。"中非合作论坛"机制的启动和运行,标志着中非合作关系的全面提升,提供了中国对非多边援助的运行基础。中非贸易双方的贸易规模、商品种类、贸易方式呈现了多领域、深层次的合作。

---

[1] 张忠祥:《中非合作论坛在非洲发展中的作用》,《探索与争鸣》2008年第12期,第56—58页。

表2 2001—2011年中国与非洲贸易走势(单位：亿美元)

	2001	2002	2003	2004	2005	2006	2007	2008	2009	2010	2011
出口额	60.1	69.6	101.8	138.1	186.8	266.9	372.9	508.4	477.4	599.59	731
占非洲出口	2.26	2.14	2.32	2.33	2.45	2.75	3.06	3.56	3.97	3.80	3.85
增长率	19.2	15.8	46.3	35.7	35.3	42.9	39.7	36.3	−6.8	26.5	21.9
进口额	47.9	54.3	83.6	156.5	210.6	287.7	362.8	560	433.3	699.53	932.2
占非洲进口	1.97	1.84	2.02	2.79	3.19	3.63	3.8	4.94	4.31	4.8	5.35
增长率	−13.8	13.4	54	87.2	34.6	36.6	26.1	54	−22.6	54.5	38.9
贸易总额	108	123.9	185.4	294.6	397.4	554.6	735.7	1068.4	910.7	1269.1	1663.2
占非洲贸易比重	4.1	4.5	5.6	7.0	7.6	8.5	9.4	10.2	11.8	12.5	13.3

资料来源：根据中国国家统计年鉴整理，http://www.stats.gov.cn/tjsj/ndsj/2015/indexch.htm。

表3 2003—2011年中国对非直接投资额(单位：亿美元)

	2003	2004	2005	2006	2007	2008	2009	2010	2011
全球	28.5	55	122.7	176.3	265.1	559.1	565.3	688.1	746.5
非洲	0.74	3.2	3.9	5.2	15.7	54.9	14.4	21.1	31.7
占比	2.6%	5.8%	3.2%	2.9%	5.9%	9.8%	2.5%	3.1%	4.3%

资料来源：根据中国国家统计年鉴整理，http://www.stats.gov.cn/tjsj/ndsj/2015/indexch.htm。

(三) 正确义利观与"真、实、亲、诚"四字箴言

2013年3月，习近平主席访问非洲期间提出了正确义利观的新理念。义，反映的是中国国家的外交理念：真正的快乐幸福应是所有人共同快乐、共同幸福。非洲国家人民的幸福始终是中国开展对非援助的出发点。利，就是恪守互利共赢原则，力求实现双赢。中国要重义轻利、舍利取义，不能唯利是图。[1] 正

---

[1] 柴逸扉：《习近平谈中国外交：正确义利观》，《人民网》http://henan.people.com.cn/n2/2016/0811/c351638-28816643.html，上网时间：2016年9月16日。

确义利观确定了义重于利的关系。正确义利观的提出体现了中国正越来越将自己看作是国际社会上负责任的大国。

2015年,习近平主席访问津巴布韦和南非并出席了中非合作论坛约翰内斯堡峰会,用"真、实、亲、诚"四字箴言概括了中非关系。随着中非关系重要性的提升,中非双方的共同利益也在增多,中国在峰会上承诺增加对非合作的力度。"真"字体现了中非关系今后将从以往注重政治互访发展到大力促进民间层面的交流,是中国和非洲开展各项合作的总纲领;"实"字体现了中国与非洲各国合作的互利性与务实性;"亲"字体现了中非政治上互信、经济上依赖的亲密关系;"诚"字体现了中非合作在遇到困难时的友好协商、诚实稳健的对话机制。中国的发展离不开非洲,非洲的繁荣稳定也需要中国。中国与非洲是休戚与共的"命运共同体"。中国对非援助将在未来以新的条件,在更高层次、更广领域上发展,致力于支持非洲的联合自强和一体化进程。中国与非洲的平等合作是发展中非关系的重要基石,这一点不会因为中国自身发展和国际地位提升而发生变化。[①] 中国提出的正确义利观与四字箴言注重双方平等的政治关系,注重授人以渔、提升非洲国家自我发展的能力、惠及非洲各国人民,体现了中非关系的本质:真诚友好、互相尊重、平等互利、共同发展。

二、"安哥拉模式"的出台

中国与安哥拉良好的政治外交关系、合拍的发展战略政策及两国长期的贸易与投资情况的有利发展共同构成了"安哥拉模式"的合作基础。中国与安哥拉都有着相似的历史经历,两国政治高层的交往和在多边会议上特别是中非合作论坛上的积极会晤更是打下了中安合作发展的政治基础。安哥拉独立后制订了注重可持续发展的经济发展战略,配套出台了一些政策。同时,中国也完善了自己的非洲发展战略例如《中国对非政策文件》,提出应有利于提高受援国整体经济实力、掌握先进技术、造福于安哥拉人民。中国与非洲及安哥拉长期的贸易往来和投资内容保障了中安合作的经济基础。

[①] 刘湃:《习近平"真、实、亲、诚"四字箴言诠释中非关系真谛》,《中国新闻网》http://www.chinanews.com/gn/2015/12-02/7652827.shtml,上网时间:2015年12月18日。

(一)"安哥拉模式"的合作基础

1. 中安两国的政治外交基础

长久以来,中国与安哥拉在许多国际事务中相互支持、彼此合作。自 20 世纪 60 年代以来,中国政府就旗帜鲜明地支持安哥拉的独立运动,安哥拉也在中印边界争端、中国核试验、中国恢复联合国合法席位等问题上站在中国一边。1983 年 1 月,中安正式建交后,两国关系发展顺利。中国坚决支持安哥拉政府的统一运动,为推动和平进程,在联合国安理会投票赞成制裁安哥拉反政府武装"安盟"。而安哥拉政府也在台湾问题、人权问题上给予中国很多支持。2002 年安哥拉内战结束后,中国政府无偿援助安哥拉的重建工作,两国高层互访频繁,在重大国际问题和地区事务中的合作更加密切。中方高层多次访问安哥拉。[1] 这一系列互访活动,一方面表明中安双方业已存在的友好关系,另一方面增进了两国互相了解,对在政治、经济、文化等领域扩大互利合作起到了推动作用。

2. 中安两国的发展战略政策基础

2002 年内战结束后,安哥拉政府将工作重点转向经济恢复和社会发展,力求调整经济结构,为此需要优先大力展开基础设施建设,优先解决关系到国计民生的社会发展项目;加快国企私有化进程,鼓励私营经济发展;同时积极开展同他国的经贸互利合作,发挥经济(尤其是能源)的外交作用,努力为国家重建吸引更多的外资和外援。[2] 鉴于安哥拉丰富的矿产资源迄今还远未得到开发,安哥拉政府本着"先来者先得"的原则鼓励各方投资开发安哥拉矿业。为此,安哥拉政府采取了一系列发展经济、重建国家的举措,但是,缺乏资金成为制约经济恢复和国家重建的主要瓶颈。因此,积极开展同他国的经贸互利合作,发挥经济尤其是能源的外交作用,努力为国家重建吸引更多的外资和外援,成为安政府外交工作的主要目标。同时,安哥拉政府还在基础设施建设、资源开采加工、引进国外先进技术和管理经验等方面开展国际合作,以弥补自身在这些方面的严重不足。这些政策举措对于推动安哥拉经济恢复和国家重建具有重要意义,就国情和国力而言,以丰富的自然资源作为抵押则是安哥拉政府获取资金的可靠保证。

与此同时,中国政府也制定了一系列积极政策,推动与包括安哥拉等国在内

---

[1] 刘海方:《列国志安哥拉》,北京:社会科学文献出版社,2006 年,第 452 页。
[2] Indra Campos, *China and Angola*, Pambazuka Press, 2012, p. 94.

的非洲国家经济合作。20世纪90年代以来,中国政府相继实行了市场多元化、"两种资源、两个市场"战略和"走出去"战略。2003年12月,中国政府发表了《中国矿产资源白皮书》,规范了中国矿业企业在海外的投资和经营行为。2006年1月,中国政府发表了《中国对非洲政策文件》,提出在十个方面加强与非洲国家的经济合作,其中指出:"中国政府鼓励和支持中国企业到非洲投资兴业,继续为此提供优惠贷款和优惠出口买方信贷,并愿与非洲国家探讨促进投资合作的新途径和新方式"。[①] 同年6月,温家宝总理在访问安哥拉时也提出了中安经济合作的三条原则:一是合作应有利于提高安哥拉整体经济实力;二是合作应有利于安哥拉掌握先进技术;三是合作应有利于安哥拉的可持续发展和造福于安哥拉人民。因此,中国和安哥拉基于推动互利合作的积极政策,为进一步发展双边经济关系营造了良好的合作环境,成为两国经济合作的助推力。

安哥拉和中国的国家发展战略和政策支撑了双方合作的稳定全面发展,两国战略的合拍是"安哥拉模式"的积极推动因素。

3. 中安两国的贸易与投资基础

1983年2月,中安两国建立正式外交关系的一个月后,安哥拉就派出了贸易代表团对中国进行访问,1984年中安两国签订了贸易协定。1988年10月,两国成立经贸混合委员会,双方就农业、能源等方面的合作在1989年12月和2001年5月召开过两次经贸混合委员会议。1999年中安两国双边贸易额达到3.72亿美元,同比增长95.4%,中国的进口额为3.56亿美元,同比增长131.4%,中国出口总额为0.16亿美元,同比下降55.3%。2000年中安双边贸易额达到18.76亿美元,次于南非,占非洲第二位,同比增长404.4%,中国出口3374万美元,进口18.43亿美元,安哥拉实现了巨额贸易顺差。2001年,双边贸易额为7.68亿美元,同比下降59.1%。2002年双边贸易额为11.48亿美元,同比增长49.6%。截至2004年,中国同安哥拉贸易总额为49.1亿美元,中方出口1.93亿美元,进口47.17亿美元。安哥拉已经成为中国的第二大非洲贸易伙伴。中国与安哥拉的贸易在中非贸易中占有重要位置,中安进出口贸易额在安哥拉战后保持快速增长。中国对安哥拉保持贸易逆差,安哥拉对中国出口要高于进口。安哥拉是中国在非洲重要的进口来源国,主要是由于中国对安哥拉原油存在巨大需求。

---

① 中华人民共和国国务院:《中国对非洲政策文件》,2006年。

表4 1997—2004年中安与中非贸易额(单位:亿美元)

年份	中非贸易额	中非贸易额增长率	中安贸易额	中安贸易额增长率	中安占中非	中国向安哥拉出口额	中国自安哥拉进口额	中国贸易顺差额
1997	56.7		6.3		11.2%	0.29	6.03	−5.7
1998	55.3	−2.4%	1.9	−70%	3.4%	0.36	1.5	−1.2
1999	64.9	17.2%	3.7	95.4%	5.7%	0.16	3.6	−3.4
2000	105.9	63.2%	18.8	404.3%	17.7%	0.33	18.4	−18.9
2001	108	1.9%	7.7	−59.1%	7.1%	0.45	7.2	−6.8
2002	124	14.7%	11.4	49.6%	9.3%	0.61	10.9	−10.2
2003	185.4	49.7%	23.5	104.8%	12.7%	1.46	22.1	−20.6
2004	294.5	58.9%	49.1	108.8%	16.7%	1.9	47.2	−45.2

资料来源:根据中国国家统计年鉴整理,http://www.stats.gov.cn/tjsj/ndsj/2015/indexch.htm。

表5 2005—2011年中安与中非贸易额(单位:亿美元)

年份	中非贸易额	中非贸易额增长率	中安贸易额	中安贸易额增长率	中安占中非	中国向安哥拉出口额	中国自安哥拉进口额	中国贸易差额
2005	397.4	34.9%	69.5	41.6%	17.5%	3.7	65.8	−62.1
2006	554.6	39.5%	118.2	70.1%	21.3%	8.9	109.3	−100.3
2007	736.6	32.8%	141.2	16.2%	19.2%	12.3	128.9	−116.5
2008	1072	45.5%	253.2	79.4%	23.6%	29.4	223.8	−194.4
2009	910.1	−15.1%	170.6	−32.6%	18.7%	23.9	146.8	−122.9
2010	1270.4	39.5%	248.1	45.5%	19.5%	20	228.2	−208.1
2011	1663.2	30.9%	277.1	11.6%	16.7%	27.8	249.2	−221.4

资料来源:根据中国国家统计年鉴整理,http://www.stats.gov.cn/tjsj/ndsj/2015/indexch.htm。

表6 2009—2014年中国对安哥拉直接投资额(单位:万美元)

年份	投资额	增长率	非洲大陆排名
2009	1021	96%	20
2010	1237	21%	20
2011	1092	−12%	21
2012	39200	3489%	2
2013	18000	−54.08%	7
2014	37000	107.9%	3

资料来源:根据中国国家统计年鉴整理,http://www.stats.gov.cn/tjsj/ndsj/2015/indexch.htm。

(二)"安哥拉模式"的出台情况

战争滞后了安哥拉的发展。从1985年到2002年的17年间,安哥拉的国内生产总值增长率很小,折算后1985年安哥拉的国内生产总值为68.04亿美元,出口仅为24亿美元,人均国内生产总值为750美元。至1991年,安哥拉的经济整体上平稳增长,但是从1992年开始大幅下降,此后的经济增长也没有太大起色,到了2001年安哥拉的国内生产总值为89.36亿美元,相比于1985年只增长了21亿美元,期间很多年份还出现了严重的负增长,人均国内生产总值降低到了621美元。[1]

表7　1998—2002年安哥拉国内生产总值分布情况(%)

产业占比GDP	1998	1999	2000	2001	2002
农业	13	6.9	5.7	8.0	8.2
石油及天然气	55.7	77.1	61	61.8	48.3
钻石及其他矿业			10	11	4.5
服务业	33.3	16.1	16	15.6	29.3
制造业	6.3	3.5	2.9	3.8	3.8

资料来源:刘海方:《列国志·安哥拉》,社会科学文献出版社2006年版,第453页。

表8　2000—2004年安哥拉主要经济指标变化情况(单位:百万美元)

指标	2000	2001	2002	2003	2004
国内生产总值	8900	9500	11200	12200	17000
国内生产总值实际增长率	3.3	3.2	15.3	4.7	12.2
出口总额	7920.7	6534.3	8327.9	9508.4	12974.4
进口总额	3303.9	3179.2	3760.1	5480.4	5754
外债总额	9400	9200	9300	9700	9500
通货膨胀率	325.5	152.6	108.9	98.2	43.5
货币对美元年均汇率	10	22.1	43.7	74.6	85.5

资料来源:刘海方:《列国志安哥拉》,北京社会科学文献出版社2006年版,第369页。

---

[1] Barry Sautman, "Friends and Interests: China's distinctive links with Africa", *African Studies Review*, Vol. 65, No. 260, 2006.

表9　1998—2002年安哥拉出口产品的数量及出口额构成情况

	1998	1999	2000	2001	2002
原油(万桶)	251	254	256	251	310
精炼油(万吨)	665	720	734	675	642
液化天然气(万桶)	1093	624	1475	1068	1015
钻石(万克拉)	2756	3806	4319	5159	5022
原油(百万美元)	3018	4406	6951	5690	7561
精炼油(百万美元)	62	75	132	96	95
液化天然气(百万美元)	11	10	37	20	20
钻石(百万美元)	432	629	739	689	638
出口总额(百万美元)	3543	5178	7921	6534	8359

资料来源：根据中国国家统计年鉴整理，http://www.stats.gov.cn/tjsj/ndsj/2015/indexch.htm。

表10　1999—2002年安哥拉进口商品构成情况(单位：百万美元)

	1999	2000	2001	2002
消费产品	2077	1950	2174	
中间产品	182	245	304	
资本货物	850	844	702	
总进口值	3109	3040	3179	3709

资料来源：根据中国国家统计年鉴整理，http://www.stats.gov.cn/tjsj/ndsj/2015/indexch.htm。

安哥拉石油、钻石、木材、渔业等战略资源丰富，农牧业自然条件较好，因长期战乱严重制约了经济发展，安哥拉战后和平重建急需国外资金、技术、设备。而中国石油、木材、渔业等资源相对缺乏，中国的技术设备、机电产品在安哥拉有较大市场。安哥拉石油资源丰富，但缺少勘探、开采所需的资金和技术，急需外国石油公司的援助。而中国石油工业资金雄厚，拥有大量专业人才和先进的技术设备。更重要的是，安哥拉的石油下游工业落后，急需提升本国的石油提炼能力。安哥拉作为石油输出国则需引进外资，提高石油的勘探和生产能力，寻找稳定的出口对象。

2004年2月，安哥拉财政部长德莫莱斯访华，双方签署了有关中安经贸合作协议。4月，安哥拉邮电部部长里贝罗访华，9月，安哥拉副总检察长索萨和安哥拉新闻代表团分别访华。2004年9月，中国进出口银行行长和商务部副部长魏建国分别访问安哥拉。2005年2月,中国国务院副总理曾培炎对安哥拉进行正式访问,深入研讨拓展两国在经贸领域合作的新途径和新方式。[1] 安哥拉转向中国,希望能从中国获得援助,中国就在这样的情况下展开了对安哥拉的巨额援助和多领域大范围的经贸合作。

三、"安哥拉模式"的内涵与特点

"安哥拉模式"的内涵是以安哥拉的石油开采为担保,中国提前借予安哥拉贷款帮助建设经济发展所需的基础设施。中国和安哥拉签署了两期共45亿美元的协议,"安哥拉模式"的项目超过100个并涉及电力、供水、卫生、教育、通信、公共工程等领域。"安哥拉模式"解决了安哥拉融资的问题,又保障了中方贷款的安全,使中国获得了稳定的石油进口渠道。历史上类似的资源换基础设施合作案例有日本对东南亚国家和中国的援助,而中国对安哥拉的援助得名"安哥拉模式"主要还是因为涉及的金额庞大,让世界银行之前投入的五亿美元(援助和贷款等所有款项)相比黯然失色。[2]

(一)"安哥拉模式"的内涵

2004年,时任中国政府副总理曾培炎访问安哥拉后,两国共签订了九项合作协议,包括:《关于能源、矿产资源和基础设施领域的协议》(两项)、《关于经济与技术合作的协议》《关于为中国在安哥拉的项目提供约630万美元无息贷款的协议》《关于中国国家发展和改革委员会同安哥拉石油、地理及矿业部合作的协议》《关于安哥拉国家石油公司向中国石油化工股份有限公司提供石油的商业协议》《关于安哥拉国家石油公司同中国石油化工股份有限公司联合开采安哥拉3号区石油的谅解备忘录》(两项),以及中兴通讯公司同安哥拉蒙多斯塔特公司签订的价值6900万美元关于电话网络的协议。[3]

2004年3月,中国进出口银行作为政府对外优惠贷款的提供者,为安哥拉

---

[1] 刘海方:《列国志安哥拉》,北京:社会科学文献出版社,2006年,第354页。
[2] 刘海方:《"你们不是我们唯一的朋友"——安哥拉视角看"安哥拉模式"》,《中国非洲研究评论》2014年第5期,第67—69页。
[3] A Lee, "China and Africa: Policy and challenges", *China security*, Vol. 7, No. 9, 2007.

设计了针对性的融资方案,经过14个昼夜的艰苦谈判,与安哥拉财政部签署了第一期20亿美元的优惠贷款协议,贷款主要集中在基础设施、社会及工业项目,安哥拉以未来开采出来的石油偿付,原油的价格按当天的市场价格计算。中国对安哥拉援助的第一次贷款的还款期限为12年,宽限期为三年,利率是伦敦银行同业拆借利率加1.5%。世界银行的报告认为这类"以资源换基础设施"的做法在人类以往的采掘业历史上很常见。①

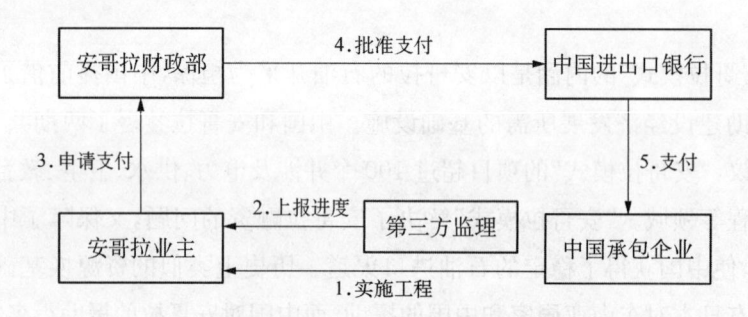

图1 "安哥拉模式"资金流动及业务流程图
资料来源:唐晓阳:《评析中国与安哥拉经济合作的新模式》,《西亚非洲》2010年第7期,第20页。

该协议分两个阶段实施,共计102项工程,涉及电力、供水、卫生、教育、通信、公共工程等领域。卫生、教育、能源、农林渔业、通信、交通都是中国对安哥拉援助中的主要领域,其中,卫生和教育领域的援助主要以医院和学校的重建为主,属于基础设施建设范畴。农业领域的援助包括从中国购买农业机械进而重建安哥拉的农业灌溉系统。

表11 2004—2007年第一期贷款协议下中国对安哥拉援助项目

援助部门	合同数量	总金额(百万美元)
健康	10	249.9
教育	11	446.8
能源供水	11	388.7
农业	4	203.7

---

① Foster Vine, *Building Bridges: China's Growing Role as Infrastructure Financier for Sub-Saharan Africa* (No.5), World Bank Publications, 2009, p.89.

续　表

援助部门	合同数量	总金额（百万美元）
交通	1	13.8
社会沟通	1	66.9
公共工作	3	301.2
渔业	3	266.8
邮政和通信	4	276.3
总计	48	2214.1

资料来源：Campos, Indra and Vines, Alex, "Angola and China: 'A Pragmatic Partnership'", *Center for Strategic and International Studies Working Paper*, Vol. 103, No. 2, 2008.

2005年，安哥拉政府和中国进出口银行签署了12项信用协议。协议旨在支持农业、能源水资源、教育和大众媒体的建设开发。协议内容包括：《车辆购置补充协议》《中国工程公司生产设备购置补充协议》《罗安达省电力网络扩充及道路修整协议》《学校建设和重建协议》《医院和卫生中心重建协议》《灌溉区域的重建和现代化协议》《能源水资源基础设施重建协议》。中国政府另外捐赠了960吨的农业生产工具比如锄头、手柄、斧头、镰刀、犁、收割刀。这批捐赠总额达到100万美元。

2007年，中国和安哥拉再次签署第二期合作协议，具体合作领域与第一个协议相似，总共价值25亿美元。加上2004年签署的第一期协议，中国在与安哥拉的合作中总共贷出了45亿美元。中国对安哥拉的援助也变得更为成熟。第二期协议中，中方更加强调增强安哥拉自身可持续发展的需要，促进安哥拉本地企业的参与。

表12　2007—2010年第二期贷款协议下中国对安哥拉援助项目

援助部门	合同数量百分比（%）	总金额（百万美元）
市政工程	20	905.5
教育	14.2	642.5
交通	12.6	572.8
农业	11.7	530.6
能源	11.3	514.1
医疗	9	409.3

续 表

援助部门	合同数量百分比(%)	总金额(百万美元)
电信	9	408.2
综合类	5.8	270
供水	5.5	252.8
司法	0.9	41.1
总计	100	4547

资料来源：中国驻安哥拉使馆经济商务参赞处、中国驻安哥拉中资企业商会：《驻安哥拉中资企业责任报告2015年》，2016年，第3页。

表13 中国在安哥拉承包工程合同额、营业额(单位：百万美元)

年份	合同额	营业额	全非排名
2009	37.8	49.6	5
2010	37.3	51	2
2011	44.1	63	1
2012	97.7	75.6	2
2013	40	74.5	3
2014	36.7	64	6

资料来源：中国驻安哥拉使馆经济商务参赞处、中国驻安哥拉中资企业商会：《驻安哥拉中资企业责任报告2015年》，2016年，第3页。

(二)"安哥拉模式"的特点

1. 不附带政治条件

首先,"安哥拉模式"最关键的特点是不附加政治条件。这一政策最早提出是在《八项原则》中,与中国外交原则"不干涉他国内政"是一致的。安哥拉政府认为,在对外合作中既能获得发展,又能维护国家的独立与主权不受外部大国、强国的干涉和控制对安哥拉至关重要。为此,在谋求资金和开展对外合作中,安哥拉政府极力寻求这样的理想合作者：兼顾西方与非西方的多元化合作者；不附带任何干涉国家内政条件的合作者；提供优惠资金和贷款的合作者；提供更广泛合作项目(如技术和人力资源援助)的合作者。

中国与安哥拉有着相似的历史诉求,"不附带政治条件"明确体现了中国反对任何势力干扰本国内政的思想。中国有自身独特的发展经验,对民生与民主有独到的认识。中国奉行"不附带政治条件"的援助是基于平等的原则与任何一个非洲国家建立友好关系,并不希望介入非洲国家的政治道路选择,充分尊重非洲国家的自主选择。中国一直以来的援非政策就是以平等的姿态进行的,并没有强调援助中给予与接受的主被动关系。援助合作在确保对受援国有利的情况下,还能够帮助中国国内的各方面发展与进步,体现了中国和安哥拉的平等互利关系。

2. 经贸合作与援助紧密相关

其次,"安哥拉模式"中最显著的特点就是在中国对安哥拉援助的协议内容中包含了大量的贸易和投资等经济行为,颠覆了援助的传统概念,加强了援助的商业色彩,并以非洲国家能够接受的条件为基础发展对非洲关系。[①] 目的是让非洲受援国更容易接受。中国的对外援助向来范围广泛,由于援助、投资和贸易是以打包方式进行的,在中国对非援助大幅增长的情况下,中国对安哥拉的贸易和投资也开始快速上升。

2004年中国实施"安哥拉模式"援助后,此后双方贸易迅速增长,到2012年已经突破了376亿美元,相比于1998年增长了196倍。安哥拉已经成为中国在非洲的第二大贸易伙伴。2011年,中国成为安哥拉最大的贸易伙伴,同时也是安哥拉第四大进口来源国。

在投资方面,按照"安哥拉模式"的合作协议,中国对安哥拉的基础设施和能源领域的投资巨大,此外,中国对安哥拉非石油领域的投资也增长迅速。2010年,中国对安哥拉的投资7834.2万美元,是安哥拉的第六大外资来源国,投资存量44.6亿美元。中国水利水电建设公司、中国机械工业集团公司、中国石化、中兴通讯和中心建设等大型公司都进入了安哥拉的不同领域。

中国将投资贸易与援外结合的做法解决了安哥拉与中国之间的冲突要求,特别是一时援外资金出现缺口的时候,中安双方的贸易投资等经济往来能够弥补缺口,使得有限的资金能够给安哥拉带来及时充分的收益,凸显了援助与经济行为结合的灵活多变。

3. 注重基础设施建设

历史上中国援助非洲最多的项目也是基础设施建设。在中国和安哥拉签订合作协议之前,非洲大陆上已有资源换基础设施的合作先例。基础设施建设是

---

① [英]巴顿主编:《中国、欧盟在非洲》,北京:社会科学文献出版社,2011年,第210页。

中非经贸合作中重要的合作内容,并一直在中国对非援助中保持稳定增长。

表14 1979—1990年中国对非投资行业项目统计(单位:个)

行业	工农业	资源开发	建筑承包	交通运输	工贸技术	餐馆	诊所
项目数	50	15	10	2	2	22	1

资料来源:刘乃亚:《中国对非洲投资格局的形成:中国对非洲投资50周年回顾》,《商洛学院学报》2008年第1期,第14页。

表15 2001—2010年中国对非洲基础设施的投资

国家	协议时间	贷款规模(亿美元)	项目名称	用于支付的资源
刚果(布)	2001	2.8	刚果河大坝	石油
苏丹	2001	1.28	发电厂	石油
尼日利亚	2005	2.98	涡轮发电厂	石油
津巴布韦	2006		煤矿及火力发电厂	铬
几内亚	2006	10	索阿佩提大坝	铝土矿
加蓬	2006	30	贝林加铁矿山项目	铁矿石
加纳	2007	5.62	布维大坝	可可
刚果(金)	2008	90,后减至60	道路、铁路	铜、钴
加纳	2010	5.1	电子政务系统、扩大供水系统	可可

资料来源:Martyn Davies, "How China influences Africa's development", *OECD Global Development Outlook*, Vol. 65, No. 260, 2010.

中国在安哥拉援建的基础设施使安哥拉逐步建立起本国的石油工业体系,促进了安哥拉在农业、渔业、电信业乃至居民住宅等领域的迅速发展。为了减轻安哥拉战后重建的阻力,中国政府减免了安哥拉所欠中国的债务。"安哥拉模式"将中国的基础设施建设能力充分发挥了出来,相比西方国家注重"软件"的建设,中国对"硬件"的重视反映了中国对非洲国家发展道路的不同看法。

四、"安哥拉模式"案例分析

中国对安哥拉援助的重点项目是基础设施建设。中国与安哥拉的合作涉及多个安哥拉经济发展的领域,涵盖了交通运输、公共设施建设和农业开发方面。

（一）交通运输合作

中国在援助项目中修复1975—2002年安哥拉内战期间损毁的道路，由中国路桥工程有限责任公司承担重建。第一期工程为修建371公里的公路，从安哥拉首都罗安达连接到威热，其中罗安达省的吉方刚多、本戈省的卡西拖都是以矿业为主要的经济发展部门，道路修复后将更有利于各省之间的经济交流。该项目工程造价为2.12亿美元，包括修复和建设200个高架，花去了两年的时间，共有3000多名安哥拉与中国工人共同参与了工程建设。中国路桥工程有限责任公司还承担了重建翁吉瓦和洪贝之间的长达171公里的公路。项目总投资4700万美元，主要有加宽路堤、重铺路面和修建排水工程等工作。该条公路连接了首都罗安达与安哥拉其他省份，促进了国家的统一。

安哥拉境内原有三条呈东西走向的既有铁路，铁路总里程2800公里。由北至南分别是罗安达至马兰热铁路（简称罗安达铁路）、洛比托、本格拉至卢奥边境的铁路（简称本格拉铁路）、纳米贝至梅农盖铁路（简称莫桑梅得斯铁路）。三条铁路均起自西部沿海，穿越中部山区后向东部高原延伸。

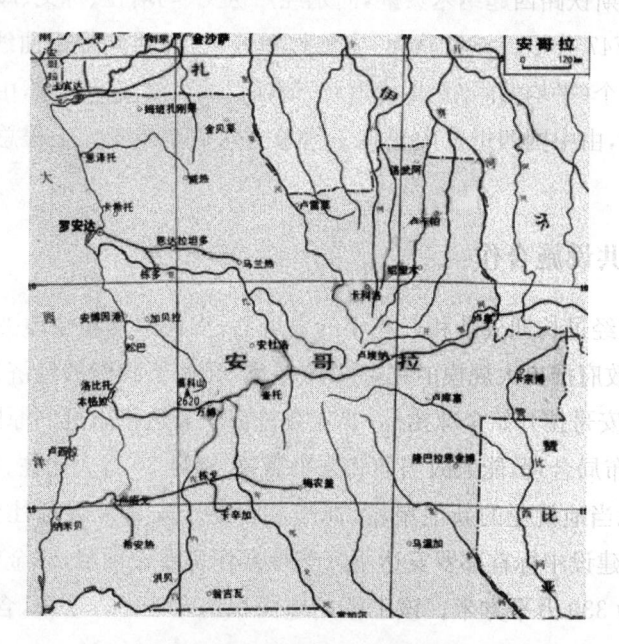

图2　安哥拉原有铁路的线路图

资料来源：中国驻安哥拉使馆经济商务参赞处、中国驻安哥拉中资企业商会：《驻安哥拉中资企业责任报告2015年》，2016年，第5页。

罗安达铁路自罗安达至马兰热,该线全长 478 公里,西部起点邦戈——巴亚 36 公里,按城际铁路标准修建,双线路基、单线铺轨,设车站 12 个,平均站间距离 3 公里,由中国四川国际经济技术合作有限公司(34 公里)和巴西 EMSA 路桥公司(2.2 公里)共同承建。2006 年 1 月开始,总部设在中国香港的中国国际基金有限公司承办了从本戈拉省至位于刚果(金)的洛比托全长 1300 公里的铁路修建,工程耗资三亿美元,耗时两年。该条铁路延伸至首都罗安达南部 700 公里处的洛比托,连接了赞比亚铜矿区和安哥拉的港口,促进了非洲地区经济的交流。

本格拉铁路西起洛比托港,向东经万博、奎托、卢埃纳至安哥拉边境城市卢奥,是一条东西贯穿安哥拉全境的最重要的国际联运线,线路全长 1308 公里,另有本格拉支线 27.3 公里,码头支线八公里。原先,仅洛比托——库巴 153 公里、万博——卡伦格 41 公里两个区段能保持低速运营。该铁路大、中修均按单线设计,线路最小曲线半径为 150 米、牵引定数 700 吨、设车站 85 个(平均站间距 16 公里)。该项目的修复工程由中国上海铁路城市轨道设计院设计,由中铁二十局负责施工。

莫桑梅得斯铁路西起纳米贝港,向东经卢班戈、马塔拉、栋戈、库万戈至梅农盖,正线全长 747 公里。该铁路大、中修按单线设计,线路最小曲线半径为 300 米、设车站 59 个(平均站间距 14 公里)。该项目的大修改造工程,由中国太原铁路设计院设计,由中国四川营山建筑工程总公司负责施工。工程总额达到两亿美元。①

(二) 公共设施合作

安哥拉在经过长期战乱和近些年的发展后,人民迫切希望改变恶劣的居住条件,安哥拉政府推出大规模的社会用房项目(类似于我国的经济适用房、廉租房)。2007 年安哥拉开始全球招标,要求在首都罗安达市附近的原野上,建成一座功能齐全、布局合理,能兼故当前和未来需要,满足 20 万人居住、生活、学习并实现部分居民当地就业的新卫星城,标准不得低于安哥拉现行社会住房标准。2005 年,中信建设中标首都罗安达两万套社会住房建设项目,总金额四亿美元,总建筑面积为 330 万平方米。该工程用地面积约 8.8 平方公里,含 20002 套公

---

① 杨元明:《安哥拉铁路现状:规划发展及建设必要性分析》,《线路路基》2011 年第 3 期,第 30 页。

寓式住宅、24座幼儿园、9座小学、8座中学、2座高压变电站、13座开闭站、67座变电所等基础设施,区内大、小市政配套设施包括主干路、次干路、支路约50公里,市政给水及中水管线约32公里,雨水管沟及明渠约80公里,污水管线约32公里,以及配套的电力系统、通讯系统、交通信号系统、公园绿化工程等,建成后可容纳人口约20万,工期48个月。这是安哥拉政府在2008年前为全国20万居民提供民宅计划的一部分。[1]

2006年2月,罗安达总医院项目由中国海外工程公司完成。该工程是中非合作论坛北京峰会上宣布的中国承诺八项举措中为非洲国家援建30所综合医院中的一所。[2] 医院位于罗安达的凯兰巴凯西区,占地80万平方米。医院能够提供100个床位并能每天照料800名病患。中国海外工程公司在15个月内完成项目,总额800万美元。劳动力中雇佣了九成的安方人员。在建设过程中,中方与安方的施工人员共同参与了建设。双方形成了"传、帮、带"的小组方式,一名中方人员带领多名安方施工人员,手把手教施工技能和管理经验。中国政府在项目融资上给与了零利息的项目贷款。医院建成后,中方还提供了配套的医疗仪器与物资。

水利基础建设项目。2006年5月,中国电子进出口总公司在安哥拉本戈省卡希托市的配水管网拓宽更新项目上中标。该工程启动于2006年4月,工期为一年半,耗资400万美元。另外,中方还投入了300万美元用于丹德地区配水管网的技术升级。

(三) 农业合作

农业在"安哥拉模式"合作协议中占了很大比例。中国曾分别于2009年、2011年派出了高级农业专家组,协助安哥拉农业部科学制定农业发展规划,为安哥拉粮食生产的发展提供技术支持和服务,加大了对安哥拉农业发展的资金支持,提供巨额优惠贷款。中国进出口银行提供的两期贷款中,农业项目共占得贷款5.3亿美元,占贷款总额45亿美元的11.7%,次于市政工程、教育和交通。中国企业与安哥拉农业部签署承包工程合同,所有项目内容均包括农场、灌溉设

---

[1] 晶晶:《中国公司进入非洲建筑市场的分析——安哥拉案例》,《西亚非洲》2008年第4期,第43页。
[2] 央视新闻网:《中非合作论坛北京峰会中国承诺的8项举措》,《央视新闻网》http://news.cctv.com/special/C16642/,上网时间:2015年11月5日。

施、谷物烘干、粮食仓储和加工厂、办公室和员工宿舍的建设以及农业设备的购置等。所有农场的规划都由安哥拉农业部先期完成,在与中国公司沟通后再对具体计划进行调整。农场种植的农作物包括水稻、玉米或大豆,有些农场还经营畜牧养殖业。农场规模在1500公顷到12000公顷不等。中国承建的农场项目覆盖了安哥拉从北到南的几个省份,最远的是莫希科省,距离首都罗安达1300公里,开荒难度最大。七个农场的项目程序相似:前三年中方负责开荒、基建和试种,后两年进行正式运营和人员的培训。收获粮食所得交给安方,五年合同期满后农场和所有设备也转交给安方。七个农场中规模最大的是马兰热附近的卡库索镇的黑石农场,由中信建设和新疆生产建设兵团共同开发,于2010年8月开始建点垦荒,项目合同总额超过1.2亿美元。[①]

表16　中方在安哥拉承建的大型综合农业项目

农场	地理位置	中资公司	公司类型	项目开始日期	总额(百万美元)	农场规模(公顷)	种植产物
黑石农场	马兰热	中信建设	国企	2011	160/170	12580	玉米、大豆
桑扎蓬勃	威热	中信建设	国企	2012	87.5/129	1050	水稻、养牛
隆格	多库邦戈	中工国际	国企	2012	77.6	1500	水稻
卡马库巴	比耶	中工国际	国企		88.64	4500	玉米
库茵巴	扎伊尔	中电子	国企		68	3000	玉米、养殖
莫希科	莫希科省	中电子	国企		79	3000	玉米、大豆
曼奎特	库内内	中电子	国企	2014			水稻

资料来源:周瑾艳:《中国在安哥拉:不仅仅是石油——以中安农业合作为例》,《亚非纵横》2014年第5期,第7页。

在中方与安方签订的合同中,并没有安方工人雇佣的硬性规定。中国工人和安哥拉工人的比例在前三年是八比二,第四年是六比四,第五年则达到了二比八。中安农业合作中的重要内容是为当地提供农业培训。中信建设与安哥拉公司签署了"中信建设赞助安哥拉农业科研人员赴中国石河子大学培训协议",第一年安哥拉学员在中国新疆石河子大学学习农业理论知识,第二年在安哥拉马兰热黑石农场进行现场实习培训。2013年中信建设赞助了11名安哥拉学员到

[①] 周瑾艳:《中国在安哥拉:不仅仅是石油——以中安农业合作为例》,《亚非纵横》2014年第5期,第87—89页。

石河子大学学习,2014年安方技术人员在马兰热黑石农场继续了第二期的学习,期间掌握了新疆生产建设兵团教授的滴灌技术。

五、"安哥拉模式"的评估

"安哥拉模式"实施后产生了积极影响。首先,资源换基础设施的合作项目在非洲国家陆续开展,中国与苏丹和刚果(金)等国签署了类似的协议。其次,安哥拉获得了经济长足发展的能力,吸引了其他国家前来安哥拉开展经济合作和政府公司的投资。再次,"安哥拉模式"使传统的西方援助国看到了经济基础设施带来的直接效果。美国和日本等传统援助大国出台了一系列新的对非援助计划,更加注重非洲的民生改善与经济发展。西方国家在后来与非洲国家签署的援助协议中缺少了很多苛刻不切实际的条件。"安哥拉模式"也有不足的地方,从中国方面来说是用工、管理及企业责任等问题,从安哥拉方面来说存在着政治、经济及金融方面的不稳定因素。

(一)"安哥拉模式"的反响

1. 安哥拉的反响

随着安哥拉接受中国的援助走上复兴之路,安哥拉政府也顺应形势制定出了多元化的对外关系战略。这样的政策表现在对外经济合作方面就是安哥拉积极与国际上任何经济体开展合作,2004年就在中安两国刚签署援助协议的同年,面对亚洲巨大的市场需求,安哥拉国家石油公司在新加坡成立了安哥拉石油亚洲办公室,致力于推动与亚洲的原油交易。2007年,安哥拉加入了石油输出国组织,与尼日利亚争夺非洲第一大石油生产国的地位,也是为了抵消石油价格反复震荡带来的影响。

安哥拉还受到了"资源民族主义"思潮的影响。进入21世纪以来,越来越多的非洲国家受到经济民族主义思潮的影响,不满足于用自己的资源和能源换取外国的工业品,主张提高本国资源的附加值和利用率,资源民族主义在非洲变得越来越有市场。[①] 中国在非洲实施的"资源换基础设施"模式成为了安哥拉和非

---

① 张忠祥:《试论当今非洲社会思潮及其对中非关系的影响》,《西亚非洲》2014年第6期,第64—65页。

洲学者热议的话题。非洲学者在经济民族主义的影响下提出了提高资源利用率的应对之策。安哥拉政府制定的"2025政府愿景"已不再将大规模基础设施建设作为安哥拉经济发展的唯一要务。安哥拉已经将"经济多元化"和"农业发展"列为了未来几年国家的发展重点,力求降低对石油收入的严重依赖。

2. 西方国家等传统援助方的反响

中国在与非洲国家的经济合作中,不附加任何与人权和经济自由化有关的条件,这与绝大多数西方国家及组织的要求相反。中国实行不干涉政策,并不等于无视非洲的人道主义灾难,而是说中国尊重国家主权,并且承认国家主权在解决此类危机方面的局限性。在与非洲国家进行外交讨论的过程中,中国就非洲治理问题和国内事务问题提出了一些建议。中国提出的建议与西方的干涉两者之间的区别在于,此类建议是以一种友好的方式,而不是以附带条件威胁的方式提出的。中国从来不认为自己的发展是一种模式,从来不认为非洲国家必须遵守。在埃及召开的第四届中非合作论坛上,中国认为非洲的发展应该以自身条件为基础,走自己的道路,也就是非洲模式。中国驻南非大使刘贵今说道,中国的崛起将"提供另外一个市场,另外一种经济援助的新来源,以及一种新的发展道路"[①]。中国认为非洲国家必须找到一条适合本国条件、以本国现实为基础的道路,中国并不想给非洲国家"开药方"。

(二)"安哥拉模式"的评价

1. "安哥拉模式"的积极影响

(1)"安哥拉模式"在非洲大陆上的发展

"安哥拉模式"是中国长期对非援助实践的合理成果,逐渐成为中国对其他非洲国家援助的基本模式,其影响力随着中国对非洲援助的增加而不断扩大,苏丹与刚果(金)等国家也先后同中国签署了类似的合作协议。

中国在刚果(金)的投资是"安哥拉模式"在非洲国家的一个发展事例。2007年9月17日,中国进出口银行、中国铁路工程公司以及中国水利水电建设集团公司组成的联合集团与刚果政府签署了一项协议,双方成立一家合资企业,刚果(金)和中国之间按照出资的比例各占32%和68%的份额。该协议以中方援

[①] J. Liang, "What drives China's growing role in Africa", *International Monetary Fund*, Vol.56, No.74, 2007.

建基础设施项目交换刚果的钻、铜和金矿等资源。中刚协议约定第一阶段产生的利润将专门用于分期偿还矿业投资，以及再投入刚果（金）的基础设施建设。

加蓬的贝林加地区丰富的铁矿砂资源早已勘探出来，但开发铁矿砂需要修建水电站、铁路、深水港等基础设施，投入巨大，西方国家认为投资风险大而没有开展合作。中国运用"安哥拉模式"实施了这一项目。2006年9月，加蓬政府向中国机械设备进出口公司授权开采贝林加地区丰富的铁砂资源，开采出来的铁矿储藏将被用来支付前期的基础投资。项目的投资金额达35亿美元，相当于当年加蓬国内生产总值的30%。

2000年中非合作论坛成立后，中国加大了对非洲基础设施建设领域的贷款援助规模，由2006年中非合作论坛北京峰会宣布的50亿美元上升到2012年的200亿美元，这些优惠贷款主要是用于非洲基础设施建设的。据商务部统计，截至2009年底，中国在非洲的交通、电力和通讯等领域建设了500多个基础设施项目，并提供了大量的优惠性质的贷款。根据世界银行的统计，中国在撒哈拉以南非洲投资了33亿美元建设10个水电站项目，可以为撒哈拉以南非洲新增6000兆瓦的电力供应，使该地区电力供给增长30%。[1] 在交通运输方面，中国援建的2000多公里的铁路和3000多公里的公路，[2]以及散布非洲各地的机场航站楼和港口等极大改善了非洲当地的交通情况，促进了非洲各国之间人员的流动和货物运输，加速了不同区域间的经济商业交流活动，这进一步改善了非洲的投资环境。中国的基础设施建设在价格方面具有很大的竞争力，价格较低的基础设施可以帮助非洲节约成本，将更多的钱用在关键的地方。

（2）帮助安哥拉经济可持续发展，稳定国内局势与人心

"安哥拉模式"实施以来，安哥拉经济发展处于高速增长期，成为世界上增长最快的经济体之一。安哥拉内战刚结束时，在2000年的人类发展指数中排名160/174。[3] 2002年内战停止后，安哥拉的经济开始逐步恢复，其2004年至2008

---

[1] Foster Vine, *Building Bridges: China's Growing Role as Infrastructure Financier for Sub-Saharan Africa* (No. 5), World Bank Publications, 2009, p. 179.
[2] 贺文萍：《中国对非洲：授其以鱼，更授其以渔》，《金融博览》2009年第6期，第10页。
[3] M. Vincent and B. R. Sorensen, *Caught Between Borders: Response Strategies of the Internally Displaced*, Pluto Press, 2001, p. 17.

年国内生产总值的年增长率都保持在10%以上,而且人均国内生产总值从2002年不足1000美元上升到2012年超过5000美元。安哥拉以石油出口为主要经济支柱,其石油出口产量由2002年不足90万桶增长到2008年的200万桶,成为世界上重要的产油国。

表17　2002年内战结束以来安哥拉的GDP增长速度

年份	2002	2003	2004	2005	2006	2007	2008	2009	2010
增幅	10.6%	−0.2%	7.4%	16.7%	14.9%	19.1%	10.6%	−2.1%	3.0%

资料来源:世界银行开放数据库GDP增速数据,http://data.worldbank.org/indicator/NY.GDP.PCAP.KD.ZG。

表18　2002—2010年安哥拉的人均国民生产总值(单位:美元)

年份	2002	2003	2004	2005	2006	2007	2008	2009	2010
安哥拉	610	690	920	1330	1920	2660	3420	3880	3940

资料来源:世界银行安哥拉人均国民生产总值数据,http://data.world Bank.org/indicator/NY.GNP.PCAP.CD。

表19　安哥拉GDP每十年平均增长率

年份	1980—1989	1990—1999	2000—2009
增长率	4.2%	1.0%	10.9%

资料来源:世界银行开放数据库GDP增速数据,http://data.world bank.org/indicator/NY.GDP.PCAP.KD.ZG。

安哥拉在27年内战的废墟上同时开工上百个项目。公路、铁路、机场、桥梁、医院、学校、水电站、输电线路、电信网络与其他市政工程的建设,不仅迅速改善了当地居民的生活条件,更为工商业进一步发展提供了必要的"硬件"。"安哥拉模式"还为当地创造了就业机会。仅框架协议第一期的31个项目就已雇佣了1872名当地工人。这些项目还需要大量当地分包商与供应商,创造了许多间接就业机会。中国企业在卫生保健、能源供给、电信与建筑等方面提高了安哥拉当地员工的技术水平。一方面,被雇用的安哥拉当地工人在项目实施中得到技术培训,并通过中国工人的言传身授及其在项目中的大量实践掌握了一定生产技能;另一方面,中国企业为安哥拉带来了先进的设备与技术,并在项目建成交接后,按协议规定向安哥拉有关部门和人员转让技术。这有助于提高安哥拉当地行业的整体科技和理念水平。

表20 框架协议第一期项目工人雇佣情况

工程项目	安哥拉员工(人)	中国员工(人)	总数(人)	当地员工比例(%)
灌溉(5项)	307	72	379	81
电站(4项)	335	451	786	43
学校(9项)	676	376	1052	64
医院(13项)	554	365	919	60
总计	1872	1264	3136	59.7

资料来源：唐晓阳：《评析中国与安哥拉经济合作的新模式》，《西亚非洲》2010年第7期，第6页。

"安哥拉模式"不仅带动了中安双方产业与部门之间的合作，而且刺激、推动了其他国际知名公司与安哥拉的合作。一些国际知名石油公司近年来纷纷开始加强与安哥拉的合作，欲在安石油开采上有所作为。2011年2月，挪威水电集团安哥拉铝业公司宣布将在安与其他公司合资兴建第一座铝厂。2011年初，日本也宣布将通过其国际合作银行出资20亿美元在安哥拉扎伊尔省兴建一座化肥厂。日本还表示要派遣技术人员并出资为安哥拉兴建一个年产50万吨钢材的冶金厂以及水泥、食糖和乙醇生产厂，参与水电、港口和基础设施建设，投资钻石、黄金、铀等战略物资的开发和开采。[①] 巴西和德国也与安哥拉签订了类似的信贷协议。[②] 不仅如此，中国与安哥拉企业的合作还走向了第三国。如中石化和安哥拉国家石油公司联合成立的中国和安哥拉国际有限公司，在2004年12月与阿根廷国家能源公司签订了合作意向，在阿投资5亿美元，取得了该国5年的石油开采权。

（3）对西方援助非洲的影响

"安哥拉模式"实施后，无论是传统援助国还是新兴国家都改变了传统的援助领域范畴，而且全面提高了对非洲的援助规模。传统西方国家的援助规模整体上仍然保持稳定增长的态势。新兴国家如巴西和印度对非洲的援助虽然在数额方面仍与西方国家之间存在相当大的差距，但是在增长速度方面远远快于传统援助国。近年来，新型援助大国也在快速崛起中，随着自身的快速发展，新型援助国家对能源和资源的需求也在不断扩张，曾经长期作为受援国的新兴国家

[①] 中国驻安哥拉使馆经济参赞处："日本加大对安哥拉的经济渗透"，《中国驻安哥拉大使馆网站》http://ao.mofcom.gov.cn/article/jmxw/a/201102/20110207391992.html，上网时间：2015年6月11日。

[②] 唐晓阳：《评析中国与安哥拉经济合作的新模式》，《西亚非洲》2010年第7期，第55页。

也开始向援助国的身份转变,例如印度的援助集中在信息技术、人力资源培训和能力建设方面,巴西的援助倾向于农业。新兴国家将对非洲的援助看作为其获得资源和市场、提高自身国际影响力的重要外交行为。

传统援助国历来的重点援助项目是政府、公民社会、教育以及人口等方面。新兴国家的援助也以自身的经济优势为依托体现出各自援助非洲领域的特长。然而,不约而同的是,传统援助国与新型援助国家在对非洲援助的新举措中,都将目光转向了基础设施建设——中国对非洲援助的重点领域,继而与中国的对非援助构成直接竞争。由于非洲国家对基础设施的需求远大于援助国的供给,竞争的激烈程度会缓慢上升,这对一直以来重视援助非洲基础设施建设的中国会构成越来越大的挑战。

2. "安哥拉模式"的不足因素

(1) 中国方面

首先是劳动力雇佣与技术转让方面。大量中国企业和人员进入安哥拉对当地社会的诸多方面造成冲击。安哥拉的华人数量猛增,从 2004 年前不足 2500 人猛增至 2007 年的 40000 人以上。尽管中国企业的到来为当地创造了很多就业机会,但中国企业过多地雇佣了中国工人。虽然安哥拉当地员工仍占框架合作协议工程人员的近六成,但在技术岗位工作的当地员工比例较低,在技术含量较高的基础设施建筑行业,雇用的中国员工明显多于其他行业。技术岗位人员包括技术工人与工程师。中国企业发现,在许多技工如木工、管道工、电工等司职的岗位,当地工人的技能不足以胜任,所以为确保工程按期完工,当地的中国企业只能雇佣中国工人。其主要原因在于,长期内战破坏了安哥拉基础教育和工业企业的正常运作,安哥拉的高等教育专业发展方向着重于石油矿产行业,缺乏对技能水平要求较高的工程师的培养,且其他专业方面的毕业生较少,缺乏实践经验。

其次是市场竞争方面。中国企业对安哥拉社会的另一主要冲击是,低廉的产品价格与强劲的竞争力对当地企业,尤其是建筑公司造成了威胁。中国企业很少选择使用当地分包商与供应商,而是全套从中国进口材料、机械和招募本国人员。如果安哥拉公司赢得分包与供货合同,这不仅将创造就业机会,更有助于安哥拉发展本土工业。虽然中国公司愿意并定期将工程分包给当地公司,以期利用安哥拉的本土优势,但从整体看,来自中国的分包企业占框架合作协议的主要部分。安哥拉政府意识到这个问题后,在新的合作框架协议中增加了一个条件,要求中国公司须将项目总额的 30% 分包给当地公司。但两大因素阻碍着中国企业寻找当地分包商。一是许多中国公司不满当地公司的工程质量与速度。二是中国公司承包的项目大多是普通项目,技术含量一般,工程利润较低。他们无法负担本地分包商提出的较昂贵的项目费用,而只能找同样廉价的中国分包商。这是中国企业在非洲普遍面临的一个难题。一方面,他们非常辛苦地工作,但只得到较少的回报;另一方面,他们没有能力聘请大量本地工人及分包商,为此受到了批评,承受着安哥拉社会的舆论压力。

(2) 安哥拉方面

首先是政治风险。虽然安哥拉停止了 27 年的内战发展社会经济,但是安哥拉的政治环境仍较为复杂和微妙。卡宾达一直是块是非之地,冲突至今未止。早在独立战争时期,当地部族就组建起"卡宾达解放阵线",该组织拒绝与安哥拉本土的民族主义组织合作,而是追求建立所谓的"卡宾达共和国"。"卡宾达解放阵线"针对安哥拉军事人员和相关设施、外国石油公司及建筑工人的袭击事件时有发生。2010 年 1 月,"卡宾达解放阵线"就曾对在卡宾达参加非洲杯的多哥足球队发动袭击,造成 2 死 9 伤的惨剧。[①] 卡宾达是中国公民和企业最大的聚居地。目前中国投资的第 15、17、18 等石油生产区块均靠近卡宾达海域,该地冲突不断,这将直接威胁到中国石油企业在安哥拉人员及设施的安全,给中安能源合作的长远发展蒙上了阴影。

其次是经济风险。安哥拉属于资源型经济,经济基础十分薄弱,国家长期依赖资源出口的状况没有太大改善。其中,石油开采在该国经济发展中占有举足轻重的地位。2005 年,石油开采业产值占国家外汇收入的 90%。单一经济结构的弊端给安哥拉经济发展增加许多变数,尤其影响政府的财政收支状况,也会牵动安哥拉的对外合作。显然,安哥拉的单一经济结构越来越固化,国家基本依靠石油赢利,而石油收入的多少取决于国际市场上的供求变动,存在很大的不确定性,其国民经济存在一定的脆弱性。上述问题若不能妥善解决,势必影响到安哥拉经济的持续发展,危及在安哥拉投资的外国公司的利益。

再次是金融和治理风险。安哥拉银行体系尚存诸多不完善之处,主要表现在:银行支付能力差;银行大都只面向公有企业和政府部门,极易受政府财政政策影响;银行缺乏有效的监督管理机制;银行的某些货币政策和相关法律法规不

---

① 汪峰:《中国与安哥拉石油合作探析》,《中国石油大学学报》2011 年第 1 期,第 14—16 页。

健全,与国际上通行的规定不符。这些都会构成外来资金流入的障碍。政府管理能力也存在风险问题。根据透明国际发表的《2005年国家腐败报告》统计,安哥拉得分2.2分(满分为10分),在该组织对159个国家腐败程度评定指标中列居第142位。国际组织和一些发达国家认为,安哥拉的腐败问题在于:安哥拉政府财政收支和管理缺乏透明度,尤其是石油美元的管理。

中国企业在大力开拓安哥拉市场的同时,应密切关注其内外政治、经济及金融形势的变化,规避可能出现的风险。

六、结语

通过中国和安哥拉之间日益拓展的发展合作,来自中国的援助、贸易、投资、基础设施建设与人力资源培训,对安哥拉保持十多年的经济持续增长起到了推波助澜的作用。这使得一些非洲国家认为"安哥拉模式"是解决发展问题的有效道路。不可否认,非洲国家的发展需要得到国际社会的援助,需要有合理的国际政治经济环境的支撑,但是,非洲的发展问题最终还是需要非洲人民从内部通过自己的意愿和努力来加以解决的。资源换基础设施是中安双方发挥各自优势的一种合作模式。"安哥拉模式"取得成效固然离不开中国,但安哥拉才是将成果维持下去的主要角色。我们不能肯定"安哥拉模式"在每一寸非洲的土地上都能成功,正如我们不能指望每一个非洲国家都能够从中国手中接下援助的果实。"安哥拉模式"给非洲各国带去了福音,非洲国家若能认清自己在经贸合作及援助中应该扮演的角色、能够基于本土的实际经由本国人民的努力将成果转化成未来发展的起点,相信也会像安哥拉一样获得发展。"安哥拉模式"在取得巨大成绩的同时,也面临着诸多挑战。这些挑战既有来自中资企业的因素,有来自传统大国和新兴大国竞争的因素,还有来自非洲方面的因素。面对以上形势的变化和"安哥拉模式"暴露出的问题,中国对非援助需要完善。

(一)提高中国的援助能力

"安哥拉模式"暴露了中国对非援助缺乏相对成熟的系统规划和评价标准。科学规划意识的缺乏造成了援助项目不符合受援国风俗习惯,不适应受援国当地环境和超出受援国实际使用标准的情况。未来中国企业在进入安哥拉市场之前需要对安哥拉当地的经营环境进行全方位的市场了解。对外援助人员不仅是对外援助项目保质保量按期完成的关键,也是直接体现中国形象的代表。中国应加强合理的对外团队构建工作,除了增加驻安哥拉使馆经商处负责援外的团队人手外,还应该根据援助项目或援助过程将团队分成若干项目组,使得各组分工明确、通力协作、有针对性。中国还应在企业责任方面注重培养中国员工,注意当地的风俗习惯。中国对安哥拉等非洲国家的援助应着眼于受援国自身能力的长远发展,在援助项目完成后应该进一步帮助受援国巩固援助成果。

(二) 加强文化交往,增进信任

中国石油公司在安哥拉遭遇语言障碍,从某种程度上反映了两国文化交流的缺失。中安政府层面的沟通渠道已经比较通畅,但民众层面的还比较缺乏,而一线援外人员直接面对当地民众,可以增进双方的了解。中国企业要扎根安哥拉,必须解决语言问题,消除文化隔阂。中方一面要加紧培养葡萄牙语人才,另一面也可以在企业内部定期举办中文培训班,向安哥拉员工传授汉语,这对促进中安员工的磨合有积极作用。中国石油企业应与当地政府、群众合办一些文化娱乐活动,以宣传和介绍中国文化,增进彼此间的好感与信任。

中国应向到安哥拉投资或是参与工程建设的中国人员普及安哥拉和非洲的基本常识,避免因为政治、文化、习俗等差异,在与非洲普通民众交往时产生误解、矛盾和冲突。中国应建立机制鼓励在安哥拉的中国人加强与非洲普通民众的沟通与交流,并积极融入当地社会。中国企业可以拿出部分资金设立教育培训基金、减贫基金,支援安哥拉的地方发展,让当地民众感受到实惠。通过这些利民措施,不但能在安哥拉国内树立中国企业的良好形象,也是对国际上相关指责的有力回击。

(三) 开展多边援助,缓解外部压力

中国与传统西方援助国在援助理念、政策和实践等方面缺乏沟通,导致双方彼此存在误解,这制约了双方的合作。中国可以着眼于未来长期和深入的合作,包括建立沟通机制,促进双方的了解和援助经验分享等。随着彼此之间了解程度的加深,在"求同存异"的基础上可以逐渐开展合作并最终实现长期的全面合作。中国应加强同世界银行、联合国计划开发署、亚洲开发银行及非洲多边组织

等大型国际组织的合作,还有传统援助机构如美国的国际开发署、德国的联邦国际合作与发展部、英国的国际发展部,无疑这些传统援助方经验丰富,中国可以加强同他们的合作与交流,学习借鉴他们的经验,缓解援外资金周转的压力,在合作中敞开信息透明度,外界的质疑就不攻自破。

Contents

Sino-African Cooperation on Production Capacity under the Initiative of "Belt & Road": Achievements, Problems and Outlook

By Xu Man, Yao Guimei

Abstract: Africa is an indispensable part of the Initiative of "Belt & Road" of China. Under the framework of the Sino-Africa Cooperation Forum (FOCAC), mechanisms, initiatives and achievements of Sino-African cooperation could in some respects play a leading role in building the "B&R". Sino-African cooperation on production capacity, themed by projects on connectivity and industrial parks, has been piloted in some South and East African countries, and has obtained considerable initial achievements. However, it also has to deal with existing frustrations and difficulties from aspects of politics, economy, society, and culture of both China and Africa. Africa, which has been fully accepted by the Belt and Road Forum for International Cooperation, will usher in new connotations and opportunities as well as various challenges in its future cooperation with China. Considering the new normal of "multi-speed growth" of African economy, the "fragmented" African market suggests China adopt a progressive alternative instead of a rapid and large-scale approach to unveil the upcoming cooperation on production capacity with its African counterparts.

Key Words: Initiative of "Belt & Road", China, Africa, cooperation on production capacity, connectivity, building of industrial parks

Authors: Xu Man, Associate Professor and Managing Director of the

Institute for China's Overseas Interests, Shenzhen University; Yao Guimei, Chief Research Fellow, Center of South Africa Studies of IWAAS, CASS.

Food Security in Africa and Its Cooperative Approaches with China
By An Chunying

Abstract: Since the 21st century, progress continues in the fight against hunger all over the world, yet an unacceptably large number of people still lack the food in Africa. It is the unique continent which food insecurity population continue to rise. Based on the situation, African countries raised "Comprehensive Africa Agriculture Development Programme" (CAADP) in order to eliminate hunger and poverty by agriculture development. Under the framework of the Africa's agricultural strategy, China should put the issue of Africa's food security in the important position in the field of agricultural cooperation, and try to improve the ability of its agricultural development and food security by helping African countries enhance the level of agricultural technology.

Key Words: African Agriculture, Food Security, China-Africa Cooperation Plan for Modern Agriculture

Author: An Chunying, Editorial Director of *West Asia and Africa*, Institute of West-Asian and African Studies, Chinese Academy of Social Sciences

The Textiles and Clothes Manufacturing Sector in Madagasgar
By Zhang Zhenke and Jiang Shengnan

Abstract: Cotton planting plays an important role in Madagasgar and the textiles and clothes manufacturing is an important sector for exporting and forex accumulating. In recent two decades the textiles and clothes manufacturing sector has a rapid development but the sector has been monopolized by the capital from France, Mauritius and some Asian countries. Madagasgar should explore its local strength and seek to develop its own textiles and clothes manufacturing through improving the investing environment and paying more attention to the labors' skill training. And in this sector and its development China can make some cooperation with Madagasgar.

Key words: African countries, textiles and clothes manufacturing sector, industrial chain, Madagasgar

Authors: Zhang Zhenke, the Director of Institute of African Studies, Nanjing University; Jiang Shengnan, Nanjing University

The Experience and Thinking on China-African Agricultural Cooperation: A Case of Mozambique

By Tian Zeqin

Abstract: Mozambique has good endowment for agriculture and is a prior African country choosed for China-African agricultural cooperation. The article is from a Chinese agricultural expert with a two-years work experience in Mozambique. The article makes an introduction to Mozambique agricultural conditions and development, and it also make some introduction and analysis on the achievements and problems in the cooperation. From the experience and thinking the expert also make some proposals on China-African agricultural cooperation.

Key words: China-African agricultural cooperation, Mozambique

Author: Tian Zeqin, the Director of China Agricultural Technology Demonstrating Center in Mozambique

Industrialization in Southern Africa: Botswana's Experience in a Quest to Diversify the Economy and Create Employment to Improve Standard for Living for Her Citizens

By Dorothy Mpabanga

Abstract: This paper assesses efforts made by Botswana to diversity the economy away from the mining sector in order to create jobs. Botswana is one of the countries in Southern Africa or Africa to be blessed with abundance of natural resources in the form of diamonds. The country has taken advantage of the revenue earned from the sale of diamonds in the international markets for economic growth and development. At independence in 1966 Botswana was considered one of the poorest countries in the world. However after attaining independence from the British colonial government the country was elevated from the poorest to a middle-income country due to the prudent management of revenue from mining as well as an excellent and stable macro-economic and political environment. Industrialization has been one of government's initiatives in order to diversify the economy away from the capital-intensive mining sector to the labor-intensive manufacturing sector. Government's effort to diversity the economy commenced in the 1980s together with the development of legislature, policies and guidelines to foster and guide the establishment of manufacturing industries in order to create jobs in the economy. However these efforts have not produced expected results/outcomes to a sustainable level as some investors re-located or closed down businesses as soon as incentives ran dry. Some of the problems hindering sustainability of the manufacturing industry in Botswana includes the lengthy processes of doing business in Botswana, high costs of doing business, smallness of the domestic market, low productivity of labour and a reactive as opposed to proactive government institutions. These problems have contributed to hampered efforts by government over the years to attract national, regional and foreign direct investment. The paper therefore suggests firstly a progressive-out-ward looking and inclusive industrialization policy and transforming government agencies so that they are pro-active and are attuned to demands of diverse-fast-paced global investors. Secondly moving towards the service industry and sustainable public-private-partnerships to diversify the economy and create jobs will reduce social injustices created by skewed development, which has resulted in high levels of unemployment, poverty and income inequality despite the mineral rich middle-income country is referred to as.

Key Words: Botswana, Economic Diversification, industrialization, employment creation

Author: Dorothy Mpabanga (PhD.), Dept. of Political and administrative

Studies, University of Botswana

A Political Economy Perspective to Southern Africa's Capacity Challenges and Policy Responses for Industrialization

By Munetsi Madakufamba

Abstract: This paper explores the political economy of industrialization in Southern Africa. An economic development model that is resource-driven has previously been able to provide a modicum of growth and development but is evidently no longer economically or socially sustainable. The paper analyses the capacity challenges facing the African continent in general and the Southern African Development Community (SADC) region in particular as well as some of the key policy responses that have been triggered by the unattainable state of play. This is the framework within which the paper gives an analysis of the rationale for industrialization which has now arisen as a major policy development aimed at enabling a sustainable transition towards a more enduring economy that is globally competitive. Possible entry points for cooperation with China are proffered while lessons that can be adapted to suit the unique circumstances of the African continent are highlighted. The paper challenges the African state to be more confident of itself and stand ready to make radical decisions in search of solutions to unshackle itself from the past and present in order to build a more prosperous future through industrialization.

Key Words: Southern Africa, industrialization, capacity building

Author: Munetsi Madakufamba, Executive Director of Southern African Research & Documentation Centre (SARDC), Zimbabwe

Chinese Companies' investment in East African Community: The Status and the Effects

By Armel Kaze

Abstract: In the late 1960s, Kenya, Tanzania and Uganda with Swahili language, rapid elimination of colonial period scars and reduction of tariffs as common ground, decided to compose a unified economic body: The East African Community-EAC. However, the three member states had a different agenda for the Community, which led to its dissolution in 1977. In 1993, the three member states agreed to explore areas of future co-operation, and formed the Secretariat of the Community in 1996. In 1999, the three member states signed *The Treaty of the Re-establishment of the East African Community*, which led Burundi and Rwanda to join the Community in June 18th 2007. In April 15th 2016, South Sudan also joined the Community, and now the Community is composed of six partner states. The East African Community is deepening co-operation among the six member states in various key spheres such as political, economic, social, technological, etc. for their mutual benefit. The Chinese Government through "Going out strategy" is encouraging its companies to explore new markets and making into action "The Belt and Road Initiative". More Chinese companies are investing in East African Community, and mostly as aid form, cooperation form, acquisition form, etc.. With the Chinese companies investment in East African Community, all the member states especially its infrastructure, education, labor, etc. are showing significant improvement.

Key words: Chinese companies, East African Community, Going out strategy, Belt and Road strategy

Author: Armel Kaze, Research School for South-East Asian Studies, Xiamen University

Introduction: The Renaissance of African Economic History
By Gareth Austin and Stephen Broadberry

Abstract: A conference on 'New Frontiers in African Economic History', held at the Graduate Institute in Geneva in September 2012, with the financial support of the Swiss National Science Foundation. This meeting, organised by Gareth Austin, brought together many of the rising stars of the new generation of economic historians working on Africa, together with some of the more established scholars in the field. This introductory essay provides some background to the *renaissance* of African economic history that has taken place in recent years and relates the conference papers included here to the wider intellectual currents underpinning that rebirth.

Key words: African Economic History, Renaissance

Authors: Gareth Austin, Cambridge University; Stephen Broadberry, Oxford University

The Impact of the Great Depression (1929) and the Second World War on Africa

By Ushehwedu Kufakurinani and Mark Nyandoro

Abstract: Africa was affected by the crisis besetting the world due to its long colonial economic relationship with the international capitalist world, the overall impact of the depression was very bad for fragile African economies. The Second World War also represented another crisis in the metropole which too had mixed impacts on the African continent. In some cases it reversed the negative effects of the Depression while in others it created a new set of challenges.

Key words: The Great Depression, The Second World War, African Economy

Authors: Ushehwedu Kufakurinani, Senior Lecturer of Economic History Department, University of Zimbabwe, Mark Nyandoro, Senior Lecturer of Economic History Department, University of Zimbabwe

Settler economies, the international wheat market, and settler wheat production in Southern Rhodesia, c. 1928 – 1965

By Wesley Mwatwara

Abstract: By the time the Great Depression set in the western capitalist economies from around 1928, it had become clear to many settler societies in Africa that the international economic relations between the 'metropole' and the 'periphery' needed to be reshaped if the latter's survival was to be ensured. Given the deteriorating situation on the world market particularly the rising import costs, this study traces Southern Rhodesia's (now Zimbabwe) predicament, and efforts to balance a worsening wheat situation by resorting to local wheat production from 1928. It demonstrates that since temperate conditions are essential for wheat production, Southern Rhodesia, located in the tropics, was not an ideal wheat producing area hence there were numerous challenges faced by wheat farmers. It also examines how the nascent wheat economy in Southern Rhodesia dealt with the vagaries of an uncontrolled wheat market especially wheat dumping from the major producers such as Australia and Canada. More specifically, it will show that challenges generated by the international economy were essential motivators for Southern Rhodesia to resort to local production. Indeed, given the importance of wheat and wheaten products to the colonial settler community, the historical development of wheat production requires a more nuanced examination as lessons taken from the wheat self-sufficiency fiasco maybe important for current bureaucrats who are equally facing challenges due to the vicissitudes of the international economy. It concludes that by 1965, the instability of the international wheat market, climatic challenges, labour shortages, population explosion and financial difficulties had connived to deny Southern Rhodesia the envisaged goal of self-sufficiency in wheat and wheaten products.

Key words: Wheat, self-sufficiency, Southern Rhodesia, settler farmers, agriculture, wheaten products, labour shortages

Author: Wesley Mwatwara, Senior Lecturer of History Department, University of Zimbabwe

A Study on Economic Structural Adjustment in Tanzania in the Mwinyi Era (1985-1995)

By Lu Pingping

Abstract: In 1967, along with the promulgation of "Arusha Declaration", Tanzania, soon after its independence, had begun its exploring and developing period of Ujama socialism for more than 20 years. However, because of the policies separating from the actual development of Tanzania, and additionally the influence of the natural disasters, man-made misfortunes and the external factors, Tanzania was hit by a severe economic crisis from the middle 1970s. While, in 1985, Mwinyi who had elected as the new president of Tanzania began to initiate market economy adjustment with the main characteristics of liberalization and privatization under the pressure of IMF and World Bank. Although the economic structural adjustment had obtained certain achievements, it also generated a series of problems such as the heavy dependent on foreign aids, corruption problems, wide gaps between the rich and poor, the lack of social justice and so on. In fact, these problems also inevitably become the shackles of sustainable development in Tanzania. Now, therefore, Tanzania and the vast number of sub-Saharan African countries are in urgent need of summing up experiences and lessons from history and exploring a way of practical and sustainable development which relies on its own national conditions.

Key words: Tanzania; President Mwinyi; Economic Structural Adjustment; Market Economy

Author: Lu Pingping, Department of History, East China Normal University

South Africa's Concern on Climate Change and the Cooperation between China and South Africa

By Hu Jiaowei

Abstract: With the rapid progress of South Africa's industrialization and modernization, the environment problems making more and more concern. The paper will introduce and analyze South Africa's climate change problems, its counter-measures and the China-South African cooperation in the field.

Key words: international relationship, China-African relationship, climate change, South Africa

Author: Hu Jiaowei, African Studies Center of Shanghai Normal University

China's Aid for Africa and the Angola Model

By Liu Dawei

Abstract: Foreign aid is an important content of China's foreign affair.

After Angola's civil war ended in 2002, the country had an economic dislocation. Angola has rich oil resources, but has been lack of money and technology support. In this case, China began to focus on Angola with a package of aids, made 'Angola model' arise at the historic moment.

The 'Angola mode' connotation is a resource for infrastructure, particular way of future oil in Angola as the guarantee, for Angola loan in China, the infrastructure needed to help the construction of economic development. China and Angola signed before and after two total $4.5 billion with more than 100 projects, involved in areas such as electric power supply, health, education, communication and public works. 'Angola mode' made Angola own independent development ability, improved the people's livelihood, which in turn enhanced the social stability of the domestic situation.

Key words: China Aid for Africa, the "Angola model"

Author: Liu Dawei, African Studies Center of Shanghai Normal University

图书在版编目(CIP)数据

非洲经济评论.2017/舒运国,张忠祥,刘伟才主编.—上海：上海三联书店,2018.1
ISBN 978-7-5426-6157-9

Ⅰ.①非… Ⅱ.①舒…②张…③刘… Ⅲ.①经济发展—研究—非洲—2017 Ⅳ.①F14

中国版本图书馆CIP数据核字(2017)第302299号

非洲经济评论(2017)

主　　编／舒运国　张忠祥　刘伟才

责任编辑／殷亚平
装帧设计／鲁继德
监　　制／姚　军
责任校对／张大伟

出版发行／上海三联书店
　　　　　(201199)中国上海市都市路4855号2座10楼
邮购电话／021-22895557
印　　刷／上海肖华印务有限公司

版　　次／2018年1月第1版
印　　次／2018年1月第1次印刷
开　　本／710×1000　1/16
字　　数／350千字
印　　张／16.75
书　　号／ISBN 978-7-5426-6157-9/F·773
定　　价／58.00元

敬启读者,如发现本书有印装质量问题,请与印刷厂联系 021-66012351